《论语》心悟

陶继新

读《论语》，未读时是此等人，读了后又只是此等人，便是不曾读。

日诵《论语》成了我生命必修的“功课”，因为它不但具有丰沛的精神内涵，也有着“百姓日用而不知”的心灵智慧。

陶继新 著

齊魯書社

图书在版编目（CIP）数据

陶继新《论语》心悟 / 陶继新著. -- 济南 : 齐鲁书社, 2020.7
ISBN 978-7-5333-4345-3

Ⅰ. ①陶… Ⅱ. ①陶… Ⅲ. ①儒家②《论语》—研究 Ⅳ. ①B222.25

中国版本图书馆CIP数据核字(2020)第093816号

陶继新《论语》心悟

TAOJIXIN LUNYU XINWU

陶继新　著

主管单位	山东出版传媒股份有限公司
出版发行	齊魯書社
社　　址	济南市英雄山路189号
邮　　编	250002
网　　址	www.qlss.com.cn
电子邮箱	qilupress@126.com
营销中心	（0531）82098521　82098519
印　　刷	山东金坐标印务有限公司
开　　本	720mm×1020mm　1/16
印　　张	16
插　　页	2
字　　数	215千
版　　次	2020年7月第1版
印　　次	2020年7月第1次印刷
标准书号	ISBN 978-7-5333-4345-3
定　　价	45.00元

自 序

孔子生于公元前551年，于公元前479年逝世。两千五百年之后，他的思想和精神仍然在中华大地乃至世界上流传。如果说孔子的人生经历异常曲折的话，那么，他的精神世界则是一座辉煌灿烂的殿堂。

今天学习承载着孔子哲学思想和教育思想的《论语》，不管是对于人们当下存在的价值，还是未来生命的走向，都有着不可小觑的意义。

所以，古往今来，研读学习《论语》就成了一个不衰的话题。重走先人研究之路，固然相对轻松一些；可是，另辟蹊径也许会有另一番景象。

笔者不揣浅陋，试图从不同于他人的路径，去探寻孔子及《论语》的思想与智慧之美。

一、动念写书

从上个世纪80年代初起，我已经开始拜读《论语》，但并没有真正走进孔子的精神世界。

1997年对于我，当是生的一个重要转折点。那一年，我将《论语》全书85%以上的内容连续背诵了三遍，同时又比较系统地研读了几位名家关于《论语》的译注，此后才对孔子的哲学思想和教育思想有了一定的认识，还有了意想不到的收获：原本比较喧嚣的心灵渐趋平静，写作的速度与质量也有了一定的提高。

于是我想，如果有更多人也像我这样研读《论语》，其生命也定能产生一定的飞跃。当时，我首先想到的就是开设关于《论语》的讲座，让更多人也能从《论语》中汲取生命的营养。

当时经常受邀外出讲学，便决定此后讲学时开讲有关《论语》的内容。经过一番认真准备，于1998年春天起，我便开始讲授"《论语》心悟"和"《论语》解读"，产生了较好的影响。

后来，我应《联合日报·文史周刊》之约，连续撰写了四篇《论语》方面的文章，见诸报端后，陆续收到一些读者的来信来电，认为我的文章形式比较新颖，如果能够再多写一些，结集成书，一定会广受欢迎。后来，我又在《福建论坛》（社科教育版）和《教育名家》杂志上各发表了一篇这方面的文章，同样引起了人们的关注。

1999年初，撰写《陶继新〈论语〉心悟》（以下简称《心悟》）一书的想法，便在我的心里萌发了。

二、前期筹备

决定写《心悟》这本书与真正实施并不是同步而行的。因为这是一个较大的工程，也是一个较难的课题。如果没有前期比较充分的准备，是很难在较短时间内完成的；即使完稿，质量也未必能有保障。

于是，我便开始素材的准备工作。这种准备并没有相对集中的时间，平时诵读《论语》或阅读相关译注之书时有所发现，即马上将其存入电脑中专门为此书创建的文件夹里。出差在外或吃饭散步时，突然想起《论语》中的某章甚至哪一句话可以收入书中，我便立马写到纸上或存到手机上，然后再归入电脑的文件夹中。

既然是"心悟"，就还要把自己的内心感悟融入其中。而感悟不是苦思冥想出来的，经常是在某个场合或某个时刻，灵感突然袭来，我便惊喜不已地将其变成文字，再“装入”电脑的文件夹里。

2008年退休之后，我电脑中的文件夹里已有不少素材，且认为有了比较充裕的时间，可以静下心来撰写《心悟》了。但没想到，我的讲学和采写活动越来越多，以至于到了难以应付的地步。而对于别人的诚心邀请，我又是一个很不会说“不”的人，所以，讲学和采访的任务愈来愈重，真正集中一段时间写这本书的希望越发变得渺茫。

不过，对于撰写《心悟》一书，我却一直没有“死心”。即使工作非常紧张，每年至少也要读《论语》十遍以上，且挤出时间不断阅读相关文章与图书。虽暂时未动笔，可为写这本书的准备工作一直进行着，只是进度太慢了些。

后来，有的教育局长、学校校长、老师写出了关于《论语》的译注、解读等方面的书，并让我为之作序，就更激发起我写这本书的欲望。

2018年，我再次背诵《论语》，而且从头至尾，一字不落，连背三遍，从而为写这本书做了进一步的准备。

三、宅家撰文

2019年9月初，为了尽快能有时间撰写《心悟》，我下定决心，尽可能地不答应外出讲学的邀请，并让工作室人员先行“挡驾”。尽管这方面的活动少了一些，可约请前去采访者日趋增多，对于喜欢采访和写作的我来说，很难抵挡住这种邀请的诱惑。结果，非但没有时间集中写书，反而文债越来越多。2020年除夕，屈指一算，至少还有16篇文章需要尽快完成，不然，即使“债主”不上门索要，我自己也会因失信而颜面尽失。

春节期间，新冠肺炎疫情形势紧张，我停止了外出讲学和采访。宅家不出的日子里，我首先开始了还“债”行动。每日白天除了至少三次关注疫情动态和生活所必需的时间之外，我将全部精力投入写稿之中。直到3月4日，16篇文章方告完成。

虽然还有十多篇需要撰写的文章，由于这些“债主”不会索稿过急，所以，从3月5日起，我便开始了这本书的撰写。这期间，除了写过一篇抗“疫”医生崔连保的通讯报道文章，以及在山东教育电视台《同心战“疫”特别节目》接受采访之外，每天上午下午，全都投入到了《心悟》的写作之中。

昨天上午，终于完稿。

诸君千万不要认为我只用了不到一个半月就写完了此书，前面我所说的前期的素材准备工作，也当计入撰写书稿的时间之内。所以，这本书也可以说是用了十多年的时间方才完成的。

四、心有读者

在读过几十本关于《论语》的书后，要想写得不同于其他书的风格、体例等，绝对不是一件容易的事情。可是，我又不想人云亦云，步前人后尘，而是力争有所创新且彰显陶氏风格。不仅如此，从准备写书到完稿的整个过程中，我一直想着以教师为主体的读者的希求，并尽可能地做到知行合一。所以，才有了下面两个比较突出的特点。

1. 方便实用

《论语》凡二十篇，共约五百章，对于初学者或者没有对其进行深入研究的读者来说，到底从中学什么，往往很难理出头绪。我本人在读过四五遍《论语》之后，对于究竟从哪些方面学习孔子的思想，依然没有一个清晰的思路。

通过几十年的学习，尤其是近二十多年的研读，我发现人们希望掌握的《论语》中的重要内容，散落分布于《论语》的不同篇章之中。我便分门别类，从中逐一提取，加之我十多年来准备的大量素材，进行分类打包，开始分章而写。于是，就有了大家今天看到的“大成之路”“仁者爱人”“为政以德”“有谦乃大”“乐以忘忧”等十五章的内容。

作为本书读者主体的中小学教师，平时工作比较紧张，像我这样拿出这么多时间研读《论语》相当困难；他们要想从中提取出不同类别而又颇有价值的内容，也只有很小的可能性；而教师阅读大量的译注之书且系统整理、内化于心，亦属不易。因此这种分类而成之书，便破解了教师的困惑。如果他们在教学、写作或开班会等之前，需要《论语》相关的内容，就可以通过本书目录，一目了然地锁定目标，然后按照目录标定的页码，轻而易举地找到相应的内容，取而用之。这样，就没有了那种费时费力地到《论语》五百章的内容中去寻寻觅觅，却未必如愿以偿的遗憾。

如此而为，并不是要老师们不再系统地研读《论语》，而是在他们没时间研读《论语》，也没有悟透其中奥妙的当下，能有一定的应急之用。

当然，撰写本书的目的，并不纯然为了实用，关键是通过《论语》以“化”人。下面还将对此专门论述。

2. 易懂好读

从整体上来说，《论语》很少有佶屈聱牙的语句，有的今天读来，尚能明白其中的大意。但它毕竟是两千多年以前的文字，即使表面看起来浅近易懂的内容，也多含有极其丰富的意蕴。所以，真正将其读懂，并不是一件容易的事情。

也许正是因为如此，从古到今，竟有两千多种注疏《论语》之书问世，其中还不乏名家大师之作。

不过，本书基本上没加注疏，一是因为前人已经诠释，二是解义有的大同小异，有的则大不相同，甚至截然相反。笔者不希望将这些同异相间的解释抄录下来，让少有时间的教师难辨真伪，不知所云。

可如何让读者一看就懂呢？就是对涉及《论语》的所有内容，全部加了译文。对于取自《论语》之外的古文内容，也尽可能地进行翻译。

本书引用最多的是朱熹的《论语集注》、钱穆的《论语新解》、张居正的《论语别裁》、李炳南的《论语讲要》和李泽厚的《论语今读》。这几本书，我百读不厌，有的甚至读了十多遍。

不过，这五位名家的译文有的也不尽相同，甚至差异还相当大。我只好进行比较分析，并根据自己的理解，形成相对合理且让读者易懂的译文。即使如此，也不可能做到尽善尽美，读者如果发现有不当之处，万望给予指出，以便再版时修正。

同时，本书将所有引用的古文都注明了出处，旨在给某些对《论语》深有研究的读者一个索引，从而由此及彼地去进行延伸拓展的学习与研究。

我希望这本书能有一定的学术价值，其中确也有一些自己的感悟、述评乃至研究成果。不过，我并没有将其写得深奥难懂，不然，一般的读者就会敬而远之。所以，除了原文和译文之外，我的行文尽可能做到自然而晓畅，多少带点文学味，这也是我一贯的语言风格。这样，大家读起来就会觉得有味道，不厌烦甚至割舍不下。

为了便于读者结合实际，进一步理解《论语》的要义，书中选取了几个比较有启示意义的案例，包括我本人的正误得失和感悟，目的是让读者在走近《论语》的时候，也能反观自身，提升生命境界。

所谓好读，还包括书的文字多寡、厚薄以及排版的疏密问题。所以，我将起初设想的二十章缩减到现在的十五章，排版也相对疏朗，以期让读者见书而有亲近感与阅读欲。

五、读写相长

受《学记》“教学相长”和这次写书的启发，才有了这个“读写相长”之说。

因为这次写书，需要对《论语》及相关书刊做大量阅读与再思考，有的以前在讲学时讲过上百遍的内容，却在这次写作时的再度审视中被否定。开始的时候，这让我感到惊讶，写着写着，便习以为常，并为此而兴奋起来。一是在参阅大量素材的时候，看到了此前不曾发现的“新大陆”；二是我的灵感也会不时迸发出来，对某个或几个名家之说予以否定而言之成理时，尤其让人惊喜不已。

如果没有这本书的写作，我恐怕永远也不可能有这么多新的发现，也不可能如此深入地对《论语》进行研究。

此前我常讲，读书是输入，写作是输出。这次只好进行了自我否定。读书有利于更好地写作，写作则必需更深层次地读书，真真正正的读写相长。

这也大大激发了我写这本书的兴趣，有时甚至会不由自主地惊呼起来。随后，又自笑怎么如此不自知地“老夫聊发少年狂”（**苏轼《江城子·密州出猎》**）了呢?

这也成了我这次连续近一个半月写作此书而激情不减的重要因素之一。

读写相长的另一个妙处是让我在写作过程中非但不累，反而乐此不疲。

但凡撰写此类书者，都会有一个感受，那就是休说在写作中，即使饭后散步乃至躺到床上，也有可能对写书之事念念不忘。

可是，如果一天从早到晚，一直处于这种高度紧张的状态，就有可能沉入其中不知归路，乃至影响睡眠质量和身体健康。

所以，我写作的时间只在每天的上午和下午，中午和晚上散步的近两个小时，以及早饭之前与晚饭之后散步之前的一两个小时，全是通过“喜马拉雅”津津有味地听世界名著。在近一个半月的时间里，我连续听了两遍苏联著名作家、诺贝尔文学奖获得者帕斯捷尔纳克的《日瓦戈医生》，听了德国著名作家、诺贝尔文学奖获得者赫尔曼·黑塞的《悉达多》和《在轮下》；近一段时间，我正津津有味地听美国著名女作家玛格丽特·米切尔“十年磨一剑”（**贾岛《剑客》**）之作、长篇小说《飘》。这些世界名著意蕴深厚，把我兴味盎然地带进了另一个神奇的世界。这一时段，不可能再想《心悟》的写作，所以，如此安排不但不累，反而常常处于精神享受之中。

每天晚上睡觉之前，不能再听世界名著，因为这尽管不会像思考如何写《心悟》一样让我沉潜其中，却有可能由于小说故事情节的曲折动人而令人欲罢不能。怎么办呢?躺到床上，阅读《文学评论》，这是我自1980年到现在每年必订的刊物。其中的不少文章，既闪耀着理性的光华，又有着壮美而又灵动的语言。可它没有故事情节，不至于让你“沉醉不知归路”（**李清照《如梦令·常记溪亭日暮》**）。一般来说，阅读半个小时，困意便会悄然而至，于是将其放下，不一会儿，我就进入了梦乡。

这样在写中读，在读中写，不但不会有半点劳苦之感，反而会时时处于愉悦之中。同时，这些书刊内容的语言之美，还会在不知不觉中，优化自己的语言，以至再写《心悟》的时候，只要有了思路与素材，就会随即形成文字，除了一时笔误的错别字之外，几乎无须再行修改。

从这个意义上说，这本书的写作，还让我拥有了“读写相长”的收获。诸君如果以后写书，但愿我的这个小小收获，能给你的写作增添一点乐趣乃至助益。

六、文以化人

孔子是凡人，也是圣人，他有凡人的喜怒哀乐，更有圣人的精神气象。所以，尽管他已经逝世两千五百年，可他的精神与思想的光芒依然照亮我的生命前程，这便是伟大思想的穿越时空性与高贵精神的永恒性。如果我们真正走进他的精神世界，就会油然产生“仰之弥高，钻之弥坚”（《论语·子罕第九》）的敬慕感，进而步入超越世俗的高尚心灵的境界之中。

这就是文以“化”人的作用，也就是说，《论语》可以改变人的生命走向。恰如朱熹在《论语序说》中引程颐的话说：“读《论语》，未读时是此等人，读了后又只是此等人，便是不曾读。”看来，长期诵读《论语》，是可以化人气质的。因为《论语》中孔子所讲的仁、义、礼、智、信等君子品质，会“随风潜入夜”（杜甫《春夜喜雨》）地浸润到读者的心灵之中。此之谓“蓬生麻中，不扶而直”（《荀子·劝学》）也。

二十多年来，日诵《论语》成了我生命必修的“功课”，因为它不但具有丰沛的精神内涵，也有着“百姓日用而不知”（《周易·系辞上》）的心灵智慧。它让我的精神世界逐渐丰满起来的同时，心灵也有了安顿之所。

这，恰恰是学习《论语》的最为重要的收获。

2020 年 4 月 20 日于济南

目　录

第一章　大成之路

《孟子·万章下》中说："孔子之谓集大成。集大成也者，金声而玉振之也。"孟子称赞孔子人格高尚，学识渊博，正如奏乐，以钟发声，以磬收乐，集众音之大成，赞誉孔子思想集古圣贤之大成。

可是，孔子并非出生于书香之家，他说自己"吾少也贱"（《论语·子罕第九》）。如此没有赢在"起跑线"上的人，何以到了后来，竟然成了一位集大成者呢?

每一个人都有自己的生命成长历程，然而是在平面上滑移，还是在不断的发展中实现生命飞跃，这是两种截然不同的生命状态。孔子的一生，辉煌灿烂，让我们"高山仰止，景行行止"（《诗经·小雅·车舝》）。可是，他并非"生而知之者"（《论语·述而第七》），而是"学而知之者"（《论语·季氏第十六》），正如清人孙奇逢所说："夫子以七十年之学习学成一个千古之木铎位置。"[1]可见正是终生坚持不懈的经典研读与生命实践，才让其生命不断有质的提升，从而成为一位

[1]　〔清〕孙奇逢：《四书近指》卷五，文渊阁《四库全书》本。

世界大教育家、思想家。

孔子本人对其生命成长的几个关键节点，作过如下简明扼要的概括：“吾十有五而志于学，三十而立，四十而不惑，五十而知天命，六十而耳顺，七十而从心所欲，不逾矩。”（《论语·为政第二》）这段话的大体意思是说，我十五岁就有志于学习，三十岁能坚定自立，四十岁对一切道理能通达不再迷惑，五十岁懂得了自己的命运，六十岁凡我听到的一切，都能明白贯通，不再感到于心有违逆，七十岁心里想做什么便做什么，却不会违反礼制规矩。

可见，他不但从十五岁到三十岁有了生命的转折，而且其后每十年都有一个生命的飞跃，最终完成了其由凡入圣的精神升华。

有人也许会说，我们即使拼命努力一生，也不可能抵达孔子的境界。这不无道理，可是，我们不能因为抵达不了就止步不前，安于平庸，而是应该“虽不能至，然心乡往之”（《史记·孔子世家》）。只要像孔子那样终生好学积极向上，就一定会让自己的生命不断发展，产生质的飞跃。马斯洛说得好：我还有潜能尚未实现，因此，只要我活着，就还可以变成不同于现在的样子。古今中外很多先哲的生命都呈现这样的发展趋势，因为他们都能够保持自我内向的平衡与外向的动力。每一个人都有其内在的潜力，也都应当让其潜力喷薄而出，不让生命在同一个平面上滑移，而是一次又一次迈向新的层次，以至获取辉煌的成就。

一、十有五而志于学

“吾十有五而志于学”中，“志”的内涵是什么呢？我们不妨看看《论语·子罕第九》中孔子说的一句话：“三军可夺帅也，匹夫不可夺志也。”可见，“志”属于人的精神范畴，它决定一个人的思想行为，也决定一个人一生的走向。正如钱穆先生所说：“志者，心所欲往，一心常在此目标上而向之趋赴之谓。故有志必有学，志学相因而起。”[1]朱熹则说：“心之所之谓之志。此所谓学，即大学之道也。志乎此，则念念在此而为之不厌矣。”（《论语集注》）可见，孔子所说的“志于学”，走进了与生命相系的道德与审美的境界。

孔子三岁时，父亲去世，他随母亲颜徵在迁居曲阜阙里，过着十分贫寒的生活，所以他说自己是“少也贱”（《论语·子罕第九》）。但在母亲的教育下，他从小即开始了求学之路，几乎无所不学，所以，子贡说：“夫子焉不学？而亦何常师之有？”（《论语·子张第十九》）正是从幼年开始的文化积蓄，使他在十五岁的时候，就有了不同于一般人的“志于学”的生命自觉意识。

二、三十而立

孔子讲“三十而立”，“立”的是什么呢？“有以自立，则守之固而无所事志矣。”（《论语集注》）孔子生活的春秋末年是一个礼崩乐坏的时代，诸侯纷争，周王室已经名存实亡。为此他主张学习周礼，并把恢复周礼作为自己的志向和责任。孔子认为国家只有依周礼而运行才会欣欣向荣，个人只有奉行周礼才能成为君子。鉴于此，我认为“立”还指“立于礼”（《论语·泰伯第八》），这可以从《论语》中寻到依据。在《论语·季氏第十六》中有这样一章——一天，孔子在院子里站着，他的儿子孔鲤“趋而过庭”。孔子问他：“学《诗》乎？”孔鲤回答说：“未也。”孔子对儿子说：“不学《诗》，无以言。”于是，孔鲤“退而学《诗》”。先秦时期所说的《诗》，特指《诗经》。因为《诗经》是经过孔子删定而成的，其中有很多做人的道理以及审美的体验。后来又有一天，孔子站在院子里，孔鲤又“趋而过庭”，孔子又问他：“学礼乎？”孔鲤回答说：“未也。”

[1]　钱穆：《论语新解》，九州出版社2011年版，第23页。

孔子对他说："不学礼，无以立。"于是，孔鲤又开始学礼。孔子特别看重礼，一生都在学习礼，他在回答颜回什么是仁的时候就说过："克己复礼为仁。"（《论语·颜渊第十二》）

《论语·学而第一》中还有这样一章——子贡问孔子："贫而无谄，富而无骄，何如？"意思是说，穷了不谄媚，富了也不骄傲，你看怎么样？孔子说："可也。未若贫而乐，富而好礼者也。"孔子认为子贡说的虽然也算可以了，可还是不如贫穷却照样快乐，富贵而好礼。子贡是一个大儒商，《史记·货殖列传》中说："七十子之徒，赐最为饶益。"孔子也说："赐不受命，而货殖焉，亿则屡中。"（《论语·先进第十一》）子贡复姓端木，名赐，子贡是其字也。上面所说的"赐"，即子贡也。他是一位口才极佳又有智慧的人，办事通达，善于经商，猜测行情，屡屡猜中，很快富了起来。但是，他并没有特别骄傲。可能这时候子贡发了一笔财，希望老师表扬一下。没想到孔子却认为，"好礼"才是更高的追求，因为只有好礼，才能真正使自己具有立身之本。

孔子三十岁的时候，已经掌握了礼的丰富内涵，有求学之礼、骑射之礼、孝敬之礼、君臣之礼、乡人之礼、朋友之礼等，而且凡事依礼而行。礼不只是一种外在的形态，还内含着思想与情感，是仁的内在精神的阐发，所以，孔子说："人而不仁，如礼何？人而不仁，如乐何？"（《论语·八佾第三》）可见，孔子在学礼用礼的过程中，还有一个超越礼的"仁"，因为在他看来，"仁"是依归生命个体心灵层面的高尚的思想品格与审美境界。如果没有"仁"在，所有的礼乐都失去了价值。由此可知，孔子在三十岁的时候，不但对礼了如指掌，而且一切言行都符合礼的要求，特别是在心灵层面有了一种"仁"的归依。

孔子以仁释礼，赋予其丰富的内涵。所以，当颜回问什么是仁时，他这样回答："克己复礼为仁。"（《论语·颜渊第十二》）约束自己，返归于周礼就是仁。不过，孔子认为要抵达仁的境界，关键不是通过外在力量，而是经由内在修为。因此，他又说："为仁由己，而由人乎哉？"（《论语·颜渊第十二》）是啊，难道对仁的追求不是取决于自己，还靠别人吗？于是，颜回让孔子告诉他应该注意的事项，孔子就说了下面的话："非礼勿视，非礼勿听，非礼勿言，非礼勿动。"（《论语·颜渊第十二》）意思是说，不合于礼的现象不要看，不合于礼的声音不要听，不合于礼的话不要说，不合于礼的事不要做。孔子本人一生学习周礼、传播周礼，正是按礼的要求做的，颜回遵照老师的教诲，践行的也是礼的行为准则。正因为这样，颜回成了孔子弟子中德性最高的学生。

三、四十而不惑

要了解"四十而不惑"的意思，首先要知道什么是"惑"。为此，我们看看孔子是如何说的："知者不惑，仁者不忧，勇者不惧。"（《论语·子罕第九》）意思是说，智者不迷惑，仁者不忧愁，勇者不畏惧。如此说来，孔子四十岁的时候，就没有多少迷惑，成为智者了。

要想"不惑"，首先要有丰富的知识作基础，这样，对某些一般人不知和不解的问题，不但了解，而且能解说得一清二楚。

说明孔子所获知识之多之丰有这样一个故事——在《史记·孔子世家》《国语》《孔子家语》中就记载了这样一个故事——孔子四十二岁那年，鲁昭公死在齐国的乾侯，鲁定公继位。定公继位的第五年夏天，季平子死了，季桓子继立为上卿。季桓子掘井时掘得一个腹大口小的陶器，里面有个像羊的东西，告诉孔子时却谎称"得到一只狗"。孔子说："据我所知，那里面是羊。古人说：'山之怪叫夔、罔阆；水之怪叫龙、罔象；土中之怪叫坟羊。'今得之土中，必定是羊。"季桓子又问："什么叫坟羊？"孔子说："非雌非雄，徒有其形。"季桓子把费地人叫来一问，果然分不出雌雄，于是大惊说："仲尼之学，果不可及！"

从这个故事可知，孔子学识之渊博，常人不可及也。

孔子不只有知识，而且能够将知识内化，生成超越常人的智慧。拥有知识与拥有智慧并不在一个层面上。如果只拥有知识，一般来说，看着一块石头就是一块石头，一粒沙子就是一粒沙子。可是，拥有智慧之后，就可以从一块石头里面看到一道风景，从一粒沙子里面看到灵魂的光芒。特别是在处理一些比较复杂的问题时，只拥有知识者，往往陷入其中，难以看清问题的核心所在，以致迷失方向，而拥有智慧的人不一样，他们可以清晰地透视问题的本质，进而果断地采取行动。

正因如此，智慧之人还很快乐。孔子说，“知者乐水”和“知者乐”。（《论语·雍也第六》）张居正如是说：“盖知者于天下之理，见得明白，其圆融活泼，无一些凝滞，就似水之流动一般，此其所以乐水也。”[1]看来，孔子四十岁的时候，在处理问题甚至是比较复杂的问题时，已经得心应手，特别富有智慧了。

四、五十而知天命

《论语》中直接谈“天”的篇幅有多处，谈“命”的章节也不少，“天命”一词合起来谈仅有两处。“天”“命”“天命”是孔子思想的重要组成部分，亦是孔子天命观的最好诠释和印证。孔子为什么说“五十而知天命”呢？要回答这个问题，我们必须从其天命观做些解说。“天命，即天道之流行而赋于物者，乃事物所以当然之故也。知此则知极其精，而不惑又不足言矣。”（《论语集注》）可见孔子所说的天命，含于天地万物的运行规则之中，看不见，摸不着，但孔子对它有了心灵相契的感知；它又有着一般人不可得知的生命历程中的必然性。

孔子又讲：“君子有三畏：畏天命，畏大人，畏圣人之言。小人不知天命而不畏也，狎大人，侮圣人之言。”（《论语·季氏第十六》）何晏在《论语集解》中有言：“顺吉逆凶，天之命也。大人即圣人，与天地合

[1]〔明〕张居正讲评：《论语别裁》，陕西师范大学出版社2007年版，第86页。

其德者也。深远不可易知测，圣人之言也。恢疏，故不知畏也。直而不肆，故狎之也。不可小知，故侮之也。”孔子畏天命，敬畏的是其所认为的天的至善至仁。正如张守东先生所言：“天为人提供做人的法则，又集德智于一身……是人之为人的终极依据和最高权威。”[1]

据司马迁说：“孔子晚而喜《易》，序《彖》《系》《象》《说卦》《文言》。”（《史记·孔子世家》）孔子自己则说：“加我数年，五十以学《易》，可以无大过矣。”（《论语·述而第七》）意思是说，再给我几年的时间，五十岁学好《易经》，也许就不会有大的错误了。为什么呢？朱熹说得好：“学《易》，则明乎吉凶消长之理，进退存亡之道，故可以无大过。”（《论语集注》）《周易·系辞上》说：“《易》与天地准，故能弥纶天地之道。”大体意思是说，《易经》的卦象与天地相准拟，所以能普遍包含天地间的道理。看来，通晓《易经》，不但可以无大过，而且可以知天命。

不过，孔子又有不完全受制于命运摆布的自主意识，于是，“知其不可而为之”（《论语·宪问第十四》）就成了他一生的追求。

可以说，孔子的命运说，也有“运”命之义。他小时候非常贫穷，及长也难以得到人们的尊重。有一次，季孙氏举行宴会款待名士，孔子前往参加。季孙氏的家臣阳虎阻挠说：“季氏招待名士，没有请你啊！”无奈，孔子只好退了回去。可是，他并不安于命运的安排，不管是修身，还是为学，都坚持不懈地努力着，这使他逐渐成为人们心目中的“大哉孔子”的形象。即使周游列国，被人称为“累累若丧家之狗”（《史记·孔子世家》）之时，不少国君也对他另眼相看。他离开鲁国去的第一个国家就是卫国，到了那里，寄住在子路妻子的兄长颜浊邹家中。卫灵公问孔子：“你在鲁国得到的俸禄是多少？”孔子回答说：“俸米六万斗。”结果，卫国也照样给了他俸米六万斗。

---

[1]　张守东：《论孔子的天命观》，载《中国政法大学学报》2008年第1期。

明代理学家刘宗周说：“‘学’字是孔门第一义……孔子一生精神，开万古宫墙户牖，实尽于此。”（《论语学案·学而第一》）可见不管任何时候任何地方，孔子都一直在学习着，并教育着他的学生，最终成为令世人“高山仰止”的至圣先师。

在《史记·孔子世家》中，司马迁如是说：“《诗》有之：‘高山仰止，景行行止。’虽不能至，然心乡往之。余读孔氏书，想见其为人。适鲁，观仲尼庙堂车服礼器，诸生以时习礼其家，余祗回留之不能去云。天下君王至于贤人众矣，当时则荣，没则已焉。孔子布衣，传十余世，学者宗之。自天子王侯，中国言六艺者折中于夫子，可谓至圣矣！”意思是说，《诗经》中有这样的话：“巍峨的高山令人仰望，宽阔的大路让人行走。”尽管我不能达到孔子如此之高的境界，然而内心非常向往。我阅读孔子的书，可以想见到他的为人；来到鲁地，观看仲尼的宗庙厅堂、车辆服装、礼乐器物，儒生们按时在孔子故居演习礼仪，我流连忘返以至留在那里不愿离去。天下从君王直至贤人，很多很多，他们生前都荣耀一时，死后也就归于沉寂。孔子是个平民，传世十几代，学者尊崇他。上起天子王侯，中原凡是讲习六经的都要以孔夫子为标准来判断是非，孔子可说是至高无上的圣人了！

从“布衣”到“至圣”，非“运”命何以有如此的生命飞跃？

这给我们一个重大的启示，一个人的生之始是无法选择的，可其之后的生命历程是可以由自己决定的。即使处在最困难的境地里，也不能放弃对美好前景的追求。

2017年春天，山东省青岛经济技术开发区实验初级中学李素香校长让我为他们学校的教师作了一场题为《“运”好自己的“命”》的报告，引起了不少人的共鸣。我通过讲述自己命运改变的经历，给了听课的老师们一个不懈追求的启示。因为我本人也是一个“少也贱”者，特别是有十年时间，我不但处于社会的最底层，从早到晚地出苦力，还被批判。那个时候，我看不到任何发展前景。可是，我并没有放弃改变自己命运的努力。

1977 年恢复高考，改变了很多人的命运，而当年我还不能参加高考。直到 1978 年，我才有了报考的资格，但依然是阻力重重。可我坚持不懈地与命运抗争，并考取了高分，尽管再遇波折，可终于在开学一个月后，被补招进了济宁师范专科学校。于是，命运由此逆转。

此后相当长的一段时间里，困难之多也是一言难尽。如果我只是听从命运的安排，不进行绝不妥协的抗争，也不可能有今天的陶继新。

说到这里，我最感谢的还是孔子。因为在济宁师范专科学校上学期间，我读了司马迁的《史记·孔子世家》，读得我泪流满面，激动不已。我明白，我们永远不可能抵达孔子的境界，但“虽不能至，然心乡往之”。于是，我就立下了一生向孔子学习的志向。生命由此发生了变化，很多奇迹出现了。可是，我永远没有骄傲的资本，因为我永远是孔子的学生，不！连学生都不够格。不过，终生努力，“发愤忘食，乐以忘忧，不知老之将至”，定会取得一定收获的。

五、六十而耳顺

对于“六十而耳顺”，《论语注疏》这样解说：“郑曰：‘耳闻其言，而知其微旨。’正义曰：‘六十而耳顺’者，顺，不逆也。耳闻其言，则知其微旨而不逆也’。”大体意思是，到了六十岁的时候，孔子已经可以容纳各种各样的意见，听到反对的声音时也能泰然处之，抵达了宠辱不惊的境界。老子说：“天长地久。”（《道德经》）为什么天地如此长久？就是因为天地可容纳万物，而且不为自己。因为容言容物容人，不仅要有大胸怀，还要有大视野，就是看清宇宙变化，“知幽明之故”“知死生之说”（《易经·系辞上》）。一个连“死生”之道都明白的人，还有什么不能做到“耳顺”的呢？其实，中国人多是讳言死的。但是，任何人又都逃脱不了死。只有看透这个问题的人，才能真正做到宠辱不惊。但一般的人休说是死，就是一得一失，都会“惊”。正如老子所说：“得之若惊，失之若惊，是谓宠辱若惊。”（《道德经》）“宠辱不惊”与“宠辱若惊”虽只一字之差，却是天壤之别。

孔子 55 岁到 68 岁期间，开始了长达 14 年的周游列国的生活。60 岁，恰在这一周游列国的时段中。在这一阶段，孔子经历了另一种生命考验。他本想在鲁国干一番事业，但因内外反对势力排挤，加之齐国选国中“女子好者八十人”“遗鲁君”，“桓子卒受齐女乐，三日不听政；郊，又不致膰俎于大夫”，孔子才愤而“遂行”的。（《史记·孔子世家》）

从为官到寄人篱下，从受国君信任到如“匏瓜”似的“系而不食”（《论语·阳货第十七》），可以说对孔子的心灵是一种巨大的冲击。也正是在这种冲击中，他具备了适应各种环境的能力，也有了容纳各种声音和不同待遇的心态，走进了“耳顺”的境界。

在这段时间里，孔子遭受的磨难很多，有时甚至有生命之忧，可他没有因此而惊慌失措。据《史记·孔子世家》记载：“孔子适郑，与弟子相失，孔子独立郭东门。郑人或谓子贡曰：‘东门有人，其颡似尧，其项类皋陶，其肩类子产，然自要以下不及禹三寸，累累若丧家之狗。’子贡以实告孔子。”孔子欣然笑曰：“形状，末也。而谓似丧家之狗，然哉！然哉！”意思是说，孔子前往郑国，和弟子走散，于是独自站在外城的东门。有个郑人对子贡说：“东门有个人，他的额头像唐尧，他的脖子像皋陶，他的肩像子产，然而从腰以下比夏禹差三寸，瘦瘠疲惫的样子好似丧家之狗。”子贡如实告诉孔子。孔子欣然笑着说，“他说的形状，那不重要。但说我像丧家之狗，是啊！是啊！”

现在假如有一位教师因为某事而狼狈不堪，被哪个学生说像“丧家之狗”的话，这位教师一定会大发雷霆之怒，将学生好好教训一番的。可是，孔子不但没有斥责他的学生子贡，反而不怒而笑，自称是“丧家之狗”。“耳顺”如此，令我们赞叹不已！

我认为，要想做到“耳顺”，不但需要有听得起各种不同声音的气度，还要有能够“耳顺”的能量。

人到六十，正是退休的年龄，生命到了一个拐点，甚至有了日薄西山的况味，所以，六十岁是人生的一个重大转折点。如果在此前的几十年间，没有做好生命准备，就会走进生命的低潮区。所以，我们要提早为自己的六十岁做好准备，而不是只看着当时的风光无限。那么，做好什么准备呢？就是生命再飞跃的准备，这样就不会迷失方向。

我当了11年的山东教育社领导，可是我给自己的心灵定位则是一个不断成长的文化升值者。老子说："五色令人目盲；五音令人耳聋；五味令人口爽；驰骋畋猎，令人心发狂；难得之货，令人行妨。"（《道德经》）看来，人们所看到的五光十色的世界，作用于我们眼耳鼻舌身意的，很多反而是负面甚至是有害的东西。但是，一般人多为浮华而绚丽的表象世界所迷惑，从而误入歧途，尽情地享受酒肉之"福"，权钱之"利"，甚至由此损坏了自己的身体和名声而依然乐此不疲。我没有留恋于这些所谓的"福""利"，而是在别人用于酒场上玩乐、没有价值的交往和仕途追索等的时间里，持之以恒地锻炼身体、阅读与写作。特别是在49岁那年，我背诵了《论语》中85%以上的内容，终于悟出一个道理：大自然有风和日丽，也有雷鸣电闪，这正是大自然的一种常态，且构筑了属于它自己的独特的和谐。而人呢？却大多没有自我构建起一种内在的和谐，在取得巨大成功与遇到不幸的时候，并未将其视作生命的常态；而是在取得成功时就忘乎所以，遇到波折和遭遇不幸时就垂头丧气甚至一蹶不振，这就失去了生命的内在和谐。而生命的内在和谐，恰恰是人一生的幸福之源。

更让我欣喜的是，六十岁后，我再度追忆往事，回想起那些曾一度认为自己被人迫害的过往时，再也没有了以前的那种怨恨，而是主动在自己身上找原因。我无法左右别人对自己的态度与行为，却可以左右自己的心态与行动。于是，我一下子释然了，觉得以前对他们的怨恨未免过激，现在我不但不怨恨那些人，甚至还很感激他们。正是他们，让我有了这番独特的生命阅历，有了在困境中努力向上的心气。我常说一句话："陶继新天下无敌。"意思是说，在这个世界上，我一个敌人也没有。有的人也许会质疑：有人反对你，甚至整你，那不是你的敌人吗？我会释然一笑，尽管他也许把我看成他的敌人，可我把他当成我的朋友，四海之内，皆朋友也。这种人今天不知道我如此善待他，明天会知道；明天不知道，后天会知道；一辈子不知道也无关紧要啊，因为，我心安然啊！所以，我不但“耳顺”，我心也顺啊。

有了心灵层面的内在和谐之后，加之有益于生命成长的精神追求，就会享受身心健康和文化升值所带来的无穷乐趣。所以，当我也到了六十岁的时候，多年来积蓄的思想和知识，就开始酝酿我生命的另一个开端。我退休之后一直行走于全国各地的教育讲坛，在天南地北采访有思想与文化品位的校长、教师和专家，撰写自己乐于书写的作品，整天忙得不亦乐乎。这个“忙”，是自己愿意干的事情，是自己能够干好的事情，是令我心灵快乐的事情。我感到自己有了被人认可的价值，感到自身的生命成长又促进了更多人的生命成长。

我六十岁之后的生命状态，与多年来诵读《论语》有着密不可分的关系。因为我不只是懂得了《论语》的字面意思，也领悟了孔子的精神境界，有了在任何境况下都从容不迫的心态，特别是拥有了总是看到别人优长的心灵。

在六十岁后，我的身体状态、心灵状态、文化状态都没有走向低谷，而是有了更大更广的拓展。所以，六十岁就成了我生命的又一个起点，而且还是异常精彩的起点。

六、七十而从心所欲，不逾矩

“七十而从心所欲，不逾矩”是生命的最高层次。“从心所欲”就是想说什么就说什么，想干什么就干什么，却“不逾矩”。这个“矩”是不是单纯地指礼制规矩呢？不尽然，还有“仁、义、智、信”等，甚至还有超越这些东西的宇宙规则。不管干什么，不管如何去做，却都符合这种“矩”。

孔子在评价“逸民：伯夷、叔齐、虞仲、夷逸、朱张、柳下惠、少连”后，说：“我则异于是，无可无不可。”（《论语·微子第十八》）

孟子认为，伯夷是圣人之中的清高者，伊尹是圣人中富有责任感者，柳下惠是圣人中随和者，孔子则是圣人中识时务、集大成者。始条理者智，终条理者圣。就像射箭，智则“巧”，圣则有力。百步之外，能射到目标的是有力，能够射中则不仅靠力，还要靠“巧”，即智慧。伯夷、伊尹、柳下惠三人都是圣人，都能够持之以恒地坚持他们的政治原则，但不够巧，圣而不智，孔子才是能经能权、亦圣亦智的大圣人。“可以仕则仕，可以止则止，可以久则久，可以速则速，孔子也。”（《孟子·公孙丑上》）“孔子，圣之时者也。”（《孟子·万章下》）

所谓“时”，即切合现实、与时俱进。“圣之时者”是既能守经志道也能反经合道、既能坚持理想又能根据不同环境采取合适手段的圣人。如果说能够有所坚持的人是贤人，那么不仅有所坚持，而且能够做到权变的人才是圣人，因为“可与权，谓能权轻重，使合义也”（《论语集注》）。

看来，孔子不是一个教条主义者，而是一个因时而变的识时务者。不过，不管如何变，都总能合于“仁”与“义”。不是有意为之，而是随意为之，即“从心所欲，不逾矩”。也就是在坚持仁与义的原则下通权达变、与时俱进，具有相当的灵活性、包容性、普适性和时代性。

能够抵达这种境界的人很少，但我们可以学着去做。这就需要在日常事务中，学习孔子这种无可无不可的思想方法。

对此，我有一定的实践与感触，特别是从孔子的“用之则行，舍之则藏”（《论语·述而第七》）中，我感受到了他的智慧，并尝试着去践习。

我在山东教育社担任副总编时，共事的社长能力很强，也有责任心，很多事情，他一个人调度就干好了，而且干得乐此不疲。有人也许认为这是对下属不重用，我不这样认为，每个人工作理念与方法不一样，社长这样干自有他的道理，而且我也不能改变他的管理风格，更不能越权行事。

所以，社长安排的工作，我尽自己所能做好，他不让做的事，我绝不越权去做，恰如孔子高足曾子所说："思不出其位。"（《论语·宪问第十四》）与此同时，我除了干好必须干的工作，剩余时间就多读书、多写作。我每周都可以读一两本书，写一些文章。那三年多的时间，我不但与社长的关系处得比较好，而且还读了两百多本书，尤其是认真诵读了《论语》，还写了几十万字的文章。这些积累对我以后的发展起到了很重要的作用。更重要的是，我的心灵逐渐安顿和沉潜下来。

其实，这里面也有一个"义"的问题，就是要做适宜的事、有意义的事，而不能做没有价值的事，也不能不干事。

后来这位社长调离山东教育社后，我们曾经有过一次很好的交谈。他夸奖我服从领导的同时，对我的能力也给予了很高的评价。这让我很感动，也很感谢他。

这给我很大的启示，当我们不能改变别人的时候，我们则要改变自己；但改变的不管是什么行为，都要坚持住"仁"与"义"的底线，并坚持不懈地做一些有意义的事情。唯其如此，才能既对得起别人，也对得起自己，也才能获得真正的幸福。

孔子的生命是流动的，更是不断飞跃的。我们每一个生命个体，也都不能停留于既有的生命状态，要在不断努力中，实现自己生命的不断飞跃。

为了让自己一步步实现生命的飞跃，我主张要给自己做一份生命规划书，其中一个特别重要的内容就是读书计划，特别是读好书的规划。在这个星期，这个月，这一年，后几年甚至更长的时间里，我要读哪些书？读多少？规划之后，要完成甚至超额完成计划。文化积累会不断为你增值，时间愈长，所增之值愈高。久而久之，你就会成为你所在单位的优秀者，甚至是更大范围的被众人认可的有成就者。不但不用担心自己工作的去留问题，还会有"更上一层楼"的快乐体悟。而更为重要的是，你的生命深层有了经典滋养，就有了一生幸福的资本，就会永远快乐。

2018 年之始，正是我就要步入 70 岁的时候，我给自己做了新的规划，其中之一是背诵《论语》全文三遍。在这个年龄背诵，在一般人看来是比较困难的，可由于我 49 岁时背诵过 85% 的内容，所以真正实施起来，并不太困难，只是要想记住五百章的先后顺序，就相对困难了。尽管如此，我还是在当年完成了自己定的目标。

也是从那时开始，我几乎每天要听读世界名著。之所以说是听读，是因为不少场合，无法阅读名著文本，只好通过“喜马拉雅”来听。比如晚上独自一人在小区院子里散步的时候，我便打开蓝牙音响，沉浸于那妙不可言的文学世界里。尽管几十年前我也读过一些世界名著，可是数量较少，也没有像现在这样用时之多与痴迷之深。不到两年的时间，我已经听读了几十部世界名著。而让我感到惊奇的是，再写文章的时候，不但速度加快了，质量也有了提升。如果说很多年前我就已经在写作的大海里畅游的话，现在则已经登上了审美的殿堂。只要有了素材与思路，如泉涌一般的灵感便会一泻而出，五六千字的文章，常常在一天之内便可完成。

可是，每逢听读世界名著的时候，又觉得那是一座座让我终生“高山仰止”的文学丰碑，似乎不管我如何努力，也不可能达到名家的境界。我反思自己：是他们比我聪明吗？有点，但不尽然。因为他们从小就徜徉在世界文学名著里，长年累月受大师“道法自然”而又美得绚烂的语言熏陶，其语言也就有了独具一格之美。当然，这跟天赋不无关系，也有人格与阅历等其他因素。可是，仅语言一项，就让我佩服得五体投地。所以，我永远没有资格标榜自己著作水平有多高，只能说没有在同一个平面上滑移，略有进步而已。

我之所以在 70 多岁时能有这样一种生命状态，与阅读《论语》密不可分。而孔子的名言“无欲速，无见小利。欲速则不达，见小利则大事不成”（《论语·子路第十三》）早已成了我的座右铭。几十年来，包括现在，我依然不急迫，还是一点一点地学。目前快速成名成家者并不鲜见，可是，这样的人又有多少经得起时光冲洗、大浪淘沙？当流星划过，泯然而逝，其名何在？其人何在？所以，还是牢牢记住孔子的教导，为生命积淀能量。我一直在储蓄文化，我想通过文化升值来实现自己生命的裂变和飞跃。有了文化的积淀，再做其他事情的时候，就会变得相对轻松。

我是一个“困而学之”（《论语·季氏第十六》）者，只不过在这方面下的功夫比一般人大罢了。几十年如一日地奔赴全国各地学校采访，几十年如一日地将采访的内容写成文章，以至每年的除夕及春节，我都是在办公室里享受着写作的愉悦。不管外面多么喧嚣，丝毫打断不了我的写作思路。如果没有这十几年的持续积累的笨功夫，就不会有今天的陶继新。

我不能说现在已经抵达“从心所欲，不逾矩”的境界，却在不断接近这个境界。我每天完全按照自己的意愿读书、为文和做事，而闲暇时回味一下，又觉得多有意义啊！所有这些，没有孔子的教诲，是绝对不可能的。

第二章　仁者爱人

“仁”是孔子思想的核心，在整部《论语》中，“仁”字出现的频率极高，多达一百多处。不过，孔子并没有从学理层面给“仁”下过定义，不同的人问“仁”，他会有不同的回答。那么，究竟什么是“仁”呢？一般来说，人们多解作仁德、仁爱、仁心，或有仁德、有仁爱、有仁心的人。朱熹认为，“仁”是“爱之理，心之德”（《论语集注》）。意思是说，“仁”是懂得爱人的道理，内心有善良的品德。我觉得，如果说成“心之德，爱之理”则更好一些，因为应当心之德在先，若没有心中之德，是不可能懂得爱的要义的。

其实，说到“仁”中有爱之要义的时候，也就必然有了“心之德”，不然，就不可能去爱。而孔子特别关注这种心中之仁爱，在他看来，颜回就是一个有着心中之仁爱的人。不过，能有如此仁爱之心者，在孔子的心里真的是“几希矣”。他甚至说：“回也，其心三月不违仁，其余则日月至焉而已矣。”（《论语·雍也第六》）意思是说，颜回可以长久地不违背仁，其他的人不过一两天、一两个月做一下罢了。

孔子在关注“心之德”、心之爱的同时，又特别关注爱之行。不过，还需要说明一下，这里的爱，主要说的是爱人，尤其是爱民。心中有美德，又能爱人，方可为仁。所以，在朱熹解说的基础上，我给“仁”下了如下的定义：“心之德，爱之行。”有的人心中有德，可以被称为士甚至君子，可未必能够成仁。只有有了爱之行，才能升华为仁。也就是说，“心之德”，要外化成爱人之言行，尤其是爱民之言行，方能为仁。

由于在后面的“教学总纲”一章中的“依于仁”部分还将专门谈“心之德”，所以在本章中重点谈的是爱之行。

在回答樊迟什么是仁的问题时，孔子的回答就是“爱人”（《论语·颜渊第十二》）。尽管《论语》中对于“仁”的解说各有不同，但译作“爱人”当是一个具有本质意义的诠释。传统文字学从字形结构上把“仁”解释为“从人从二”，写作“人二”，即“人人”，这在语法上属动宾结构，意为以人为人，把人当作人，这正是仁者爱人。在读《国语》的时候我们发现，“仁”字出现了 24 次，基本意义都是爱人；《左传》中“仁”字出现了 33 次，很多也是爱人爱民的意思。

孔子所爱的人，范围很广，可以是士大夫阶层以上的人，也可以是普通民众。从“民兴于仁”（《论语·泰伯第八》）、“民之于仁也，甚于水火”（《论语·卫灵公第十五》）等篇章中可以看出孔子无论是讲从政还是教育等问题，最后都落实到“人”或“民”这个根本上，很显然，这其中已经闪耀出了民本思想的光芒。正是对百姓（民）的高度重视，如果有人所做之事对百姓极其有利，即使存在不懂礼等问题，孔子依然称其为仁。后面文中笔者所谈到的称许管仲为仁，就是一个很好的例证。

一、孔子及其弟子的“爱人”

整部《论语》中“人”字出现了 162 次，48 处讲到“民”，从中可以看出孔子及其重要弟子的“爱人”主要体现在两个方面：一是爱民，反映了孔子的民本思想，这在其整个思想体系中，都有着光芒四射之美；二是“泛爱众”（《论语·学而第一》），所谓众，不只包括民，还包括不同阶层、不同年龄、不同职业、不同性格的形形色色的人，这也体现了孔子的人本思想。其中“有教无类”无疑彰显了民本意识和“泛爱众”的思想，后面将会有“有教无类”专题，在此不再赘述。

1. 爱百姓的民本思想

在谈到孟子的时候，人们多会想起他的民本思想，其实，孔子的思想，已经闪耀出了民本思想的光芒。尽管孔子并未像孟子那样有比较系统的论述，可其核心思想已经尽在其中。况且，《论语》本来也不是一部思辨性的著作，而是对话体的语录集。正是在这些看似零散的语录中，我们可以触摸到孔子民本思想的内核。

孔子说：“道千乘之国，敬事而信，节用而爱人，使民以时。”（《论语·学而第一》）意思是说，治理有千辆兵车的国家，慎重、敬畏地处理政事，恪守信任，节省开支，爱护人民，差使老百姓要选择农闲的时候。因为老百姓装在了孔子的心里，所以，他要求当政者在差使老百姓的时候，也要选择农闲时节，不然就会延误农时，影响民众的生活。

在《论语·宪问第十四》中有这样一章——

> 子路问君子。
>
> 子曰：“修己以敬。”
>
> 曰：“如斯而已乎？”曰：“修己以安人。”
>
> 曰：“如斯而已乎？”曰：“修己以安百姓。修己以安百姓，尧、舜其犹病诸！”

这段对话的意思是，子路问如何做才是君子。孔子说：“修养自己，严肃认真地对待工作。”子路说：“就这样吗？”孔子说：“修养自己，使别人安乐。”子路说：“就这样吗？”孔子说：“修养自己而使百姓安乐。修养自己而使百姓安乐，尧、舜也还不易做到哩。”

孔子认为，士、君子、仁、圣是个人修为的一个次第升华的过程，圣人是最高层次。尧、舜、禹、汤、文王、周公是超越仁者之上的圣人，可是，如果有谁能使老百姓真正安乐起来，其功德就可以超越尧舜这样的圣人。由此可见，修身不只是为了独善其身，还要在道德实践中“安人”“安百姓”，即经世致用。1988 年，全世界 75 位诺贝尔奖获得者在巴黎聚会，讨论新世纪世界的前途。他们竟然得出一致的结论，认为在 21 世纪，人类如果要过上和平幸福的生活，就应该到 2500 年前中国的孔子那里寻找智慧。可见孔子的这种仁爱思想，直到今天，仍然闪烁着伟大的光辉。

有一天，子贡问孔子，如果有人广泛地给老百姓好处，而又能普遍地周济大众，这人怎么样？可以算作仁人了吗？因为子贡知道，除了颜回，几乎没有听孔子称道过有仁的人，所以，才有了这样一个提问。孔子是怎样回答的呢？他说：“何事于仁，必也圣乎！尧、舜其犹病诸！夫仁者，己欲立而立人，己欲达而达人。能近取譬，可谓仁之方也已。”（《论语·雍也第六》）意思是说，这何止是仁呢，简直是圣人了！就连尧和舜都难以做到啊！所谓仁，就是说自己想站起来，就帮助别人站起来，自己发展起来了，也帮助别人一起发展起来。凡事能够从身边近处做起，可以说是实行仁的方法了。在读《论语》的时候，我们发现，孔子所说的“仁”，是一种很高的境界，是大于礼、忠、信、亲、庄、敬、恭等的。可是，如此之高的“仁”，却还在“圣”之下。可见，孔子对使老百姓好起来的“圣”的功业成就评价比“仁”还要高。

孔子所处的时代是奴隶社会末期，统治阶级不仅不重视老百姓的需求和利益，反而把他们当成牲口一样买卖。而孔子把百姓的安乐看得如此之重，实在让人景仰之至。

孔子所在的鲁国当时是季康子当权，其势大于国君，而季康子不仅不行仁道，反而滥杀无辜。他认为所杀之人，均系坏人，只有将这些坏人杀掉，国家才能太平。所以，他在“问政于”孔子时说：“如杀无道，以就有道，何如？”孔子对曰：“子为政，焉用杀？子欲善而民善矣。君子之德风，小人之德草。草上之风，必偃。”（《论语·颜渊第十二》）大体意思是，季康子向孔子询问如何执政：“如果杀掉坏人，亲近好人，怎么样？”孔子说：“治理国家，为什么要用杀人的办法？你如果想做好人，老百姓也就会跟着好起来。君子的道德像风，老百姓的道德像草，草随风倒。”

先秦时期，“君子”和“小人”多指有位之人和普通百姓，后来孔子才将其赋予道德人格的内涵，不过有的时候，依然沿袭前说，而此处的“君子”“小人”，则分别指的是季康子和老百姓。在孔子看来，要想搞好政治，在位者绝对不能随便杀害老百姓，而应当“作民父母”（《尚书·洪范》），施行仁政善政，以自己的人格魅力影响老百姓、感化老百姓。否则，就会上行下效，社会永远无法太平，也就不可能搞好政治。当然，这样的忠告，季康子是听不进去的，对此，孔子非常明白，但这并不能阻止他如是说。因为在他看来，老百姓本来是淳朴善良的，只是因为在位者对其的管理教育出了问题，尤其是只强令其遵守统治阶级的法令等，否则就予以定罪，甚至一杀了之，这样，老百姓就会越来越不服从当权者的管治，甚至出现不良的民风。所以，要对他们进行有效的教育，而不是动不动就进行惩罚。所以，他说：“不教而杀谓之虐。”（《论语·尧曰第二十》）意思是说，不教育就杀叫残酷。看来，孔子面对位高权重之人，并不是违心附和，而是为百姓说话。孔子选择毫不犹豫地表达自己的思想和意见，这自然会让季康子非常不高兴，但也由此彰显出了孔子的民本思想。

即使“远人不服”，也不能征杀而取之，而是“修文德以来之”，且要“既来之，则安之”（《论语·季氏第十六》）。孔子认为，远方的人不服，就把礼乐制度搞得好好的吸引他们来，来了，还要把他们安顿好。在孔子看来，远方的人有不服，靠战争打杀虽然可以将他们征服，可他们心里并不服。而且，这样做很不人道，不是爱他们，而是害他们。

有人认为，孔子主张忠于君，太过保守。其实，他也特别强调关注老百姓的生命状态。据《孔子家语·贤君》记载——

> 哀公问政于孔子。孔子对曰："政之急者，莫大乎使民富且寿也。"公曰："为之奈何？"孔子曰："省力役，薄赋敛，则民富矣；敦礼教，远罪疾，则民寿矣。"公曰："寡人欲行夫子之言，恐吾国贫矣。"孔子曰："《诗》云：'恺悌君子，民之父母。'未有子富而父母贫者也。"

这段话的意思是说，有一天鲁哀公问政于孔子。孔子回答说，治理国家最为紧要的任务，就是使老百姓生活富足且健康长寿。鲁哀公问怎样才能做到这样呢，孔子回答说："减少老百姓服劳役的时间，少收他们的赋税，老百姓就会富裕了；给老百姓以教化，让他们远离犯罪，老百姓就会安宁长寿了。"鲁哀公说："我想按您说的去办，可是，我担心我们这个国家会贫穷啊！"孔子说："谦恭有礼的君子，就好像是人民的父母，我还没有见过子女富有而父母却贫穷的。"在孔子看来，老百姓富了，国君就富了，国家也就强了。

孔子的弟子冉求做季氏宰，替季氏聚敛，孔子很愤怒，说："非吾徒也。小子鸣鼓而攻之可也。"（《论语·先进第十一》）可见，即使是自己的学生做了伤害老百姓的事情，孔子也毫不留情。孔子心系百姓之心，可见一斑。

孔子的民本思想，在其日常生活和教育教学中，也自然而然地影响到他的学生。在《论语·颜渊第十二》中，就有如下一段对话——

> 哀公问于有若曰："年饥，用不足，如之何？"
>
> 有若对曰："盍彻乎？"
>
> 曰："二，吾犹不足，如之何其彻也？"

对曰："百姓足，君孰与不足？百姓不足，君孰与足？"

我们不妨将这段对话翻译如下——

鲁哀公问有若说："荒年收成不好，钱不够，怎么办？"

有若回答说："实行'彻'（十分之一）的税法怎么样？"

鲁哀公说："十分之二我还不够用，怎么可能只收十分之一呢？"

有若回答说："如果老百姓足够，您怎会不够？如果老百姓不够，您怎么能足够？"

显然，鲁哀公考虑的只是自己和宫廷的需要和利益，没有把老百姓的利益放在心上。其实，在饥荒之年，老百姓即使按平时之数缴纳赋税，也很难度过荒年，甚至有可能背井离乡，妻离子散。所以，在这个时候，不是增加百姓的赋税，而应当让他们交得越少越好。有若从百姓的利益出发，劝告鲁哀公减少百姓赋税。同时，他讲得又很有艺术，旨在让鲁哀公知道，自己之所以如此说，不只站在了老百姓一方，而且也考虑到了鲁哀公的利益。所以，这种以民为本的思想，还有了智慧的亮光。

2."泛爱众"的人本思想

孔子的"泛爱众"，与博爱有异曲同工之妙，因为他的爱几乎无处不在，即使对一般人认为不值得爱或不应当爱的人，他同样也爱。

孔子非但不歧视所谓的"下人"，反而对其格外关心。《论语·乡党第十》中就有这样一章："厩焚。子退朝，曰：'伤人乎？'不问马。"孔子所处的时代，奴隶是没有地位的，可以在市场上自由买卖交换，四个奴隶才能换一匹马。但是，孔子家里的马厩失火，孔子退朝回家后问的第一句话就是"伤人乎"，却"不问马"。由此可见，孔子对人之生死的关注远远超过了对马之生死的关注。

孔子的弟子原思当孔子家的总管，孔子给他小米九百斗，他觉得太多了，不肯接受，而孔子坚持要如数给，并对原思说："毋，以与尔邻里乡党乎！”（《论语·雍也第六》）意思是说，原思，你不要推辞了，如有多余的话，你就分给家乡的邻里乡亲吧。可见孔子对不认识的下层劳动人民是富有同情之心的，体现了他“泛爱众”的人本思想。

孔子的弟子冉伯牛得了不治之症，有人说是得了传染性非常强的麻风病。但是，孔子还是专门去探望他，而且从窗外握住他的手，感慨不已地说：“亡之，命矣夫！斯人也而有斯疾也！斯人也而有斯疾也！”（《论语·雍也第六》）意思是说，真没有办法啊，这是命运啊！这样的人怎么会生这样的病啊！这样的人怎么会得这样的病啊！孔子认为，他的学生中，最有“德行”的是“颜渊、闵子骞、冉伯牛、仲弓”（《论语·先进第十一》），如此之贤人，却染如此之恶疾，怎能不令孔子痛心？而从另外一个层面，我们也可以看出，孔子是具有悲悯情怀的一个人，他甚至不顾被传染上恶疾的危险而去看望自己的学生。现在教育之爱要求老师要爱生如子，以生为本，而孔子就是一位爱生如子的老师啊！

对学生如此，对朋友亦然。在《论语·乡党第十》中有这样一章：“朋友死，无所归，曰：‘于我殡。’”意思是说，朋友死了，没有人处理丧事，孔子便说：“由我来负责丧事。”殡者，收殓也，而在这里，则是指办理包括殡葬等环节在内的全部丧事。显然，这样的朋友已无家属，真的是“无所归”了。而要办理这样的丧事，不但要花费钱物，还要耗费心力。可是，孔子受爱友之心的驱使，就主动地承担起了这个责任。

不仅对朋友，就是与自己没有重要关系的人死了，孔子也异常悲痛。在《论语·述而第七》中就有这样两章记载。其一是：“子食于有丧者之侧，未尝饱也。”意思是说，孔子在死者亲属旁边吃饭的时候，总吃不饱。其二是：“子于是日哭，则不歌。”意思是说，孔子在这一天哭过，便不再唱歌。

我在农村长大，参加与旁观过不少丧事，人死而亲人哀，当是正常。可是，在为非至亲的死者奔丧的一个不小的群体中，假哭者有之，不哭者有之，甚至窃笑者亦有之。而到了无需资费而吃丧饭的时候，食欲大开，甚至将剩余饭菜席卷而去者亦有之。真正悲戚到“未尝饱”和“是日哭”者少之又少。

何晏说：“丧者哀戚，饱食于其侧，是无恻隐之心也。”（《论语集解》）看来，不少人失去了恻隐之心。如此之民风，岂不哀哉！所以，中国第一部教育学论著《学记》开头第一段就明确指出，办学的目的是“化民成俗”，即教化百姓，养成良好的社会风俗。

在这方面，孔子为我们做出了表率。在有丧事的时候，他不但吃不饱，而且“是日哭，则不歌”。李炳南说：“孔子好乐，歌是乐词。是日不但不奏乐，亦不唱歌。余哀未尽。是诚心，是直心。”[1] 此说堪称妙绝！因为我在农村观丧时发现，在那个特殊的场合，有些“聪明人”掩饰得很好，当众还会以手帕掩面作哭状，可离开之后到了家里或别处，则原形毕露，肆无忌惮地大说大笑乃至乱唱起来。

由此说明一个问题，究竟还有多少人像孔子那样真正富有“恻隐之心”呢？

这尽管只是一件小事，却照见了孔子爱心之真之切。所以，学习孔子，不只是要学习其伟大的教育思想，更要学其仁爱之心。没有了仁爱，教育也就失去了其最丰沛的内涵。著名教育家马卡连柯说：“爱是教育的基础，没有爱就没有教育。”是的，如果没有爱这个基础，整个教育的大厦就会轰然倒塌。孔子之所以能够成为世界大教育家，他的仁爱之心当是一个重要因素。

孔子不但爱老百姓，而且对所谓犯了罪的人，也十分怜悯和同情。

孔子的另一位高足曾子对犯了罪的老百姓也很有同情之心。《论语·子张第十九》有这样一章：“孟氏使阳肤为士师，问于曾子。曾子曰：‘上失其道，民散久矣。如得其情，则哀矜而勿喜！’”意思是说，孟氏要阳肤做法官，阳肤问曾子的意见。曾子说：“上面失去道义，人民早就离心

[1]　李炳南：《论语讲要》，长江文艺出版社 2019 年版，第 114~115 页。

和走散了。你假若能够审出罪犯之实，便应该同情他，可怜他，切不要自鸣得意。”对于曾子之言，张栻在《论语解》中这样解释：“先王之于民，所以养之教之者，无所不用其极，故民心亲附其上，服习而不违。如是而犹有不率焉，而后刑罚加之，盖未尝不致哀矜恻怛也。若夫后世礼义衰微，所以养之教之者，皆荡而不存矣。上之人未尝心乎民也，故民心亦涣散而不相属，以陷于罪戾而蹈于刑戮，此所谓‘上失其道，民散久矣’。”

据说阳肤是曾子的弟子，做了法官。一般来说，从政做官是要有政绩的。可曾子对其并不看重，而是认为即使审理出了犯罪者的问题，也不能为此而高兴，反而应当怜悯同情他们，因为他们之所以犯罪，更多的不是他们自身的原因，而是执政者长期以来失去道义所造成的。《韩诗外传》中说：“昔之君子，道其百姓不使迷，是以威厉而刑措不用也。故形其仁义，谨其教道，使民目晰焉而见之，使民耳晰焉而闻之，使民心晰焉而知之，则道不迷而民志不惑矣。”看来，只有在位者“形其仁义，谨其教道”，才能真正教化百姓。诚如是，不但犯罪者越来越少，而且“民志不惑矣”。

曾子之所以说出这样的话，一方面与其“泛爱众”有关，另一方面，也许他听过孔子如下之言：“听讼，吾犹人也。必也使无讼乎！”（《论语·颜渊第十二》）意思是说，处理诉讼，我和别人差不多，重要的是如何能没有诉讼。对此，朱熹在《论语集注》中有这样一段话：“范氏曰：‘听讼者，治其末，塞其流也；正其本，清其源，则无讼矣。’”可见“无讼”就是让争讼双方自我反省，辨明是非，提前化解矛盾，这样就没有必要再提起诉讼了。这里所说的“本”的内涵之一就是正其本性，教化百姓，让他们自觉遵从礼乐规范，不是让他们犯了罪而予以惩处，而是让他们有德有礼而不犯罪。

孔子之爱心，可谓无所不在。他在回答子路其志之所在的时候这样说：“老者安之，朋友信之，少者怀之。”（《论语·公冶长第五》）孔子认为，对于年老的，要使他们得到安乐；对于朋友，要信任他们；对于年少的，要关怀他们。如此之“泛爱众”，其内在仁心之大，令人感动。

二、管仲九合诸侯不以兵车之仁

大家知道，孔子尚俭而重礼，管仲奢华而不知礼。对此，《论语·八佾第三》中专有一章作以记载——

> 子曰：“管仲之器小哉！”或曰：“管仲俭乎？”曰：“管氏有三归，官事不摄，焉得俭？”“然则管仲知礼乎？”曰：“邦君树塞门，管氏亦树塞门；邦君为两君之好，有反坫，管氏亦有反坫。管氏而知礼，孰不知礼？”

为使大家了解得更加清楚，我们不妨翻译如下——

孔子说：“管仲这个人的器量真是狭小呀！”有人说：“管仲节俭吗？”孔子说：“他有三处豪华的藏金府库，他家里的管事也是一人一职而不兼任，怎么谈得上节俭呢？”那人又问：“那么管仲知礼吗？”孔子回答：“国君大门口设立照壁，管仲在大门口也设立照壁；国君同别国国君会面时在堂上有放空酒杯的设备，管仲也有这样的设备。如果说管仲知礼，那么还有谁不知礼呢？”

一般人认为，像管仲这样的人，跟“仁”连边都沾不上。所以，孔子的弟子子路对孔子说：“齐桓公杀了公子纠，召忽自杀了，但是管仲没有死，这是没有仁德了吧？”公子纠是齐桓公的哥哥，管仲和召忽都是公子纠的臣子。召忽为了公子纠而自杀，有点“义”的味道，而管仲不但不自杀，反而做了齐相。这在义勇兼备的子路看来，当然难以称“仁”了。对此，孔子却说：“桓公九合诸侯，不以兵车，管仲之力也。如其仁！如其仁！”（《论语·宪问第十四》）意思是说，桓公多次召集各诸侯国的盟会，不用武力，都是管仲的力量啊。这就是仁啊，这就是仁啊！在孔子看来，管仲的“九合诸侯，不以兵车”，让老百姓免遭战争之苦，这恰恰正是为民造福，是很大的功业。

同是在《论语·宪问第十四》篇，孔子的另一位弟子子贡对此也提出过疑问：“管仲是没有仁德的人了吧？齐桓公杀了公子纠，他非但不能以身殉难，反而成了齐桓公的宰相。”孔子却说：“管仲相桓公，霸诸侯，一匡天下，民到于今受其赐。微管仲，吾其被发左衽矣！岂若匹夫匹妇之为谅也，自经于沟渎而莫之知也！”意思是说，管仲辅助齐桓公，称霸诸侯，统一和匡正了天下，老百姓到现在还得到他的好处。如果没有管仲，我们恐怕要披头散发穿着左开襟的衣服了。他怎能像一般的平庸男女那样，为了守小节，自杀在溪沟里，谁也不知道呢？

齐桓公问管仲何为一国之本？管仲回答：“齐国百姓，公之本也。”（《管子·霸形》）由此观之，在管仲心中，老百姓才是国家之本。孔子所说的仁者爱人，关键是爱民。所以，如果做了对老百姓有益的事，即使在某些方面有不尽人意的地方，甚至到了奢华和不知礼的程度，也仍然可以称之为仁。

顾炎武在他的《日知录》中说：“君臣之分，所关者在一身。华夷之防，所系者在天下。故夫子之于管仲，略其不死子纠之罪，而取其一匡九合之功，盖权衡大小之间，而以天下为心也。”这里所说的“以天下为心”，就是为了天下的老百姓着想。春秋战国时期，诸侯割据，战争频仍，民不聊生。正是管仲之大谋略，才让更多的老百姓避免了死伤饥馁之苦。如果不是以民为本，只是机械地以“礼”为唯一标准，孔子对管仲的评价就会另当别论了。

可见，孔子之仁者爱人，更关注的是对老百姓的爱。也就是笔者前面所说的，更侧重于“爱之行”，而不是只表现在口头上，更不是只说不行。

第三章　为政以德

孔子是一位积极的入仕者，他推崇“仁”政，痛恨“苛”政，以德性作为从政的必备条件，所以，就有了“为政以德”（《论语·为政第二》）的施政方针。这一仁政思想，虽然在当时没有得到有效的实施，但对之后中国历朝历代的统治者，乃至一般的从政之士，都产生了重大深远的影响。

历史上但凡遵循“为政以德”的君王和要臣，多是美名远扬，成就斐然；相反，则成绩甚微，一败涂地乃至遗臭万年。

一、以德服人

如何为政？尽管众说纷纭，而以德服人，无疑是走向较高治理境界的要道之一。

1. 德在得心

孟子有言：“得天下有道：得其民，斯得天下矣；得其民有道：得其心，斯得民矣。”（《孟子·离娄上》）这是已被古今中外无数史事证明了的真理。

那么，如何才能得到民心呢？为政者有德当是必要的条件。德不在于口头上说得多么动听，而在于心中有德，且付诸行动。其实，老百姓心里都有一杆秤，大家的眼睛也是雪亮的，对于为政者品格的优劣，既看在眼里，又感受在心里。一个处处心系老百姓的为政者，也便在老百姓心里树立起一块美德的丰碑；相反，则成为天下百姓诅咒怨恨之人。

在《论语·为政第二》中，孔子有一句极其精妙之言：“为政以德，譬如北辰，居其所而众星共之。”意思是说，以德行来治理国家的人，好像天上的北极星，自己处在那个位置上，群星自然围绕环抱着它。

对此，钱穆说得好：“德者，心之最真实，最可凭，而又不可掩。故虽蕴于一心，而实为一切人事之枢机。为政亦非例外。”[1]

是的，有了“心之德”（《论语集注》）这个“枢机”（《周易·系辞上》），就可以做到让老百姓不言而信，不动而化，凡事无为而成。

“心之德”不但是君主得天下的“枢机”，也是一般为政者尤其是一把手为政成败的关键。人们可以从其言谈举止中，将他的心透视得一清二楚。所以，心中无德的为政者，不管其如何巧言与伪装，其无德之心都会被人们剥离于“光天化日”之下。

而为德，则是以德让人心服。

孔子和其弟子周游列国时，叶公曾向孔子问政，孔子只用了六个字来回答他：“近者说，远者来。”（《论语·子路第十三》）意思是说，使近处的人高兴，使远方的人来归附。

孔子此答，自有其一定的历史背景，可其意义又不止于此，它已成为千古不变的律条。

张居正说得好：“为政之道，在得民心。若能使民之近者被其泽而喜

[1]　钱穆：《论语新解》，九州出版社 2011 年版，第 20 页。

悦，远者闻其风而来归，则为政之道得矣。”[1]

要想“近者说，远者来”，就要让老百姓心悦诚服，不然，即使通过征杀暴力将他们俘获而来，老百姓表面上虽然归顺了，心里也会不服气，甚至会怀恨在心。

看来，统一天下解决诸侯国归顺这个问题，主要还不是依靠兵力强大。如何办呢？还是孔子说得好：“远人不服，则修文德以来之。既来之，则安之。”（《论语 · 季氏第十六》）意思是说，远方的人不归服，便倡导礼乐和德政把他们吸引来。既要使他们前来归附，也要使他们安心。

管理亦是如此，单位领导应通过德行使下属心服才行。

孔子之所以盛赞周文王，一个重要原因就是他的为政是以服人心而成就大业的。孔子还说：“三分天下有其二，以服事殷。周之德，其可谓至德也已矣。”（《论语 · 泰伯第八》）意思是说，得了天下的三分之二，仍然事奉殷朝。周朝的德，可以说是最高的了。

相传当时中国分九州，周文王已得荆、梁、雍、豫、徐、扬六州，推翻殷商王朝，已是毫无问题。可他看重的还是民心，尽可能不动用武力，以免百姓颠沛流离，失去家园，受苦受难。

孔子之所以推崇周文王，除了其构建了“郁郁乎文哉”（《论语 · 八佾第三》）的周礼之外，其润泽民心的大德，无疑是一个重要的原因。

2. “道”德“齐”礼

为政者怎样以心服众并取得更好的治理效果呢？

我们不妨看看孔子是如何说的：“道之以政，齐之以刑，民免而无耻；道之以德，齐之以礼，有耻且格。”（《论语 · 为政第二》）意思是说，用政策来管理、领导，用刑罚来整治、规范，民众只求免于受罚，心中并无耻辱心。用德行来管理、领导，用礼制来整治、规范，民众则有耻辱心，

[1] 〔明〕张居正讲评：《论语别裁》，陕西师范大学出版社 2007 年版，第 202 页。

内心认同而归依。

政策与刑罚未必不好，可如果缺失了德的支撑，就有可能走向它的反面。

为政之要，需要为政者不但具有“心之德”，还要懂得老百姓的心。真正的为政，是教人为善。如果通过某些法令惩罚和整治违法者，也许能收到一时之效。然而，这些人是因为担心受到惩处而在一段时间里不再为恶，并没有为自己此前之恶而生出耻辱感，没有从根本上解决问题，其为恶之心并没有连根拔掉，乃至一有机会，还有可能钻法律的空子，旧病复发，原因是“无所羞愧，盖虽不敢为恶，而为恶之心未尝忘也”（《论语集注》）。所以，“治民者不可徒恃其末，又当深探其本也”（《论语集注》）。

那么“本”是什么？就是用“德”教化百姓，用“礼”约束民众，即“道之以德，齐之以礼，有耻且格”。也就是说，为政者不但自己要有德，而且要教化百姓，让其拥有德心与善行。而教育，则肩负着这一重要的使命。

中国第一部教育学论著《学记》开篇即说：“发虑宪，求善良，足以謏闻，不足以动众；就贤体远，足以动众，未足以化民。君子如欲化民成俗，其必由学乎！”意思是说，（执政者）发布一些精心谋划的政令，征求德才兼备之人（辅佐自己），可以得到小小的声闻，但不能打动老百姓的心；（如果他们）接近贤明之士，体恤偏远的民众，则可以打动老百姓的心，但仍不能起到教化百姓的作用。君子要想教化百姓，并形成好的社会风气，就必须通过学校教育和学习才行。

现在的学生，未来必然要成为社会各方面的人才，学校教育好了，未来之人就会有德心善行。当然，如果社会风气不好，依然会对从学校走上社会的人产生不良影响。

为政不是不需要法令制度，而是要在依法而行的同时，将制度内化于人心，形成文化，从而使民众养成敬畏和自觉遵守制度的习惯与品德。

二、政者正也

由于为政者品格高下有别，管理方法各异，也就出现了截然不同的管理效果。

有的领导采取的是强制性的施政方式，如不听从，便严加惩处，甚至让被惩处者长期不得翻身。其目的是杀一儆百，让其他下属从此不再违令而行。这样，为政者一旦令下，下级便会唯命是从。可是，他们从内心并没有认同，甚至有可能抱怨乃至怀恨在心。显然，这种为政方式是不足取的。

那么，孔子认为的好的为政方式是什么样的呢？

1. 身正令行

孔子认为，为政者首先应当身正，要率先垂范，然后通过自身之正，去持续不断地影响周围的人，从而让他们也身正起来，进而推动整个社会风气好起来。

他这样说："其身正，不令而行；其身不正，虽令不从。"（《论语·子路第十三》）意思是说，为政者自身正了，即使不发布命令，老百姓也会去干；自身不正，即使发布命令，老百姓也不会服从。

孔子还说："苟正其身矣，于从政乎何有？不能正其身，如正人何？"（《论语·子路第十三》）意思是说，如果端正了自身的行为，管理政事还有什么困难呢？如果不能端正自身的行为，怎能使别人端正呢？

管理的要义，不是只想着要下级言听计从，而是要以自身的美德和善行影响下属。自己一身正气，且执政公正、公平、公开，使人们生出感佩和敬畏之心，从而不用为政者下达多少指令，便自觉自愿地跟着为政者行动起来。这样，就自然地形成了一个上下贯通的和谐体，增强了凝聚力和向心力，其工作的高效率和高质量也就不求自得。

近年来，我常常外出采访和讲课，听过许多教育局局长和校长的各种为政之道，也撰写了数百篇这方面的报道。在这个过程中，我愈发感受到“其身正，不令而行”的重要性。

有的教育局局长和校长言之甚少，可局机关人员和学校教师“不令而行”，工作的积极主动性让我感叹不已。我在采访中发现，一个核心要素就是这些局长和校长一身正气，他们的无言之令让其下属感动不已，于是，下属就会自觉投入工作之中。而由此形成的朝气蓬勃的精神文化之光，几乎弥漫在每一个角落，照耀到每一个人身上，凝聚成奋发有为的校园正能量。

可是，如果局长和校长自身不正，却强求下属听其令而行，这些具有一定“涵养”和忍耐力的下属们，尽管也听令而行，可那脸上所布满的不解乃至不满，是怎么也挥之不去的。其结果是工作效率非常低下，更糟糕的是，还在大家心里投下了消极乃至不安的情绪，损害身体健康。

2. 不正之“正”

孔子离开鲁国，在外周游列国十四年，已是名声远播，如果让其继续在外漂泊，鲁国势必为各国君臣所耻笑，加之孔子弟子冉有的努力，手握鲁国大权的季康子终于在孔子 68 岁的时候，将其迎归回国。不过，孔子并未由此“见用”（欧阳修《上范司谏书》）而步入仕途。可孔子德高望重、极具智慧，所以，季康子还会就执政中的某些问题向他请教。

面对如此心术不正之人，孔子虽知其本性难改，还是在批评其不正之时，指出了身正的重要性。

《论语·颜渊第十二》中就有这样一章：“季康子问政于孔子。孔子对曰：‘政者，正也。子帅以正，孰敢不正？’”意思是说，季康子问孔子如何治理政事。孔子回答说：“政就是正的意思。您本人带头走正路，那么还有谁敢不走正道呢？”

季康子把持朝政，又治理不好，所以“问政于孔子”。孔子所答“政者，正也”，当是治国之道，循着此道治国，国必兴矣。遗憾的是，季康子却是一个不折不扣的不正之人，孔子担心其未必明白所言要义，所以随后又说了“子帅以正，孰敢不正”的话。言外之意是，当下治理出现问题，正是你这个掌权者的不正所造成的，要想解决这个问题，走正道才是唯一的出路。孔子所言相当尖锐，季康子听后虽心中不悦，却又无言可辩，而“政者，正也”也由此成为从古至今为政的至理名言。

在《论语·颜渊第十二》中还有一章季康子求问于孔子的内容：“季康子患盗，问于孔子。孔子对曰：‘苟子之不欲，虽赏之不窃。’”意思是说，季康子苦于鲁国多盗，求问于孔子。孔子回答道：“只要你自己没有贪欲，纵使悬令赏民行窃，也没有人去偷盗的。”

此意甚深，朱熹引胡氏的话一语道破天机：“季氏窃柄，康子夺嫡，民之为盗，固其所也。盍亦反其本耶？孔子以不欲启之，其旨深矣。”（《论语集注》）

“窃柄”“夺嫡”不是民间小盗，而是政治上的大盗。正是由于季康子“窃国”在先，才有了民间盗贼之多。

为了正季康子之不正，孔子当面对季康子说出其“机密”所在，一定让季康子非常难堪。可孔子正气凛然，而且言之成理，季康子也无言以对了。

没有了正气，看似闲庭信步、左右逢源的为政者，实则失去了为政的基本道德，甚至连做人的一般法则都成了问题。

现实中类似于季康子的为政者并不鲜见。有的一把手常常抱怨自己的单位如何难以管理，可就是不从自身不正的方面去找原因。尤其是那些唯利是图以及搬弄是非的为政者，其所在的单位之所以频繁地出现问题，根子其实就在这些领头羊身上。

3. 犯上勿欺

当我们要求国君及掌握大权者有正气的时候，同时也应当要求臣下或下级成为身正之人。孔子对其弟子，就有这方面的要求。

有一天，子路问如何待奉国君，孔子告诉他说：“勿欺也，而犯之。”

（《论语·宪问第十四》）意思是说，不能欺骗他，但为了进谏，要敢于冒犯他。

这种正气，既昭示出人格的高尚，也折射出对国家高度负责任的品质。因为直言敢谏，往往让龙颜大怒，以致让进谏犯上者大吃苦头，甚至会因此付出生命的代价。但是，其英名亘古长青，永久地印在人们的心里。

子路不缺其勇，也有其正，而且是由此“犯”上之正而死于非命的。《史记·仲尼弟子列传》有这样的记载——

方孔悝作乱，子路在外，闻之而驰往。遇子羔出卫城门，谓子路曰：“出公去矣，而门已闭，子可还矣，毋空受其祸。”子路曰：“食其食者不避其难。”子羔卒去。有使者入城，城门开，子路随而入。造蒉聩，蒉聩与孔悝登台。子路曰：“君焉用孔悝？请得而杀之。”蒉聩弗听。于是子路欲燔台，蒉聩惧，乃下石乞、壶黡攻子路，击断子路之缨。子路曰：“君子死而冠不免。”遂结缨而死。

这一段的大体意思如下——

当孔悝作乱时，子路有事在外，听到这个消息就立刻赶回来。子羔从卫国城门出来，正好相遇，他对子路说：“卫出公逃走了，城门已经关闭，您可以回去了，不要为他遭受祸殃。”子路说：“吃着人家的粮食就不能回避人家的灾难。”子羔终于离去了。正赶上有使者要进城，城门开了，子路就跟了进去。找到蒉聩，蒉聩和孔悝都在台上。子路说：“大王为什么要任用孔悝呢？请让我捉住他杀了。”蒉聩不听从他的劝说。于是子路要放火烧台，蒉聩害怕了，于是叫石乞、壶黡到台下去攻打子路，斩断了子路的帽带。子路说：“君子可以死，帽子却不能掉下来。”说完，系好帽子而死去。

悲矣壮矣！

子路和其同学子羔一起在卫国为官，侍奉卫出公辄。不料，辄的父亲蒉聩和孔悝一同作乱，想办法带人潜入孔悝家，和他的党徒去袭击卫出公辄。辄只好匆忙逃往鲁国，蒉聩进宫即位，是为卫庄公。

在这样的情况下，子路的同学子羔便匆忙逃出卫国，路遇子路并劝他也一同逃走。可这位“食其食者不避其难”的子路，明知前去必死无疑，却不听劝告，飞奔而去，还要“燔台”，最终“结缨而死”。

尽管人们评论子路此行勇而无当，可其凛然的正气如挂在天上的一轮皓月，让我们仰望而敬佩。

子路当是孔子弟子中，死得最为惨烈的一个，也成了一位至今让人们肃然起敬的英雄之士。

孔子虽然对子路的过于勇猛多有批评和告诫，并预言他“不得其死然”（《论语·先进第十一》），可我们完全有理由相信，孔子在为子路如此之死而悲痛欲绝的同时，也会为这位弟子的正气与悲壮而感慨不已的。

不但弟子，其他有一身正气者，孔子也会给予高度评价的。

他这样评价“生以身谏，死以尸谏”（《韩诗外传·卷七》）的史鱼：“直哉史鱼！邦有道，如矢；邦无道，如矢。”（《论语·卫灵公第十五》）意思是说，史鱼真是刚直啊！国家政治清明，他的言行像箭一样直；国家政治黑暗，他的言行也像箭一样直。

《韩诗外传·卷七》有如下记载——

> 卫大夫史鱼病且死，谓其子曰：“我数言蘧伯玉之贤而不能进，弥子瑕不肖而不能退。为人臣，生不能进贤而退不肖，死不当治丧正堂，殡我于室足矣。”卫君问其故，子以父言闻，君造然召蘧伯玉而贵之，而退弥子瑕，徙殡于正堂，成礼而后去。

这段话的大体意思如下——

史鱼在病死前对儿子说：“我一而再、再而三向卫君（灵公）举荐贤人蘧伯玉，卫君不用；我一再说弥子瑕人品不好，卫君照样重用他。我作为大臣生不能进贤而退不肖，死了以后没资格治丧正堂，你把我的遗体搁在其他屋里就可以了！”前来吊唁的卫灵公见遗体不放正堂觉得奇怪而问原因，史鱼的儿子就原原本本把父亲的话告诉他。卫灵公听了之后非常不安，马上给蘧伯玉以高位，罢免了弥子瑕，把史鱼的遗体搬回正堂，办完丧礼才回宫。

每读这段历史故事，笔者总是感慨万千！史鱼死而不忘荐贤去恶的爱国情怀，是何等的伟大！而中华民族，恰恰需要如史鱼一样直而无私者。遗憾的是，有些为官之徒，没积淀下一点儿正直品质，却学会了一整套谄媚瞒上之道，而且还对这种卑劣行为不以为耻，反以为荣。不知此等之人，观史鱼尸谏之崇高，又做何感想呢？

三、和谐兴邦

君臣之间是否和谐，是关系到一个国家前途命运的大问题，而君臣双方有德有礼，当是和谐的一个极其重要的因素。

1. 君礼臣忠

在《论语·八佾第三》中，有孔子和鲁定公的一段对话：“定公问：‘君使臣，臣事君，如之何？’孔子对曰：‘君使臣以礼，臣事君以忠。’”意思是说，鲁定公问孔子：“君主使唤臣下，臣子事奉国君，应该怎样？”孔子回答说：“国君使唤臣下，要合礼；臣下事奉国君，要忠诚。”

钱穆说：“定公此问，显抱君臣不平等观念。”[1]

孔子的回答，出乎鲁定公的意料，他不但讲了臣下需要尽的“忠”，也讲了国君所应尽的“礼”，而且还把“君使臣以礼”放在了“臣事君以

---

[1]　钱穆：《论语新解》，九州出版社2011年版，第66页。

忠”之前。

不管是“君使臣以礼”，还是“臣事君以忠”，都说明了德和礼二者之间是一个相互依存的关系。德礼并行，才能君臣和谐，从而有利于治理好国家。

2. 独裁丧邦

君臣和谐的一大障碍是国君的专制独裁。如果是这样，臣下也多会唯唯诺诺听从君命，可心里很不高兴，于是就自然而然地“培养”了一批阳奉阴违的马屁精。而那些愈是对国君吹捧至极的谄媚之臣，愈是得到国君的欢心。这样，从表面上来看君臣和谐了，实际上却埋下了隐患，甚至有可能在某一天遭遇灭国之灾。

毋庸讳言，孔子是一位主张尊君者，从《论语·乡党第十》中，我们看到他上朝时毕恭毕敬近乎畏葸的行为，甚至会生出某种可怜与尊君过犹不及之感。可是，我们并不能由此说他是一位支持君主独裁者。

在《论语·子路第十三》中有这样一章——

> 定公问：“一言而可以兴邦，有诸？”孔子对曰：“言不可以若是其几也。人之言曰：‘为君难，为臣不易。’如知为君之难也，不几乎一言而兴邦乎？”
>
> 曰：“一言而丧邦，有诸？”孔子对曰：“言不可以若是其几也。人之言曰：‘予无乐乎为君，唯其言而莫予违也。’如其善而莫之违也，不亦善乎？如不善而莫之违也，不几乎一言而丧邦乎？”

为了便于理解，我们不妨翻译如下——

鲁定公问：“一句话就可以使国家兴盛，有这样的说法吗？”孔子答道：“不可以如此去期待语言啊！人们说：‘做国君难，做臣下也不易。’如果知道了做国君的艰难，那不就接近于一句话可以使国家兴盛吗？”

鲁定公又问："一句话可以亡国，有这样的说法吗？"孔子回答说："不可以如此去期待语言啊！人们说：'我做国君并不快乐，只是没有人敢违抗我所说的话罢了。'如果说得对而没人敢违抗，不也很好吗？但是如果说得不对而没有人违抗，那不就接近于一句话可以亡国吗？"

孔子之言，意在告诫鲁定公，为君一定要敬事为政，而不要有骄而拒谏之心。

为什么这样回答他呢？钱穆说得好："言为君别无可乐，只有一事，即出一言而臣众莫敢违，为可乐。"[1]但其言不善而没有人敢于违背的话，忠谏就会越来越少，以至于绝迹。其结果是，国君愈加骄横，投其所好的臣下也会越来越多。这样的话，国家也就离灭亡越来越近了。

古往今来，因为"不善而莫之违也"而丧邦者不胜枚举。

当然，"知为君之难也"的国君，如果拥有高远的志向、崇高的人格、非凡的智慧，又能从善如流，其言其行则可以更好地"兴邦"，让国家兴旺发达起来。

其实，何止于国家，即使一个单位也是如此。

如果一把手有德有才，又能听从员工的好的意见和建议，其言其行也会深得人心，从而让单位蒸蒸日上，越来越好。

如果"不善而莫之违也"，对其个人与单位，都会产生不良后果。

多年前我参加同学聚会，一位同学谈到他的一位亲戚任职某部门一把手的事情——此君工作兢兢业业，也有一定的能力，可他独揽大权，不管其说得正确与否，任何人都不敢有丝毫的违抗，否则，就会受到他严厉的批评乃至惩处。结果，不到三年时间，他虽然认为自己叱咤风云，能力超强，可全单位的同事一个个对他敬而远之。最终，由于他在几个重大问题上独断专行而给单位造成重大损失，被降级调到其他单位，下场惨淡。

其实，当时这个一把手的决策错误，休说副职，就是一般员工，也都

[1] 钱穆：《论语新解》，九州出版社 2011 年版，第 316 页。

看得一清二楚。由于其“不善而莫之违也”，导致即使是一两句提醒的话，整个单位也无一人敢说。

后来，这个人和我的同学谈起来，甚是委屈，认为自己一心为了单位而废寝忘食地工作，到头来竟然落了这样一个下场。可是，他没有想过，当他自认为至高无上，把所有下属人员全不放在眼里的时候，其实已经少了“心之德”。

3. 好礼生和

孔子重德，可对于构建一个法制社会谈之甚少。其实，这方面同样重要，不过，不能只是构建好制度，还要将这种制度内化到人民群众的心里，只有这样，制度才能由约束人的文本形态，升华成人们自觉遵守乃至敬畏的文化。唯其如此，老百姓遵纪守法的意识才能不断增强，社会风气才会变得越来越好。

这种制度文化，在某些方面类似于孔子所说的“礼”。

李泽厚认为，礼“是在周初确定的一整套的典章、制度、规矩、仪节”[1]，且多已被老百姓认可。看来，礼并非完全以文本形态呈现出来，还有不少未必成文却对群体有一定规约性质的“潜制度”，且内含着仁德之美。

比如《论语·里仁第四》中就有这样一章：“子曰：‘能以礼让为国乎？何有？不能以礼让为国，如礼何？’”意思是说，能够用礼让原则来治理国家吗？那还有什么困难呢？不能用礼让原则来治理国家，又怎么能实行礼呢？

孔子言“礼”，多以“仁”“礼”并谈，此处为什么“礼”“让”并言呢？因为他是针对当时各国多是君尊臣卑有感而发的。国君认为，臣下对其尊敬，是理所当然之事，无所谓上让下之说。可孔子认为，不但要有

[1]　李泽厚：《中国古代思想史论·前言》，生活·读书·新知三联书店 2008 年版，第 1 页。

下让上，还要有上让下，因为这样才会生敬生和，有利于君臣和睦，于国于人均有益。如果少了上让下，只有下对上之让的话，就无法治理好国家。

其实，礼让不只有利于君臣之间的关系，也有利于为臣者之间的和谐。如果群臣互不相让，各行其道，即使每每见而揖礼，也不可能团结和谐，共同治理好国家。

不止于此，现在单位领导与上级领导之间，单位领导与单位领导之间，单位领导与下属之间，也应当以礼让为美。这样，才能形成更大的合力，从而取得更大的成绩。

正是因为礼有着如此重要的作用，国君好礼，就有了更大的意义。

孔子这样说："上好礼，则民易使也。"（《论语·宪问第十四》）意思是说，在上位者喜好礼，那么百姓就容易听命行事了。

对此，钱穆这样解说："礼之要在敬，在和。上好礼，能自守以敬，与人以和，在下者化之，宜易使。"[1]

钱穆说到了关键处。"敬"与"和"是构建上下和谐的核心元素，而"上好礼"，恰恰能够生敬生和。中国老百姓多有敬上之心，如果为政者能做到敬与和，则老百姓也会对为政者生起敬慕之心。这样，在上者使唤他们的时候，自然就容易了。

四、举用贤才

中国漫长的封建社会，并没有建立起良好的法治体系，政事的兴废，很大程度上取决于国君及其所用重臣是不是贤明。贤则政治清明，国家兴旺，不贤则政治昏暗，国家走向衰亡。从这个意义上说，君主贤明和能够举贤任能，就显得尤为重要。

据《中庸》记载，鲁哀公问政于孔子，孔子这样回答他："文武之政，

---

[1]　钱穆：《论语新解》，九州出版社 2011 年版，第 364 页。

布在方策。其人存，则其政举；其人亡，则其政息。”所以，“为政在人，取人以身，修身以道，修道以仁”。意思是说，周文王和周武王的政法，刊布在木板和竹简之上了。这样的贤人在世，那政法就能实行；这样的贤人亡故，那政法也就停息了。所以，要想治理好国政，关键是要有贤臣。得贤臣必须先修正自身，修正自身必须提升道德品质，提升道德品质必须以仁为首。

1.“先有司，赦小过，举贤才”

韩愈说：“世有伯乐，然后有千里马。千里马常有，而伯乐不常有。”（《杂说四·马说》）这一众所周知的名言，道出了举荐贤才者的难求和重要。为什么呢？

不少当权者不是唯贤是举，而是任人唯亲。更可怕的是，这种用人机制已经定格在不少人心里，认为天经地义。所以，为政者即使有伯乐的识才之能，也有可能让贤才难以见用。这会导致为政一方，少有政绩，以致民不聊生。

孔子深知这一积弊，所以，就有了他的举用贤才之论。

在《论语·子路第十三》中有这样一章：

> 仲弓为季氏宰，问政。子曰：“先有司，赦小过，举贤才。”曰：“焉知贤才而举之？”曰：“举尔所知。尔所不知，人其舍诸？”

这一章的大体意思如下——

仲弓做了季氏的总管，问怎样管理政事。孔子说：“只要是手下之人能干的事情，就让他们去干；他们如果因为工作而出现小的过错，则不要追究；要选拔贤才来担任相应的职务。”仲弓又问：“怎样知道是贤才而把他们选拔出来呢？”孔子说：“选拔你所知道的，至于你不知道的贤才，别人难道还会埋没他们吗？”

“先有司”至少包含着两层含义：一是所选有司是可用之人，甚至是贤才，所以，只要是他们能干之事，一般来说，即使不用监督，他们也会做好。二是身为领导，不要事必躬亲，因为“不在其位，不谋其政”（《论语·宪问第十四》）。有司之政，不是仲弓之政，不然，自己忙得晕头转向，不但不可能将工作做好，也会让有司因领导干预了他们之政而心生不被信任之感，以致做起事来畏首畏尾。

如此放手让下级去工作，当然不可能不出现一些差错。这个时候，如果领导对他们大批一通，甚至还给予惩罚，就会让有司以后工作起来放不开手脚。而对其难免出现的小错，不计较，不惩罚，则非但不会让他们工作懈怠，反而让他们对领导信任乃至感恩，更加积极地工作。所以，一定要对有司“赦小过”。当然，如果出现了重大失误，或者有品德方面的问题，就不能再“赦”了。所以，“赦小过”不等于赦大错，原则问题是不能让步的。

上面所谈是对已有人员如何用的问题，而“举贤才”则要求还要举荐更多的贤才，只有贤才多了，才能把工作做得更好更快。

遗憾的是，仲弓却不知如何荐举贤才，所以，才向孔子提出了“焉知贤才而举之”的问题。

孔子告诉仲弓，“举贤才”有两个方略。

一是“举尔所知”。这与任人唯亲不是一个意思，自己认识和了解的贤才，不管远近，都可用之。正像孔子称道的祁黄羊那样：“外举不避仇，内举不避子，祁黄羊可谓公矣。”（《孔子集语·卷七》）

可是，仲弓所知的贤才毕竟有限，所以就有了孔子指出的第二个方略：“尔所不知，人其舍诸？”

孔子意在告诉仲弓，只要在上者求贤若渴，又相信人们推荐的贤才，就会有人将其所知的贤才推荐出来，甚至还有的贤才会毛遂自荐，不请自到。这样，便大大打开了求贤之路。而有了贤才，不但可以更好地治理政事，还会让整个工作变得轻松起来。

张居正说："治天下者在得人，诚君道之首务也。"[1]何止是治天下，做季氏总管以及从事其他政事工作，得取贤才，也是首要之事。

2."举直错诸枉，则民服"

能否举用贤才，往往是为政者成败的关键所在。古往今来，因用人不当而由胜转败者不乏其例；任用贤能，由弱而强者也屡见不鲜。尽管有如此之多的历史经验和教训，可现实之中的为政者依然各行其道，结果是声名狼藉且政绩鲜见矣。

鲁哀公时，三家执政已久，百姓不服，国力日衰。为此，他求问孔子："何为则民服？"孔子回答他说："举直错诸枉，则民服；举枉错诸直，则民不服。"（《论语·为政第二》）大体意思是说，举用正直的人，置于邪曲的人上面，老百姓便服从了；举用邪曲的人，置于正直的人上面，老百姓就不服从了。

孔子之答，可谓一语中的。鲁国正是用了三家邪曲之人，像孔子这样具有大德大智者却不见用，老百姓当然不服了。

而久而久之，鲁国的衰败与灭亡，也就渐行渐近了。相反，鲁国如果重用孔子,可能就会一步步走上强盛,春秋战国的历史,也许会由此而改写。

孔子不但用"举直错诸枉，则民服"来回答鲁哀公"民之服与不服"之问，还用"举直错诸枉，能使枉者直"来回复他的学生樊迟"何以为智"之问。樊迟不达其意，又问他的同学子夏，子夏这样回答他："富哉言乎！舜有天下，选于众，举皋陶，不仁者远矣；汤有天下，选于众，举伊尹，不仁者远矣。"（《论语·颜渊第十二》）意思是说，孔子说的这话多么深刻呀！舜有天下，在众人中挑选人才，把皋陶选拔出来，不好的人就被疏远了；汤有了天下，在众人中挑选人才，把伊尹选拔出来，不好的人也被疏远了。

---

[1]〔明〕张居正讲评：《论语别裁》，陕西师范大学出版社 2007 年版，第 193 页。

子夏为了让自己的同学明白其义，还选取了舜举皋陶、汤举伊尹且“不仁者远矣”的例子，来说明举用贤者的重要性。

这让笔者不由得想起了诸葛亮之言：“亲贤臣，远小人，此先汉所以兴隆也；亲小人，远贤臣，此后汉所以倾颓也。”（《出师表》）

不但国家的兴衰存亡与用什么人休戚相关，一个单位也是如此。但凡事业发达、人的精神昂扬向上的单位，领导多是贤能之士；而事业每况愈下，人心涣散、钩心斗角的单位，领导则多是邪曲之人。

还有一种情况，一个单位的领导虽为正直之士，可如果有一两个心术不正者，也有可能让其把水搅浑。因为这种人尽管品质恶劣、工作能力不强，可在拉帮结派、造谣生事、拨弄是非方面有着巨大的能量。想想中国古代多少忠良之士为奸臣所害的不幸遭遇，就知道这种人手段之卑劣和可怕了。所以，“举直错诸枉”要想达到最佳效果，就不能让一个“小人”钻进领导班子，不然，就不可能让“不仁者远矣”，事业也就很难更好地发展。

3. 圣君用贤而天下治

中国历史上出了一些任用贤能之人治理国家的天子，不但让当时的老百姓交口称赞和大为受益，其本人也流芳千古，成为美谈。

孔子在《论语》中所称道的大舜和周武王，便是因任用贤能之士而走向成功的典型。

孔子这样称颂大舜：“无为而治者，其舜也与？夫何为哉？恭己正南面而已矣。”（《论语·卫灵公第十五》）意思是说，能够无所作为而治理天下的人，大概只有舜吧？他做了些什么呢？只是恭敬地面南而坐在那个王位上罢了。

舜如何能做到这样呢？

据《尚书·舜典》记载，舜命禹作司空，平水土；命弃为后稷，播种百谷；命契作司徒，办教育；命皋陶作士，掌法律；命益作虞官，管山泽鸟兽。这就是《论语·泰伯第八》所说的“舜有臣五人而天下治”也。

舜不但将大德大贤之人集于身边，而且将关涉老百姓切身利益的职责交给他们。他们因受到舜的特殊信任而感动，一个个竭尽全力地履行各自的职权，于是就有了国家的兴旺、百姓的幸福。

舜看似无为，其实却是大为。他心系天下百姓，希望他们生活幸福，而且也真正做到了。如果只是他一个人拼命而为，尽管也可能会做出一些成绩，可毕竟不可能做好关乎老百姓的所有事情，所以，他的智慧在于任贤与分权。正是这种大为，让贤能之士各司其职，他才有可能安然无忧地南面而坐。

不过，舜并不是随意而坐，而是“恭己正南面”，即心怀恭敬地对待这个天子之位。这会让所用贤能之士感到，舜虽看似无为，实则大为，且其恭也可敬。

在《论语·泰伯第八》中还记载了周武王的用贤之言以及孔子的评价——

武王曰：“予有乱臣十人。”孔子曰：“才难，不其然乎？唐虞之际，于斯为盛。有妇人焉，九人而已。”

为了便于读者理解，不妨翻译如下——

周武王说过：“我有十位治理国家的大臣。”孔子说：“人才难得，不是这样吗？唐尧和虞舜之间，以及周武王这个时期，人才是最盛了。而周武王所说的十位大臣当中有一位是妇女，实际上的大臣只有九个人而已。”

周武王说有十人，孔子为什么说“九人而已”呢？

因为十人之中，有九个负责治理国家大事的人，分别是周公旦、召公奭、太公望、毕公、荣公、太颠、闳夭、散宜生、南宫适，九人之外的一人，则是孔子所说的“妇人”——武王之妃邑姜，她虽然不参与朝政大事，却有治内之贤才。朱熹说得好：“九人治外，邑姜治内。”（《论语集注》）

周武王时之所以国势昌盛，与其本人任用贤才有关，也与这些贤才各尽其职分不开。

唐太宗之所以创造了“贞观之治”的辉煌，关键也是任用了魏徵、房玄龄、长孙无忌等贤能之士。

相反，中国历史上一些朝代的由盛而衰，也多是由于重用奸臣小人造成的。

4. “无道”灵公用贤“不丧”

国君贤与不贤对整个国家来说关系重大，可有趣的是，有的国君本人并非贤明之人，可如果任用了贤能之臣掌管国家大事，也不至于一败涂地。

卫灵公，便是其中的一个典型。

在《论语·宪问第十四》中有这样一章——

子言卫灵公之无道也，康子曰：“夫如是，奚而不丧？”孔子曰：“仲叔圉治宾客，祝鮀治宗庙，王孙贾治军旅，夫如是，奚其丧？”

这一章的大体意思如下——

孔子讲到卫灵公昏庸无道时，季康子说：“既然这样，他为什么没有败亡呢？”孔子说：“他有仲叔圉负责外交，祝鮀管理祭祀，王孙贾统率军队，像这样，怎么会败亡呢？”

对此，朱熹如是解说：“三人皆卫臣，虽未必贤，而其才可用。灵公用之，又各当其才。尹氏曰：‘卫灵公之无道宜丧也，而能用此三人，犹足以保其国，而况有道之君，能用天下之贤才者乎？’”（《论语集注》）

其实，除了这三个人，“生以身谏，死以尸谏”的史鱼，孔子的好朋友蘧伯玉等贤能之士，也都曾被卫灵公委以重任。卫灵公尽管“无道”，可如此知人善任，当然就“不丧”了。

孔子此答，还有言外之意。因为季康子虽非国君，却比国君权力还大，孔子意在告诫他，要想“不丧”，就应当任用贤才。

5. 子游称颂澹台灭明

孔子倡导有德有才的弟子从政为官，子游便是其中一个。子游在担任武城宰的时候，孔子去看望他，刚一见面，就问他是不是发现了人才。子游回答道：“有澹台灭明者，行不由径，非公事，未尝至于偃之室也。”（《论语·雍也第六》）意思是说，“有一个叫澹台灭明的人，从来不走小道捷径，没有公事的话，从不到我的住处来。”

贤才之贤，德是关键。子游并不直说澹台灭明之德，而是用两件事说明他的为人。这两件事看似很小，其实甚大，它恰恰是有德之人应有之为。而某些邪曲小人，则恰恰相反，好走捷径，有事没事常到上级领导办公室，投其所好地说些领导喜听之言、做些让领导喜好的事情。更有甚者，送礼行贿亦常有之。今天再读子游之言，就更加敬仰澹台灭明的人品，也佩服子游知贤任贤的为政之德。

1997 年，是我走上山东教育社领导岗位的第一年，当时正在背诵《论语》，读到这一章的时候，就下决心做一个像澹台灭明一样的人。所以，一直到 2008 年退休，在我担任副总编、总编的这十一年间，先后经历了六任社长，我不但从没到任何一位社长家中去过，就是他们的办公室，如果没有重要公事，也绝不光顾。至于与社长无事闲聊，那更是从来未有的。

6. 孔子智慧举荐弟子

孔子弟子之中，有一些从政的人才，如有机会，孔子便会恰到好处地予以举荐，让他们各尽其能从事政务。

在《论语·雍也第六》中就有这样一章——

季康子问：“仲由可使从政也与？”子曰：“由也果，于从政乎何有？”

曰：“赐也可使从政也与？”曰：“赐也达，于从政乎何有？”

曰：“求也可使从政也与？”曰：“求也艺，于从政乎何有？”

这一章的大体意思如下——

季康子问孔子：“仲由这个人，可以让他从事治理政事吗？”孔子说：“仲由做事果断，对于治理政事有什么困难呢？”

季康子又问：“端木赐这个人，可以让他从事治理政事吗？”孔子说：“端木赐通达事理，对于治理政事有什么困难呢？”

又问：“冉求这个人，可以让他从事治理政事吗？”孔子说：“冉求多才多艺，对于治理政事有什么困难呢？”

从这段问答可以看出，季康子也认为孔子的这三位弟子有从政的才能，不然，那么多弟子，为何偏偏谈到他们三位呢？

孔子当然更知道这三位弟子治理政事的能力，可是，面对一个并非正人君子且又掌握着鲁国大权者之问，就不能简单地回答“可以从政”了事。一方面，孔子要说明三人各自的长处，以便季康子启用他们时，人尽其才。另一方面，孔子以反问的句式回答，并非肯定之词，是让季康子自我决定。这样既给了季康子面子，也为自己所言留有余地。

事实上，季康子任用了冉有、子路，子路后来还到卫国为官，子贡更是官至国相之位。

第四章　见利思义

春秋时期，“义”是一个用得比较广泛的概念，仅《论语》中就出现了二十多次，孔子几乎把“义”的本质内涵扩充到了经济、政治、伦理道德、教育思想等各个方面。不过，正像对“仁”没有给予具体的定义一样，孔子对“义”也没有进行抽象的概括。

《释名·释言语》中说：“义，宜也。裁制事物，使合宜也。”真德秀也在《大学衍义》中说：“义谓天下合宜之理。”

李泽厚一般将“义”译作“正义”或“理义”“合理”“适当”“义务”等。

综合以上各种解说，我认为，“义”即内合于道德、外合于公认准则的行为。

一些学者甚至大家认为，“义”和“利”是矛盾对立的两个范畴，两者水火不相容。

比如儒家代表人物孟子和朱熹，就认为应该唯“义”是存，不能为“利”而行，甚至也不要言“利”。

孟子说：“王何必曰利？亦有仁义而已矣。”（《孟子·梁惠王上》）

朱熹则说：“义者，天理之所宜；利者，人情之所欲。”（《论语集注》）

而当时与儒学同为显学的杨朱学说的宗旨是“为我”“贵己”，甚至，“不以天下大利易其胫一毛”（《韩非子·显学》）。这是说，用天下最大的好处去换腿肚子上的一根汗毛，他也不干。

孔子的义利观并非二元对立、非此即彼，它与杨朱之学是背道而驰的，不过，与孟子、朱熹的义利观也不完全一样。

一、“见利思义”的义利观

上面谈到孟子、朱熹和杨朱的义利观，那么，孔子的义利观是怎样的呢？

我认为，就是他所说的“见利思义”（《论语·宪问第十四》）。

不过，这是一种高度概括的定义，要想了解其真正的内涵，还需要相对详细的论述。

1. 以义为质，得而合义

孔子说：“君子义以为质。”（《论语·卫灵公第十五》）意思是说，君子把义作为自己的根本。对此，朱熹这样解释：“义者制事之本，故以为质干。”（《论语集注》）是说义是君子行事之准则，应以义为本。

那么何为“利”呢？“利”在孔子相关文献中大致意指俸禄、富贵、财富、个人享受与欲望等。孔子说：“放于利而行，多怨。”（《论语·里仁第四》）意思是说，依据自己的私利而行动，就会招来很多怨恨。因为一个人如果只知道利己，当然就不是义了，自然也就会引起与别人的矛盾，也就必然会遭到众人的反对以致怨恨。

其实，恰如《论语·子罕第九》所说“子罕言利”。“罕言”并非不言，只是一般不直接讲而已，孔子间接谈得并不少。关键不是不要利，而是要考虑如何让利符合“义”的要求。

孔子这样说：“不义而富且贵，于我如浮云。”（《论语·述而第七》）意思是说，用不正当的手段得到的财富与官位，就像是瞬间即逝的浮云一样不足道。在他看来，“义”是安身立命的根本，道德的价值高于物质利益，而人的精神生活远比物质需求更有意义。

那么，是不是由此得出一个结论：孔子绝对不重视利，甚至不要利呢？

不是的。我们且看孔子是如何说的：“富而可求也，虽执鞭之士，吾亦为之。如不可求，从吾所好。”（《论语·述而第七》）意思是说，如果财富可以追求到的话，即使给别人做执鞭这样卑贱的差事，我也愿意；如果求之不得，那就遵从自己的喜好去做吧。富贵虽然可求，可必须是“见得思义”（《论语·季氏第十六》），就是说，在获取财利时，要思考是否合乎“义”的准则：一是“义然后取”（《论语·宪问第十四》），即合乎“义”的标准，取之无愧；不合乎“义”的标准，坚决不取。二是“先事后得”（《论语·颜渊第十二》），即首先付出劳动，然后才可以拿酬劳。这也正是所谓的“君子爱财，取之有道”（《增广贤文》）。

孔子还说了这样一段话：“富与贵，是人之所欲也，不以其道得之，不处也；贫与贱，是人之所恶也，不以其道得之，不去也。”（《论语·里仁第四》）意思是说，富裕和尊贵是人人都想得到的，但不用正当的方法得到它们，君子是不能接受的；贫穷与低贱是人人都厌恶的，但不用正当的方法摆脱它们，君子是不会去摆脱它们的。

追求富贵和摆脱贫贱，是人所共愿，这是由人的本性决定的，无可厚非。但这要有一个是不是合乎“义”的问题，合之则“得”，不合则“去”。

这就是孔子所说的“见利思义”（《论语·宪问第十四》），这也正是他的义利观。

这样的义利观，不排除言利和得利，关键是要合义而得，要“见得思义”（《论语·季氏第十六》），而不是见利忘义。

由此观之，孔子和孟子、朱熹的义利观不尽相同。一方面，要以义为本；另一方面，则要以义驭利，得而合义。

2. 君子之义，百姓之利

孔子认为，作为“小人”即使考虑“利”，也并无什么过错。

他如是说：“君子喻于义，小人喻于利。”（《论语·里仁第四》）意思是说，君子明白道义，小人却只知道利益。需要说明的是，这里所说的“君子”“小人”，是指的为政者与老百姓。钱穆如是说：“或说：此章君子小人以位言。”[1]

钱穆还说：“董仲舒有言：‘明明求仁义，常恐不能化民者，卿大夫之意也。明明求财利，常恐困乏者，庶人之事也。’乃此章之确解。今按：董氏之说，亦谓在上位者当喻于仁义，在下位者常喻于财利耳。非谓在下位者必当喻于财利，在上位者必自喻于仁义也。’”[2]

此言甚妙，大家就是大家，而大家之言，也多有相得益彰之美。为此，我们不妨再看程树德在《论语集释》中是如何说的：“若民则无恒产因无恒心，小人喻于利也。唯小人喻于利，则治小人者必因民之所利而利之，故易以君子孚于小人为利。君子能孚于小人，而后小人乃化于君子。此教必本于富，驱而之善，必使仰足以事父母，俯足以蓄妻子。儒者知义利之辨而舍利不言，可以守己而不可以治天下之小人。小人利而后可义，君子以利天下为义。”

孔子特别重视民利，认为从政做官者之作为能够合民利即为仁义之举，就是为官之道。为此他特别称赞郑国的子产，给予他很高的评价：“夫子产于民为惠主。”（《孔子家语·辩政》）子产非常注重民利，他制定出整顿田地、发展生产的治国方略，使郑国物产丰盈，百姓安宁，社会稳定。孔子认为子产的这些做法正是君子行义之道，即养民、富民。

这样看来，“君子喻于义，小人喻于利”并不是从道德层面褒君子贬小人，而是本应如此。《周易》有言：“利者，义之和也……利物，足以

[1] 钱穆：《论语新解》，九州出版社 2011 年版，第 91 页。

[2] 钱穆：《论语新解》，九州出版社 2011 年版，第 91~92 页。

和义。”可见“君子喻于义，小人喻于利”的深层含义是君子行仁义使天下合宜，小人则要按照“合宜之理”做人做事，如果真的这样做了，君子和小人都会各得其所，国家也会稳定与富强。

孔子认为，为官者是绝对不能不顾道义只为利而行的。

3. 有道则见，无道则隐

凡为官者，领取俸禄，在一般人看来是天经地义的事情。可是，孔子不这样认为。他说：“天下有道则见，无道则隐。邦有道，贫且贱焉，耻也；邦无道，富且贵焉，耻也。”（《论语·泰伯第八》）意思是说，天下太平、政治清明就出来做官，天下不太平、政治黑暗就隐居不出。国家政治清明而自己贫贱，是耻辱；国家政治黑暗而自己富贵，也是耻辱。大家知道，孔子是积极入仕者，可是，如果不义而仕，他是绝对不为的。因为政治黑暗的时候，上无明君，下无贤臣，小人当道，如果贪位慕禄，置身于富贵之地，就是陷入不义的境地之中了。所以，朱熹说：“世治而无可行之道，世乱而无能守之节，碌碌庸人，不足以为士矣，可耻之甚也。”（《论语集注》）

在《论语·宪问第十四》首章，也有与本章所说之义相似者——宪问耻。子曰：“邦有道，谷；邦无道，谷，耻也。”意思是说，原宪问什么是耻辱。孔子说：“政治清明，做官领薪水；政治不清明，做官领薪水，这就是耻辱。”

在孔子看来，在国家政治清明时为官领取俸禄是理所当然的，是合于义的；但如果政治不清明，为官者就应当竭尽全力争取改变当下局势，使无道转回有道，这是义；如果实在无力回天，则不应继续为官领俸了，这也是义；否则，不但不合于义，甚至是耻辱的行为了。

唐太宗李世民为君之时，政治清明，魏徵全力辅佐，为官得禄，自然符合义。周幽王昏聩透顶，大臣们不像魏徵那样直言敢谏，反而尽力谄媚为官取禄，不但是不义，反而太过可耻了。

不过，话又说回来，面对周幽王这样的昏君，要想像魏徵那样敢出诤谏之言，脑袋恐怕早就搬家了。所以，孔子欣赏蘧伯玉，他这样评价：“君子哉蘧伯玉！邦有道，则仕；邦无道，则可卷而怀之。”（《论语·卫灵公第十五》）意思是说，蘧伯玉真是一位君子啊！国家政治清明，他就出来做官；国家政治黑暗，他就将自己的主张藏在心里（辞退官职）。

蘧伯玉是孔子的好朋友，他不但依义而行，而且有智慧。如此既保住了身家性命，又没有失去人格道义。

综上所述，孔子这种“见利思义”、“义然后取（利）”、以义驭利、因义生利的思想，强调人们在合乎道义的原则下，采取适当方式获取利，这对于今天人们在市场经济活动中正确求利有着重要指导意义，尤其是一些企业家，应当在经营中谋利而不失义，循义以生利，这样，就会义利双收，将企业做得越来越好。

二、孔子“见得思义”之行

孔子不但提倡“有道则见，无道则隐”和“义以为上”（《论语·阳货第十七》），也是一个在这方面的坚定践行者。

1. 弃官去鲁

据《史记·孔子世家》记载：鲁定公十四年，孔子“由大司寇行摄相事”，即担任大司寇代理国相事务，治理国政三个月。三个月下来，社会面貌为之一新：卖羊羔猪豚的不随意抬价；遗留在路上的东西没人捡拾；从四方来到城邑的客人不必向官吏请求，全都给予接待，如同回到了家。齐国人闻悉鲁国的情况后感到恐惧，说：“孔子当政的话，鲁国必然称霸，鲁国称霸而我齐国土地挨近它，齐国的土地就会最先被兼并。何不赶紧献送土地呢？”大夫黎鉏说：“请先尝试设法阻止孔子当政；如果没法阻止孔子当政再献送土地，也不算晚！”鲁定公和季桓子都是贪财好色之人，于是齐国人挑选国中漂亮的能歌善舞的女子八十人，让她们全都穿上华丽服装，连同有花纹的马一百二十匹，馈赠给鲁国国君。到了鲁国，齐人故意不把盛装女乐、有纹骏马直接送进王宫，而是放在鲁国都城南面的高门外进行公开展示，引得季桓子换上平民服装前往观看多次，并打算接受，就告诉鲁定公要外出巡回周游，以便能终日前往观看，于是懒于处理政事，更没有时间见孔子。一连数日，孔子去见当权者，都被他们以种种借口推脱。时间一长，子路不悦，对孔子说："夫子，现在鲁国都这样子了，咱们可以离开鲁国了。"孔子说："再等等，鲁国最近要举行郊外祭祀，如果能按照礼制把典礼后的祭肉分给大夫们，说明他们心中还有礼义在，我就还可以留下。"结果季桓子在郊外祭祀结束后，违背常礼，没把祭肉分给大夫们。孔子当然不是贪图这块祭肉，而是通过这件事看清了鲁国已"邦无道"，于是他义无反顾地离开了鲁国，开始了为期十四年的周游列国之行。

每读《史记·孔子世家》至此，我便感慨不已。孔子位高而俸禄丰厚，因季桓子接受了齐国的女乐又不给大夫分发祭肉而愤然出走，这是何等正义凛然啊！

2. 卫国受禄

孔子周游列国去的第一个国家是卫国，寄居在子路的妻兄颜浊邹家里。颜浊邹也曾是孔子的学生，因而热诚相待。经过颜浊邹引荐，孔子很快拜会了卫国国君卫灵公。卫灵公问孔子："在鲁国得俸禄多少？"孔子回答说："俸禄粮食六万。"卫国人也奉送粮食六万。

这个俸禄，孔子会不会要呢？会的。因为当时孔子已很有名气，他在鲁国曾担任司寇，又主持过夹谷会盟，博学多才，弟子众多，不仅在鲁国享有盛誉，在其他诸侯国也很有名气，卫灵公需要打孔子这个品牌，这个品牌就是无价的。再说，孔子带着一批弟子，还有生存之需。所以，这样的"利"收而取之，并非不合于义。

三、臧否弟子义利之为

孔子不但自己以义驭利而行，还及时臧否弟子有关义利的行为。

《论语·雍也第六》中的第四章和第五章，分别写到两个弟子为利而为的不同态度和行为，以及孔子对他们的评价。

第四章内容如下——

> 子华使于齐，冉子为其母请粟。子曰："与之釜。"请益。曰："与之庾。"冉子与之粟五秉。子曰："赤之适齐也，乘肥马，衣轻裘。吾闻之也：君子周急不继富。"

这一章的大体意思如下——

子华出使齐国，冉求为他的母亲向孔子请求补助一些小米。孔子说："给他六斗四升。"冉求请求增加一些。孔子说："再给他二斗四升。"冉求却给了他八百斗。孔子说："公西赤到齐国去，乘坐着肥马驾的车子，穿着轻便暖和的皮袍。我听说过，君子只周济急需救济的人，而对富有的人则不必再帮助。"

第五章的内容如下——

> 原思为之宰，与之粟九百，辞。子曰："毋！以与尔邻里乡党乎！"

这一章的大体意思是——

原思给孔子家当总管，孔子给他俸米九百斗，原思推辞不要。孔子说："不要推辞！（如果有多的）就给你的乡亲吧。"

不知读者看了这两章有何感想？一个弟子不但愿意接受给予的粟，而且有愈多愈善之义；另一个弟子则恰恰相反。

孔子对于这两个弟子的态度也不一样，是不是对原思（即原宪）爱之有加，而对公西华有意责难呢？

对此，朱熹深得孔子之心，他这样说：“言常禄不当辞，有余自可推之以周贫乏，盖邻、里、乡、党有相周之义。程子曰：‘夫子之使子华，子华之为夫子使，义也。而冉子乃为之请，圣人宽容，不欲直拒人。故与之少，所以示不当与也。请益而与之亦少，所以示不当益也。求未达而自与之多，则己过矣，故夫子非之。盖赤苟至乏，则夫子必自周之，不待请矣。原思为宰，则有常禄。思辞其多，故又教以分诸邻里之贫者，盖亦莫非义也。’”（《论语集注》）

由此观之，不是孔子厚此薄彼，而是依“义”而行，才有了两种不同的态度。

现实中也是这样，有的职称或职位较高的人，工资也比较高，取之有理有义，当然无须推辞。可是，如果是别人送礼之财，取之不但无义，而且失掉了人格。

春秋时期，鲁国为了维护本国的尊严，法律条文曾做过这样的规定：凡是在诸侯国中见到鲁国人做奴隶的，都有权用金钱将奴隶赎回，所用金钱可事后到国库“报销”。子贡在国外巡游时赎回一个奴隶，不过他没有到国库报销，而是自己承担了一切费用。孔子知道后，非但没有表扬他，反而对他的“自掏腰包”进行了批评。而子路在救了一位溺水者之后接受了“一头牛”的贵重酬谢，孔子则大加赞赏。

这不免令人有些费解，孔子不是说“君子喻于义”吗？子贡如此的“义”举，为什么受到了孔子的批评呢？因为在孔子看来，从表面上看，子贡为国家省了钱，是一种见义忘利的行为，可是，如果对这种行为大加鼓励，那些原本会用公款赎回鲁国奴隶的人，就有可能放弃赎买，以免背上为利而义的小人之名。后者看起来义而后利，却符合“义然后取”的主张，而且会促使更多的人去见义勇为。

这里有一个问题，即使是义，也有大小之别。国家的名誉与利益是大义，君子个人的声誉与利益相对而言则是小义。如果两者可以兼得，当然是最佳选择。可如果两者发生矛盾，就需要舍小义而取大义。就像上文中，为使更多的鲁国出身的奴隶得到救助，为使身处危难之中的人能得到更多人相助，君子即使做了在一般人看来不义的事情，也是大义之举。

如果有哪个弟子背义而行，还做得比较过分，孔子则会毫不留情地予以批评。

在《论语·先进第十一》中就有这样一章——

季氏富于周公，而求也为之聚敛而附益之。子曰："非吾徒也，小子鸣鼓而攻之可也。"

这一章的意思是说，季氏比周公还富有，而冉求还帮他多方聚敛以增加财富。孔子说："他不是我的学生了，你们可以大张旗鼓地去攻击他！"

季氏如此富有，还要用田赋制度增加赋税。为此，季氏让冉求征求孔子的意见，孔子主张"施取其厚，事举其中，敛从其薄"（《左传·哀公十一年》）结果，冉求仍旧听从季氏的意见，帮助他聚敛财富，这当然是不义之举了。而偏偏又是自己的学生所为，所以，孔子义愤填膺地让众弟子们"鸣鼓而攻之"。

如果有哪位老师的学生，在某个身居要职的人那里做秘书，那个为官者不但自己收取贿赂，还让他的秘书也或明或暗帮自己收取贿赂。不知老师会作何感想？有何举动？有的也许会斥责学生，让他放弃这种卑劣的行为，可是不是也有另外的老师，会听之任之，甚至试图通过学生从那个身居要职者那里得些便利或其他不义之利呢？

可是，不管怎样，能像孔子那样，号召弟子们"鸣鼓而攻之"的可能性不一定大。孔子是教师，我们也是教师，是不是应当把孔子作为我们的榜样，终生学习之呢？

第五章　有谦乃大

在《周易》六十四卦中，唯有第十五卦的谦卦，六爻皆吉，无一不利。为什么谦卦爻爻皆佳呢？我们知道，“谦”是君子之德，它的前提和本质是“有”，有仁者之德、有仁者之爱、有智者之慧、有智者之才等，而“谦”的外在表现是不盈，也就是《周易·序卦上》中所说的“有大者不可以盈，故受之以谦”。有“谦”，是做人做事的成功之道。一个人如果有名、有位、有才，非常了不起，堪称“大”者也，但从来不骄傲自大，则能“受之以谦”；相反，如果过盈自满，则称不得“谦”。

这其中首先要有“大”，不然，即使一点儿也不自满，那也无法“谓之谦”（程颐：《伊川易传》），因为没有骄傲自大的资本，顶多叫有自知之明。倘若已经很“大”，又受到很多人的称赞，但高傲自大，则不配有“谦”的美誉。所以，笔者从众所周知的成语“有容乃大”推演出了另一个虽非成语却有着深远意义的四字格言“有谦乃大”。古往今来受人敬仰的大师名家，大都有着“有谦乃大”的品格，因为他们都如孔子所言：“劳而不伐，有功而不德，厚之至也。语以其功，下人者也。德言盛，礼言恭，谦也者，致恭以存其位者也。”（《周易·系辞上》）

一、“劳谦，君子有终”的孔子

《周易·谦卦》有言：“劳谦，君子有终。”意思是说，勤劳而谦虚的君子，将会有好的结果。孔子，即“劳谦，君子有终”者也，他终生“学而不厌，诲人不倦”，不但终其天年，而且此后一直被世人景仰，成为前无古人的大思想家和大教育家。孔子无疑是“有谦乃大”的典型代表，后世向他学习而卓有成就者，也多有流芳千古的美名。

《周易·系辞下》说：“谦，德之柄也。”意思是说，谦是有仁德之心的把持者。后世称孔子为至圣先师，谦虚便是其圣人气象之中温暖而明亮的那一束光。《尚书·大禹谟》中说：“满招损，谦受益，时乃天道。”它警示人们，无论做出多么大的成就，都不能居功自傲，而且愈是成就斐然，愈应谦虚谨慎。

孔子虽然仁德学识无人能及，可他谦虚谨慎，从不自以为是，更不骄傲自大。他甚至说：“吾有知乎哉？无知也。有鄙夫问于我，空空如也。我叩其两端而竭焉。”（《论语·子罕第九》）意思是说：“我有知识吗？没有。有一个乡下人问我问题，我一点也不知道，便就这个问题正反、头尾、本末考查，才终于得出了结果。”在孔子看来，虽然是“鄙夫”之问，却未必没有深义，即使意义并不太大，也应当认真对待，而不能置之不理。可有的人则不然，尤其某些被冠以“名人”者，遇到如此“卑微”之人的提问，往往不屑一顾，根本不予理睬。可孔子不是这样，他不但承认自己“无知”，而且认真对待，反复研究，最终给了“鄙夫”一个圆满的回复。不因是下层百姓提问而轻视，又能通过自己的探索解决问题，且给予正确回答，孔子的谦虚品质和探索精神，令人赞叹不已。

即使有人称其了不起，孔子依然十分谦虚。在《论语·子罕第九》中有这样一章——达巷党人曰：“大哉孔子！博学而无所成名。”子闻之，谓门弟子曰：“吾何执？执御乎？执射乎？吾执御矣。”意思是说，达巷这地方的一个人说：孔子真是太伟大了，他学识渊博，可惜没有一项使自己成名的专长。孔子听说后就对他的学生说："我专攻哪一行呢？赶车呢，还是射箭？我赶车好了。""六艺"礼、乐、射、御、书、数之中，"莫粗于射御，而御又较射为粗"（李光地：《论语札记》）。所以，朱熹说："射御皆一艺，而御为人仆，所执尤卑。言欲使我何所执以成名乎？然则吾将执御矣。闻人誉己，承之以谦也。"（《论语集注》）李炳南也说："孔子有道有艺，无不精通，执御是自谦之辞。"[1]孔子至谦，圣人高格也。

当今教育界名人，有的特别谦虚，令人十分敬仰，也有的却不是这样，他们不但喜欢别人的吹捧，而且想方设法抬高自己。有人被称为名家时，沾沾自喜，傲慢自大，甚至认为自己真的就是名家了。其实，即使成了名家又能怎样呢？你难道比孔子还有名吗？你有真正骄傲的资本吗？

我去外地讲学，主持人介绍我时，不少说我是著名学者，甚至说我是大教育家，这让我在台上如坐针毡。所以一般情况下，我会在主持人讲话之后，不入正题，先讲自己原本是农民，第一学历是专科，不是什么名家，更不是大教育家。想想孔子如此伟大，还说自己是"执御"者，我们难道还敢说自己是什么名家甚至大教育家吗？

所以，我在拙著《做幸福的教师》的前言中写下了如下文字："由于出身卑微，历经了太多苦难，所以，不管取得多么骄人的成绩，不管遇到多么热烈的赞扬，我的内心深处都有一个徘徊不去的声音——我当过农民，甚至连一般的农民的权利都被剥夺过。所以，我永远不会得意忘形，成绩越大，越是严格要求自己。在一般人看来，我甚至有点谦卑，但是，我又感到本该如此。因为我血液里流淌的是'吾少也贱'的情结，我愿意以内心的谦卑来对待每一个面对我的人。在我的心里，人无高下，灵魂皆为高贵，'三人行，必有我师焉'。"[2]

[1] 李炳南：《论语讲要》，长江文艺出版社 2019 年版，第 149 页。

[2] 陶继新：《做幸福的教师·前言》，齐鲁书社 2018 年版，第 3 页。

有人说，陶老师，你是不是太谦虚了？我说，绝对不是。我之所以如此说，一是觉得自己功底不够，二是在多年学习《论语》的过程中，深为孔子的谦虚好学而感动，并且立下誓言：永远向孔子学习；终生学习，永不骄傲。

让我们继续看看孔子之谦。

有一次太宰问子贡："你的老师孔子是位圣人吧？他为什么如此多才多艺？"子贡回答："这是上天要他做圣人，而使他多才多艺的。"孔子听后说："太宰知我乎？吾少也贱，故多能鄙事。"（《论语·子罕第九》）意思是说，太宰了解我吗？我小的时候生活贫贱，所以才学会种种卑贱的技能。

孔子小时候的生活确实是比较贫苦的，他的父亲叔梁纥六十多岁才与颜徵在"野合而生孔子"（《史记·孔子世家》）。需要说明的是，这里的"野合"是特指两人年龄太过悬殊有点不合礼数的意思。孔子三岁时，叔梁纥就去世了，他的整个幼年都是在贫贱中度过的。他究竟学了哪些"鄙事"呢？匡亚明先生说："大概扫地、做饭、洗衣、种菜、挑担、推车等家务劳动和给人家放羊、放牛以至当人家有婚丧喜事时做吹鼓手之类的事，他都做过。"[1]其实，他从小还学了很多不是"鄙事"的学问，敏而好学，成了至圣先师，可他并不说自己多么了不起，而只是谈"多能鄙事"。

在孔子看来，这些称之为"鄙事"的小事，与"修身、齐家、治国、平天下"关系不大，休说圣人，就是一般君子，学这么多的"鄙事"意义也不是太大。所以，"君子多乎哉？不多也"（《论语·子罕第九》）。

孔子内心深处从不认为自己伟大，他甚至认为自己还没有达到君子的境界。他曾这样说："文，莫吾犹人也。躬行君子，则吾未之有得。"（《论语·述而第七》）意思是说，学习礼仪文献，我大概和别人差不多，努力

[1] 匡亚明：《孔子评传》，南京大学出版社 1990 年版，第 29 页。

实践做一个君子，我还没有达到。

《中庸》有言：“君子之道，辟如行远必自迩，辟如登高必自卑。”郑玄注曰：“行之以近者、卑者，始以渐致之高远。”（《礼记正义》）可见仁心越是深厚的人，越能够行谦、卑让，其自我感觉也就越渺小，越认为自己微不足道。孔子一生都在推行仁政，实践君子之道，他和他的许多弟子其实已经具备了君子的品格，他自己却说“吾未之有得”。孔子的有谦之德让我们这些走在“修行”之路上的人，不只是赞叹，还激发起对自己谦虚再谦虚的要求。

据《韩诗外传》记载：“孔子观于周庙，有攲器焉。孔子问于守庙者曰：‘此谓何器也？’对曰：‘此盖宥座之器。’孔子曰：‘闻宥座器，满则覆，虚则攲，中则正，有之乎？’对曰：‘然。’孔子使子路取水试之，满则覆，中则正，虚则攲。孔子喟然而叹曰：‘呜呼！恶有满而不覆者哉！’”大意是说，孔子参观周庙，看到倾斜的器皿。孔子问守庙的人说：“这是什么东西呢？”守庙的人回答说：“这是座位右边的器皿。”孔子说：“我听说右座之器盛满水就会倾覆，空了就会斜着，水装到一半时就会垂直，是这样的吗？”守庙人回答说：“是这样的。”孔子让子路取水来试，果然水满便倾覆，装到一半时就垂直而立，空了就会斜着。孔子长叹道：“哎呀，哪里会有满而不倾覆的呢！”孔子深谙做人之道，一个人如果骄傲自满就会像庙中的器皿一样倾倒而不能站立，他也借此告诫弟子们，做人应该谦虚，不能自满、自骄。

前面讲过，在孔子看来，他的三千弟子中，达到“仁”的境界者，只有颜回一人，而入圣者，只有尧、舜、禹、汤、文王、周公，时人尚未有矣。

其实，孔子不但是仁者，也是圣者，这不但是时人的看法，而且此后千秋万代，无不称其为仁者和圣者。

可是，孔子从来不说自己是仁者和圣者，即使人们如此称道他，他也会予以否认。《论语·述而第七》中就有这样一章：“子曰：‘若圣与仁，则吾岂敢？抑为之不厌，诲人不倦，则可谓云尔已矣。’”意思是说，如果说“圣”与“仁”，那我不敢当，不过是努力而不厌烦，教人而不厌倦，如此而已。对此，李炳南这样解说：“孔子是至圣，然不但不敢自名圣人仁者，甚至君子之名亦不自许，谦德如此，所以能为至圣。”[1]说得何其好啊！愈是至圣，愈是至谦；相反，愈是自认为伟大，愈是至骄。前者会流芳千古，后者则会烟消云散。

孔子认为，即使自己极其推崇的圣人周公，如果不谦虚，也是不足道的。他这样说：“如有周公之才之美，使骄且吝，其余不足观也已。”（《论语·泰伯第八》）大体意思是说，（一个在上位的君主）即使有周公那样美好的才能，如果骄傲自大而又吝啬小气，那其他方面也就不值得一看了。

惠栋《九经古义》有言：“周公曰：‘不骄不怯，时乃无敌。’此周公生平之学，所以裕制作之原也。”李泽厚由此而言：“从所引注看，不骄傲是周公主要美德之一。孔子之所以再三强调谦虚逊让，正是为了继承周公的这种美德。”[2]

周成王封伯禽做鲁国国君的时候，周公曾告诫伯禽：“往矣！子无以鲁国骄士。”（《韩诗外传·周公诫子》）周公不但自己谦虚，也要求在鲁国掌权的自己的后代不能骄傲。周公至圣至贤，一生谦虚谨慎而又不图虚名。《史记》载周公自谓，“一沐三捉发，一饭三吐哺”。所以，这是孔子的一种假设，意思是像周公这样的圣人，如果不谦虚，也就“不足观”了。

我等之人，虽不可能成为名垂千古的圣人，却也不愿意在后世落下骂名，所以，不仅要自谦，还要谦虚待人。即使是回到家乡，见到小时候的伙伴，知道他们还是地道的农民的时候，也还是要谦虚如初。

在这方面，孔子为我们做出了表率。在《论语·乡党第十》第一章就

[1] 李炳南：《论语讲要》，长江文艺出版社 2019 年版，第 130 页。

[2] 李泽厚：《论语今读》，中华书局 2015 年版，第 156 页。

有这样的记载："孔子于乡党，恂恂如也，似不能言者。"意思是说，孔子在家乡父老面前，恭顺谦逊，好像不能说话的样子。

而当今有的所谓"名人"，衣锦还乡之时，高高在上，说些连自己都未必相信的堂而皇之的大话，这种甚至连小时候的好伙伴都嫌弃的作为，与孔子的言行相差何止十万八千里啊！

孔子最欣赏的弟子颜回，就是十分谦虚之人。颜回去世之后，他的同学曾子这样评价他："以能问于不能，以多问于寡；有若无，实若虚，犯而不校。昔者吾友尝从事于斯矣。"（《论语·泰伯第八》）意思是说，有能力却向没能力的人请教，知识丰富却向知识不多的人请教；有学问像没有学问一样，充实像空虚一样；被侵犯了，不计较。从前我的一位朋友就是这样做的。"昔者吾友"，即颜回也。那么，为什么不直接说出他的名字呢？李炳南这样解释道："曾子称赞颜子而不举其名，是学孔子'吾之于人也，谁毁谁誉'。"他还说："颜渊学孔子。孔子入太庙，每事问。即是'以能问于不能'。孔子学琴于师襄，又拜七岁童子项橐为师。即是'以多问于寡'。"[1]

庄子尤其赞扬颜回，甚至认为他超过了孔子。而孔子本人，也曾说过他不及颜回。在《论语·公冶长第五》中就有这样一章——子谓子贡曰："女与回也孰愈？"对曰："赐也何敢望回？回也闻一以知十，赐也闻一以知二。"子曰："弗如也。吾与女弗如也。"其大体意思是说，孔子对子贡说："你与颜回，谁强？"子贡回答说："我哪敢比颜回？他听到一件事便能推知十件事，我听了一件事才能推知两件事。"孔子说："是不如他。我与你都不如他！"显然，孔子是太谦虚了。我认为，亚圣颜回并未达到至圣孔子的高度。不过从这段话中，我们足可以看出孔子对颜回的欣赏。

《周易》有言："劳谦君子，万民服也。"正如高亨所说："才高而

[1]　李炳南：《论语讲要》，长江文艺出版社 2019 年版，第 137~138 页。

不自许，德高而不自矜，功高而不自居，名高而不自誉，位高而不自傲。”[1]是啊，拥有过人的才华却不自我称颂，具有崇高的品格却不骄傲自大，功劳卓著却并不觉得自己了不起，名声很高却不自我陶醉，反而十分谦虚，这样的人谁不佩服呢？“如古之贤圣之君，以谦下人，则位尊而愈光；若骄奢自大，则虽尊而不光。”（《朱子语类》）可见身为人君，如果坚守谦道，以礼让的态度对待文武百官与黎民百姓，则既能保住至高无上的王权帝位，又能向天下彰显自己的德性；相反，即使威慑天下，也不能赢得人们的称许和赞誉。

孔子和颜回师徒二人之谦给我们的启迪是，不管老师多么德才兼备，名气远播，不管学生多么品学兼优，人人羡慕，都要永远保持一颗谦虚的心，不但不骄傲，反而更加努力。人的品行愈优愈佳，学识愈多愈好。如能终生如此，一定会有很大的成就。

二、“大”而不“盈”的诺贝尔和屠呦呦

众所周知，诺贝尔是19世纪瑞典杰出的化学家、工程师、发明家。他一生拥有355项发明专利，并在五大洲20个国家开设了约100家公司和工厂，积累了巨额财富。在逝世的前一年，他立嘱将其遗产的大部分（约920万美元）作为基金，将每年所得利息分为5份，设立诺贝尔奖，分为物理学奖、化学奖、生理学或医学奖、文学奖及和平奖5种，授予世界各国在这些领域对人类作出重大贡献的人。没有他，就没有现在一年一届的诺贝尔奖评奖活动，也不可能涌现这么多的诺贝尔奖获奖者。谁能想到，如此一位名气和功绩集于一身的人物，谦虚到了让人难以想象的程度。

一位瑞典出版商要出一部《瑞典名人集》，诺贝尔被收入其中可以说

[1] 高亨：《周易大传今注》，齐鲁书社1979年版，第179页。

当之无愧。当这部书的负责人来找诺贝尔商讨此事时，却被诺贝尔有礼貌地回绝了。他说：“我喜欢购阅这本有价值、有趣味的书，但请您不要将我收入其中。我不知道我是否应当得到这种名望，不过我厌恶过分的辞藻。”

一次，他的一座工厂庆祝建厂一周年，有人请求诺贝尔送一张照片，刊登在工厂纪念出版物上。他却回答说：“只要我的助手们和每个工人也都被要求把他们的肖像送去，那么，我将把我那单身汉的丑陋的大鼻子像复制一份送去收藏。但在这之前，我可不干。”

写到这里，真是感慨万千！每次去飞机场和高铁站，我总能在那里的建筑物以及各种装帧精美的杂志上，看到具有现代气派的各式宣传，其中各类名人尤具“风采”。这中间不少是广告商借名人吸引观众，也有的名人“上榜”并非因为特别有名，据说是自己出钱将自己的“光辉”形象搬上“屏幕”的。这些人的名气尤其是人品和贡献，远远没法和诺贝尔相提并论，可由于“名利”对人的诱惑太大，能够抵抗住的，已经“几希矣”。

诺贝尔的哥哥为了编写家史，约他写自传。

诺贝尔写道：“阿尔弗雷德·诺贝尔——他那可怜的生命，在呱呱坠地时，差点断送在一位仁慈的医生手里。主要的美德：保持指甲的干净，从不累及别人；主要的过错：终身不娶，脾气不佳，消化力差；仅有的一个希望：不要被人活埋；最大的罪恶：不敬财神；生平重要事：无。”

哥哥反复劝说，并提出代为整理，诺贝尔执意不从。他说：“我不只是没有时间，最根本的原因是我不能写什么自传。在宇宙漩涡中，有恒河沙粒那么多的星球，而无足轻重的我们，有什么值得去写？”

无独有偶，中国第一位获得诺贝尔医学奖的屠呦呦也同样有着谦虚的美德。1930 年，当她出生时，父母为她取名“呦呦”。这一名字出自《诗经·小雅·鹿鸣》中的“呦呦鹿鸣，食野之苹”，意思是说，示人榜样不轻浮，贤人君子纷纷来仿效。父母以此为她取名，希望她终生不轻浮，做有德有才之人。

有意思的是，这句诗的原意是一群鹿儿呦呦叫，在那原野吃青蒿，而屠呦呦此生也与青蒿有着不解之缘。

此前国人大多不知其名，她也无院士称号，直到获得了诺贝尔奖，她多年的努力才得以被世人知晓。

媒体盛赞屠呦呦为“默默无闻的伟大科学家”，《卫报》说她是“从默默无闻到诺贝尔奖：谦虚的科学家”，《每日电讯报》则说“屠呦呦获得诺贝尔奖终于使几十年的努力得到了认可”。

这位为中国乃至世界作出巨大贡献的诺贝尔奖获得者，在面对铺天盖地的褒奖时，只淡淡地说了一句：“目前青蒿素抗疟的疗效比较客观，但青蒿素抗疟的药物深层机理还要继续研究。”

随后，屠呦呦便将这一殊荣搁置一旁，继续进行她的研究。

屠呦呦的谦虚品质与诺贝尔有一脉相承之妙，同时闪耀出了烙印着孔子精神的“有谦乃大”的光芒。

第六章　诚而有信

诚信是中华民族的传统美德，诚信之道，古已有之。先秦时期，“诚”“信”二字一般是分开使用的，所谓“诚”主要是指诚实、真诚和忠诚，心里想的和实际做的一致，此之谓“诚于中，形于外”（《大学》）也。所谓“信”，主要是指信守诺言，强调一个人要“言而有信”（《论语·学而第一》）。当然，这里的“信”是以心中的“诚”做支撑的，不然，信又“安在哉”？战国时期，“诚信”一词开始连用，如《荀子·不苟》中说：“诚信生神。”东汉许慎在《说文解字》中如是解说：“诚，信也。”又说：“信，诚也。”由此可见，“诚”与“信”可以互训。“诚”“信”两字不论是单独使用还是相连使用，它作为中国传统文化的核心价值观之一，隐含在“仁、义、礼”之中，其本意都是诚实无欺，信守诺言，言行一致，表里如一等。在现代汉语中，基本上也是这样来使用“诚信”一词的。

在《论语》中，“诚”字出现的频率远不及“信”，而在《大学》《中庸》中，“诚”出现的频率又远多于“信”。不过，我们并不能由此得出哪一部经典对“诚”或“信”更加重视的结论，因为“诚”“信”二者有着内在的联系。古时候“信”还写作“訫”，可见，它是由心之诚而生的“信”。

一、孔子“信”言

孔子认为“信”是非常重要的道德品质之一。《论语》中关于诚实守信的言论很多，提及“信”的文字多达38处。仅在《论语·学而第一》中，就有“敬事而信”“谨而信”“主忠信”等，这些成为孔子思想的重要内容。

1. 立人之本

诚信，作为一种君子人格，是一个人的立身之本，是人生路上的“通行证”。因为诚信对人太过重要，所以孔子才告诫他的弟子：“人而无信，不知其可也。大车无輗，小车无軏，其何以行之哉？”（《论语·为政第二》）意思是说，一个人不讲信用，那怎么可以呢？正如大车小车没有驾车的横木木销，那它靠什么来驰行呢？孔子说得太精妙了。对一个想立足于社会的人来说，“信”是必备的内在品质，缺失了这个信任指数，即使高官厚禄家有万贯，也会得而复失。

孔子的弟子子张问怎样做才能到处都可以行得通时，孔子这样回答：“言忠信，行笃敬，虽蛮貊之邦行矣；言不忠信，行不笃敬，虽州里行乎哉？立则见其参于前也，在舆则见其倚于衡也，夫然后行。”（《论语·卫灵公第十五》）意思是说，说话忠诚信实，行为恭敬实在，即使到荒蛮之地也会行得通。讲话不忠诚信实，行为不恭敬实在，就是在本乡本土，能行得通吗？站着，就仿佛看到忠信笃敬这几个字赫然在前；坐在车厢里，就好像看到这几个字刻在车辕前的横木上。这样，才能使自己到处行得通。

孔子在回答子张问“行”时，正是他和弟子们困于陈蔡之间，几乎是其周游列国最为凶险的时期，可是，孔子仍然坚守“忠信笃敬”，而且相信这样一定“行”得通。弟子子张对老师的话也是深信不疑，并将其写在自己的腰带上，以便时时提醒自己不要忘记老师“言忠信，行笃敬”的教诲。

诚信是交朋友的基础，孔子说："与朋友交，言而有信。"（《论语·学而第一》）交朋友要有诚信才能"朋友信之"（《论语·公冶长第五》），朋友之间如果能做到"友直"（《论语·季氏第十六》），即坦诚相交，那交的才是真正的朋友，因为，真正的友情是建立在诚信基础之上的。

西晋大政治家袁准曾说过："唯君子为能信，一不信则终身之行废矣。"（《群书治要·袁子正书》）一个人若没有了诚信，不但不能畅行于天下，而且会在人生、事业道路上举步维艰甚至寸步难行。相反，一个人的诚信指数越高，就越会受到人们的尊敬与爱戴，进而成就一番事业。

2. 治国之本

在孔子看来，"信"不但是一个人的立身之本，也是仕进和治国的根本，他认为一个人只有具备了"信"的品质，才能得到别人的任用——"信则人任焉"（《论语·阳货第十七》）；而执政者讲诚信，才能使老百姓诚信——"上好信，则民莫敢不用情"（《论语·子路第十三》），意思是说，领导讲诚信，老百姓就没有不把实情讲出来的。孔子还说："道千乘之国，敬事而信。"（《论语·学而第一》）意思是治理拥有一千辆兵车的国家，应该恭敬谨慎地对待政事，并且要讲诚信。作为从政者，首先要做到守信，只有对老百姓讲信用才能赢得他们的拥护爱戴。

有一次，子贡问如何治理国家，孔子回答说："足食，足兵，民信之矣。"子贡曰："必不得已而去，于斯三者何先？"曰："去兵。"子贡曰："必不得已而去，于斯二者何先？"曰："去食。自古皆有死，民无信不立。"（《论语·颜渊第十二》）我们不妨将这段对话简要翻译一下——孔子回答说："粮食充足，军备充分，老百姓信任。"子贡说："如果不得已必须去掉一项，那么，在这三项中先去掉哪一项呢？"孔子说："去掉军备。"子贡又问："如果不得已还必须去掉一项，在剩下的两项中先去掉哪一项呢？"孔子说："去掉粮食。自古以来，人都要死。如果失掉人民的信任，国家便维持不下去了。"如果说"去兵"还好理解的话，"去食”就需要我们好好琢磨了，因为没有“食”人会饿死。但孔子认为，为政者在老百姓那里失去了信任，就没法在精神上立足，比饿死还严重，所以，宁愿“去食”而存“信”。对此，张居正作了非常精辟的解说：“盖民无食必死，然自古及今，人皆有死，是死者，人所必不能免。若夫信者乃本心之德，人之所以为人者也。民无信，则相欺相诈，无所不至，形虽人而质不异于禽兽，无以自立于天地之间，不若死之为安。故为政者，宁死而不可失信于民，则民亦宁死而不可失信于我矣。此食所以可去，而信必不可无也。”[1]是的，一个国家稳定与否，在孔子看来，“民信”比“足食”“足兵”更为重要。从政者如果无信用，则失去民心不能守国，因为“国保于民，民保于信”（司马光《资治通鉴·周纪·周纪二》），无数历史事实证明了“得人心者得天下”的道理。

《荀子·强国》中说：“古者禹汤本义务信而天下治，桀纣弃义倍信而天下乱。故为人上者，必将慎礼义，务忠信，然后可。此君人者之大本也。”意思是说，古代圣王禹、汤循义讲信而天下大治，暴君桀、纣弃义背信而天下大乱。所以，作为国君一定要重礼义、讲忠信，然后才能治国。这是“君人者之大本也”。可见，从古至今，所有名扬于天下的从政者，无一例外都是诚信之人。他们因为言而有信，才深得百姓的爱戴。这种诚信还会潜移默化，影响到更多百姓，让他们也有了诚信。相反，如果从政者不讲诚信，孔子认为连一般的“小人”都不如。

比如在《论语·子路第十三》中就有这样一章——

子贡问曰：“何如斯可谓之士矣？”子曰：“行己有耻，使于四方，不辱君命，可谓士矣。”

曰：“敢问其次。”曰：“宗族称孝焉，乡党称弟焉。”

曰：“敢问其次。”曰：“言必信，行必果，硁硁然小人哉！

---

[1]〔明〕张居正讲评：《论语别裁》，陕西师范大学出版社 2007 年版，第 180 页。

抑亦可以为次矣。”

曰：“今之从政者何如？”子曰：“噫！斗筲之人，何足算也！”

这一章的大体意思是——

子贡问道：“怎样才可以叫作知识分子？”孔子说：“对自己的行为、活动保持羞耻意识，出使国外不辜负国君的使命，这可以叫知识分子了。”

子贡说：“请问次一等的呢？”孔子说：“宗族中都称赞他孝顺父母，乡里间都称赞他尊敬兄长。”

子贡说：“请问再次一等的呢？”孔子说：“说话守信用，行为很实在，像嘣嘣响的石头一样坚持己见，那是老百姓啊，但也可以说是再次一等的‘士’了。”

子贡说：“现在那些搞政治的人怎么样？”孔子说：“唉！这班器量狭小、见识短浅的人，算得上什么呢？”

对“言必信，行必果”的“小人”，孔子都给予了肯定，认为他们可以列入再次一等的“士”的范畴，而对当时的从政者认为算不上“士”，为什么呢？因为他们品格低下，做不到“言必信，行必果”。不过需要说明的是，孔子之前的时代，“小人”是指没有地位的人。自孔子开始，才赋予其一定的道德价值判断。在《论语》中，“君子”“小人”多是以道德高下来区分的，但也不尽然，这里所说的“小人”，就是指地位低下的平民百姓。但就是这样的平民百姓，由于“言必信，行必果”，也拥有了超越为官者的“士”的品格。

有的为官者诚心诚意为百姓着想，而且一诺千金，不但当时受到百姓的爱戴，死后人们也依然怀念他们。而有的为官者心无诚意，言而无信，对百姓的许诺全作儿戏，结果不但生为百姓骂，死后也被历史所唾弃。这让我想起了臧克家《有的人》中的诗句：“有的人活着，他已经死了；有的人死了，他还活着。”

二、孔门“信”行

孔子以身立言，言传身教，这些关于诚信的言论，自然也影响着他的弟子。孔子和他的弟子因为心有诚德，其言而有信之行流芳千古。

1. 周游列国

春秋末年，兵荒马乱，孔子带领着一帮学生，周游列国十四年。其间有时候会受到优厚的礼遇，但也常常受到冷遇，有时几乎走投无路，甚至有生命之忧，但这些学生义无反顾地跟着孔子四处奔波。历史上恐怕再也没有这样一位拥有如此人格魅力的老师了。他的诚而有信等崇高品格已经定格在学生心里，不管一路上多么艰难，学生也相信他，而且跟定了他。

有人也许会问，孔子如此坚守诚信，那么，他本人在任何时候都一定信守承诺了吗？回答是否定的。

据《孔子家语·困誓第二十二》记载，孔子带领弟子途经蒲邑时，遇到卫国大夫公叔氏占据蒲邑反叛，蒲邑人扣留了孔子。有个叫公良孺的弟子，带着五辆私车随从孔子。他为人贤能，又高大而有勇气，对孔子说：“我昔日跟着您在匡遭遇危难，如今又在这里遭遇危难，这是命啊。我与您再次蒙难，宁可搏斗而死。”搏斗非常激烈，蒲邑人害怕了，对孔子说：“如果你不去卫都，我们就放了你。”孔子答应说不去卫都，还和他们立了盟誓，蒲邑人才将孔子放出东门。可孔子随后就往卫都而去。子贡说：“盟誓难道可以背弃吗？”孔子说：“要我以盟，非义也。”

在孔子看来，在被要挟的情况下所订的盟约是不义的，既然不义，当然就不必遵守。孟子说得好：“大人者，言不必信，行不必果，惟义所在。”（《孟子·离娄下》）孔子被迫订下盟约，与诚无关，亦非义举，所以违背盟誓不但不应受到指责，反而折射出孔子的机智灵活，是对不义行为的反驳与蔑视。

2. 曾子杀猪

说到孔子弟子的诚信，曾子当是一个典型的代表。《韩非子》中记载了这样一个的故事——

曾子的妻子要到集市去买东西，不想带儿子，但儿子非要去，儿子被她斥责一番后，还是哭哭啼啼地在后面跟着。母亲无奈，只好哄他说："你回去吧，等我回来给你杀猪吃！"孩子一听便不哭了，高兴地回家了。

曾子的妻子刚从集市回来，曾子便马上要捉猪准备杀掉它。妻子制止他说："我只不过是和孩子说着玩的，你怎么能当真呢？"

曾子说："怎么能这样和小孩随便开玩笑呢？小孩子不懂事，他们跟着父母学，聆听父母的教诲。大人怎样做，他们也就学着怎样做。现在你欺骗他，就是教孩子学着骗人呀！做母亲的骗儿子，儿子也就不相信他的母亲，这不是教育孩子的好办法啊！"

说完，曾子就把猪杀了且煮了肉给孩子吃。

在一般人看来，曾子做得也许有点过分。其实不然。父母是孩子最好的老师，大人的一言一行，都会在潜移默化中影响着孩子。如果父母不讲诚信，孩子长大成人也会言而无信，甚至有的在儿童时代就已经谎话连篇。所以，父母在孩子面前，一定要做到"言必信，行必果"。曾子是一位特别注重诚信的人，他撰写了经典之作《大学》，成为继承孔子思想的大儒。曾子的儿子虽然没有曾子那么大的成就，可我们可以肯定他长大成人之后，也会是一个言而有信的人。

3. 宰予昼寝

孔子有个叫宰予的弟子，和子贡一样能言善辩，被列为"言语"（《论语·先进第十一》）一科的优秀学生。可是，在《论语·公冶长第五》中，只因为他白天睡觉，而受到了孔子极其严厉的批评——

宰予昼寝。子曰："朽木不可雕也，粪土之墙不可圬也；于予与何诛？”子曰：“始吾于人也，听其言而信其行；今吾于人也，听其言而观其行。于予与改是。”

我们不妨将这一章翻译如下——

宰予白天睡起觉来。孔子说：“腐朽的木头没法雕刻，粪土的墙壁没法粉刷。对于宰予，我还有什么可说的呢？”孔子接着又说：“刚开始我对人，是听了他的言语就相信他的行动；现在我对人，不只是听他说得怎样，还要观察他的行动。是宰予让我改变了判断人的方式。”

看了这一章，有的人很为宰予打抱不平，甚至指责孔子言之过火，有的专家则为孔子寻找如此批评的理由。为此，我查阅了几十本关于这一章的解说，囿于篇幅，仅将几本权威之书的解说照录如下——

朱熹说：“宰予能言而行不逮，故孔子自言于予之事而改此失，亦以重警之也。”（《论语集注》）

张居正说：“夫宰予以一昼寝之失，而孔子责之严切如此，可见人当以勤励不息自强，以怠惰荒宁为戒。”[1]

钱穆说：“或因宰我负大志，居常好大言，而志大行疏，孔子故作严辞以戒。”[2]

李泽厚说：“宰予是个聪明而不够勤奋、有才华而不重修养的学生，多次受到孔子的严厉责备。”[3]

康有为说：“昼寝小过，而圣人深责如此，可见圣门教规之严。”（《论语注》）

这些大家所说，都有一定的道理，可我总觉得还是没有说到关键处。

作为一向推崇和践行“温、良、恭、俭、让”（《论语·学而第一》）

[1] 〔明〕张居正讲评：《论语别裁》，陕西师范大学出版社 2007 年版，第 62 页。

[2] 钱穆：《论语新解》，九州出版社 2011 年版，第 109 页。

[3] 李泽厚：《论语今读》，中华书局 2015 年版，第 92 页。

的孔子，仅仅因为宰予白天睡了一两次觉就如此动雷霆之怒吗？显然是不可能的。那么，原因何在呢？

整部《论语》不但言简意赅，而且在不少简短之言中，隐藏着未说的内容。为此，就要探幽索微，将其所隐之义“挖掘”出来。

那么，这一章有何隐藏之义呢？

这一章有两次“子曰”，第一次是批评宰予之言词，第二次是批评宰予的原因。正是从这个原因中，我们看到一个文中未写的事实：孔子的弟子白天不管是听老师讲课，还是自学，大都相当努力，几乎没有睡觉者。因为当时不要说电灯，就是蜡烛和煤油灯都没有，更不可能有现在的晚自习课，所以，主要学习时间放在了白天。一向“发愤忘食”（《论语·述而第七》）学习的孔子，希望弟子们好好珍惜白天的学习时间。可是，在众弟子认真学习的时候，宰予却睡起觉来。为此，孔子告诫他说，以后不要再睡了。宰予对老师承诺，以后不再白天睡大觉了。于是，孔子就信以为真了。可第二天白天，宰予照样在同学们学习的时候睡觉，于是又受到了孔子的批评。他表示接受批评，并保证次日白天不再睡觉。可结果他言而无信，照常睡觉。这样反复多次，才有了孔子如此严厉的大怒和斥责。因为在第一次宰予白天睡大觉而做保证的时候，孔子是“听其言而信其行”了，可宰予三番五次的言而无信，就无法“听其言而信其行”了，必须“听其言而观其行”。而正是宰予，让孔子改变了以前“听其言而信其行”的识人观。

看来，孔子之怒，不在于宰予的一两次白天睡大觉，而在于他的言而无信。一个对自己老师都言而无信的人，孔子能不动怒吗？何况，孔子是一个认为“人而无信，不知其可也”（《论语·为政第二》）的人。而且，前面已经说过，孔子教学内容四科之中，最后一科“信”是最重要的。宰予此睡暴露出了其不诚信的品质问题，把做人第一作为教育原则的孔子，当然对他要狠狠批评了。我甚至认为，孔子是在众弟子在场的时候批评宰予的，其目的一是警示宰予，不要言而无信；二是告诫大家，一定要注重诚信品质的养成。

三、今人之“信”

诚而有信如此重要，当今之人的诚信指数到底怎样呢？回答是喜忧参半：有的人很讲诚信，因而也很有成就；有的人不讲诚信，则往往一事无成甚至身败名裂。

1. 信义兄弟

在当今社会中，有的人诚而有信，让人感动不已。我们不妨看一个真实的故事——

2010年2月9日，临近春节。做建筑工程的孙水林从北京回到天津，原定第二天和弟弟孙东林一家一块回老家武汉，但他查看天气预报了解到，此后几天，中原地区雨雪较多，路况不好。他决定赶在封路前回到武汉，给先期回武汉的农民工发放工钱。

春节前发放工钱，是他多年以来对农民工的承诺。

当晚，孙水林提取了26万元现金，带领家人出发了。次日凌晨，当他驾车驶至兰南高速开封县陇海路桥段时，由于路面结冰，发生重大车祸，20多辆车连环追尾，孙水林一家五口全部遇难。弟弟孙东林为了完成哥哥的遗愿，在大年三十前一天，将工钱送到了农民工手中。兄弟俩的诚信之举深深打动了全中国的人。

这对农民兄弟，被评为2010年“感动中国”人物，组委会授予这一对信义兄弟的颁奖词是：“‘言忠信，行笃敬’，古老相传的信条，演绎出现代传奇。他们为尊严承诺，为良心奔波，大地上一场悲情接力。雪夜里的好兄弟，只剩下孤独一个。雪落无声，但情义打在地上铿锵有力。”

每每读这个故事和这段颁奖词，我都会潸然泪下。孙水林为了兑现春节前给农民工发放工钱的承诺，一家五口命丧黄泉。而其弟弟孙东林，又义无反顾地完成了哥哥的遗愿。其实，在这个特殊时期，即使孙东林不给农民工工钱，于情他们也不会兴师问罪。可是，他和这些农民兄弟心心相通，兑现诺言，既是言而有信，也是心之所想。

颁奖词中“言忠信，行笃敬”这一“古老相传的信条”，不正是孔子之言吗？撰写颁奖词者，恰到好处地引用了孔子所说的话。这对农民兄弟是否读过孔子这一关于诚信的哲言不得而知，但可以肯定的是，孔子所说的诚信之言，在中国大地一直流传着，它已经形成一种民间认可的文化，被一代又一代人践行着。

由这对信义兄弟的信守承诺之美，不由得想到诚信和企业成败兴衰的关系。

有人说在21世纪，比房产增值更稳定的是个人品牌的增值，比企业寿命更长久的是一个人的才华和品格。可见在市场经济体制下，孔子所言的“信”依然重要，甚至更加重要。因为对于一个商人来说，自己的个人品牌就是在社会上立足并提升竞争力的核心，而诚信恰恰是个人品牌的灵魂。

“以诚为本，以信待人”。许多企业都把诚信作为企业文化，以此维系各方面的关系，如果企业领导失信于员工，将难以实行有效的管理；如果经商者失信于客户，就会失掉顾客这个上帝；如果产品质量不实事求是，而只是依靠做虚假广告吸引欺骗顾客，一开始顾客可能会上当受骗，但时间一长就会有越来越多的顾客不再相信他们的产品。现在市场竞争激烈，都需要稳定的回头客，所以更需要质量过关的产品，我们常说的“老字号，信得过”，就是因为它们都是经过市场及时间检验的、质量信得过的产品制造者。一个企业信誉尤其是产品质量信誉，常常决定一个企业的兴衰存亡，正所谓“商海无涯‘信’作舟”。曾任美国波士顿市市长的哈特先生说，五十年来，他看到百分之九十的成功生意人都是诚实守信的人，那些不诚实守信的生意人大多数都会破产。他还在一次演讲中说："诚信是一条自然法则，违背诚信的人是会得到报应的。诚信就像万有引力定律一样，适用于一切领域。拥有诚信，也就掌握了成功的方法。"三鹿奶粉等事件的发生，正是"信"的严重缺失所酿成的恶果。他们一方面在各种各样的媒体上大肆宣传产品如何如何优质，一方面却做着与其"言"完全相悖的不道德甚至是害人的事情。"信顺者，天地之正道也。诈逆者，天地之邪路也"（《群书治要·傅子》），所以，三鹿这一曾经"著名"企业的破产，正是这个"自然法则"的必然"报应"。由此可见，孔子倡导的是以合乎道义的方式去追求企业的经济利益，而合乎道义的一个重要标准就是诚信。

2. 学术造假

正如中国从古至今，出了一大批爱国志士一样，卖国求荣的卖国贼也并非个案。不讲诚信者，今天并没有绝迹。当我们对孙水林、孙东林这对农民兄弟的诚信之美唱出一曲赞歌的时候，却也有知识分子逆诚信而行，爆出了有辱国格的"国际丑闻"。

2017年4月23日，《新京报》以"107篇医学论文被撤，靠'国际丑闻'治造假？"为题作了如下报道——

> 世界最大学术出版机构之一的施普林格（Springer）出版社日前发表撤稿声明，旗下期刊《肿瘤生物学（Tumor Biology）》宣布撤回107篇发表于2012年至2015年的论文，原因是同行评议造假。107篇论文全部和中国研究机构有关，有125家之多，这创下了正规学术期刊单次撤稿数量之最。
>
> 同行评议，是国际上保障论文质量和评估科研水准的通行手段，在期刊编辑与职称评审中都有使用，并被认为是行之有效的方式，在国内也在被越来越多的期刊与机构使用。这次这么多人用评审人的真实姓名但提供假冒的电邮地址，进行利于自身论文发表的行为，也是

种学术造假。造假造出了“规模”，堪称丑陋。

呜呼哀哉！如果孔子在世，不知会做何评价和感叹？

在孔子时代，对知识分子，一般称为“士”，一是因为有知识，二是因为有人格。二者兼备，方能为士。那么，在国际学术期刊上发表造假论文的这些知识分子,有何脸面说自己是知识分子呢？其中不乏博士生导师，他们面对学生，又有什么资格开展教育呢？

这些有着众多头衔和“名望”的知识分子，尽管风光一时，到头来还是落了个没有诚信的“文窃公”的骂名。

3. 守信践诺

三十多年来在不断学习《论语》的过程中，孔子诚信的思想已经深深地根植到了我的内心深层，我也力争做一个内心真诚、信守诺言的人。我甚至认为，自己逐渐积攒了一笔丰厚的无形资产，就是别人对我的信任指数。全国很多相识或不相识的人，对我的信任总是让我感动不已。

为了守信，有时我也会失去一些在一般人看来非常重要的东西。

2007 年 6 月上旬，我接到北京一家文化教育机构的通知，邀请我到台湾讲学，还可以顺带旅游几天，时间是 7 月 30 日至 8 月 10 日。但是，我婉言谢绝了，因为就是在这个时段，我已经答应在烟台、青岛等地四所学校讲学，我认为承诺下来的事情不能更改，尽管我与这几所学校的领导商量变更一下时间并不困难。为此，北京那家机构的负责人于 6 月 11 日专程赶到济南，来做我的“思想动员”工作。我热情地招待了她，并陪她游览了千佛山、趵突泉。尽管她一再说明此行意义之大，还是被我坚定而又委婉地拒绝了。

直到今天，我都没去过台湾。虽然我也真的很想去那里讲学和旅游，可在我心里，守信更为重要。我相信以后还会有去台湾的机会，可失去信任，就再也没有挽回的余地了。有朋友甚至说我学孔子学得有点“迂”，我自己反而认为是学《论语》学得更加珍惜诚信的价值了。

不过，我也有失信的时候。比如，我承诺某月某日完成某地某校一篇长篇报道文章，可不料其间工作室来了几位朋友，耽搁了半天甚至一两天的写稿时间，或者真正写作起来比预想得要慢一些，于是就欠下了文债，甚至会累及后面承诺完成的文章。还有的时候，答应别人的一件事情，结果一时忘了，待他们问及此事，已悔之晚矣。这自然与我不太记事有关。外出采访或讲学的时候，我曾在不长时间内三次将大衣和西服落在飞机上，在一个月内三次将身份证不知遗失在何处。更可笑的是，到外地住宾馆，晚上出去锻炼一下身体，回来之后竟忘了房间号码，甚至连楼层都忘得一干二净，只好到服务台再问究竟。

也许会有人反驳我说，你《论语》《大学》《中庸》《学记》等古书都能背诵下来，难道如此简单的问题就会忘掉吗？

是的，会忘掉。因为背诵经典太过用心，而对这些事用心不到，或者认为这些事不太重要。

所以，我就反思和检讨自己，其实主要不是记性太差，而是用心不到，用心不到，就是诚信意识不强。

这一推理，让我冒了一身冷汗。自己虽不是有意为之，却做了失信于人的事。

后来，我就在记事本上将类似的承诺一一记下，有时还会告诉工作室的同事，随时提醒我。

这样一来，失信的几率大大降低。不过，写此文时我还在追忆自己是不是还有失信的地方，并思考如何更加守信。时时提醒自己总不会错的。古话说："军中无戏言。"（《东周列国志》）何止部队不能有戏言，在任何地方、任何时间，都不能把承诺当成戏言，而应当高度重视，真真正正做一个言而有信之人。

第七章　乐以忘忧

有的学者认为，“与西方的‘罪感文化’、日本的‘耻感文化’相比较，以儒学为骨干的中国文化的精神是‘乐感文化’。”[1]而孔子，则是“乐感文化”的代表。

我曾应柳恩铭博士之约，为他的著作《论语心读》写过序言。时任广州市天河区教育局局长的他，从《论语》中读悟出了一个唯美主义的儒家，他说：“在《论语》里没有消极，没有颓废，没有丑陋，没有糟粕，只有精华，只有乐观，只有美丽，只有期待：对学生有期待，对社会有期待，对国家有期待，对未来有期待。”[2]

是的，孔子思想中几乎没有消极与颓废，更多的是乐与美。他的这一乐感文化，对于塑造中国人的人格和心理，起到了极其重要的作用。

---

[1] 李泽厚：《论语今读》，中华书局 2015 年版，第 3 页。

[2] 柳恩铭：《论语心读·前言》，中华书局 2014 年版，第 7 页。

一、孔颜乐处之妙

说起中国的乐感文化，必然涉及一个重要的命题，就是“孔颜乐处”。“孔颜乐处”作为一种理想人格的象征，自周敦颐提出以来，一直为历代学子所津津乐道。我们在学习《论语》等儒家经典时会发现，“孔颜乐处”并非一种自然性的快乐，更不是阿Q自嘲式的快乐，而是一种笃定而持久的源自高尚品格的审美快乐。它不是在专门追求“乐”的情况下获得的，而是在日常生活中以一种平常的心态自然而然地获得的，具有生活的“无欲”、情感的“中和”和心灵的“宁静”等特质。孔子与弟子颜回则是这种快乐的典型代表，故有“孔颜乐处”之说。因为孔子与颜回在任何艰难困苦的环境中，都能保持通达坦荡、“乐以忘忧”（《论语·述而第七》）的情怀，拥有精神的快乐与心灵的安适。也由此，形成了真正意义上的中国式的乐感文化。

《论语》中体现孔子乐感文化情怀的地方很多，比如开篇第一章就是——“子曰：学而时习之，不亦说乎？有朋自远方来，不亦乐乎？人不知而不愠，不亦君子乎？”（《论语·学而第一》）。有人认为，这是谈学习的，特别是“学而时习之，不亦说乎”一句，讲的就是复习的事情。但认真研究，就会发现，“学”指的是学修身做人，“习”指的是反复实践。如果解释为：“学习了再复习，不是很愉快的吗？”显然与事实不符。

孔子关注修身，不尚空谈，注重实践，他本人就是一个实践哲学家，在生活实践中不断地学习做人，在做人中不断地感受生命的丰盈与提升。作为一直追索人格成长的孔子，正是在不断的实践中感受快乐的，所以才说：“学而时习之，不亦说乎？”当然，不是学而无获，而是学则有成，才能快乐。如果说这是从个体内在感受上谈的话，“有朋自远方来，不亦乐乎”则有了外在因素的参与。张居正说：“夫学既有得，人自信从，将见那同类的朋友皆自远方而来，以求吾之教诲。夫然则吾德不孤，斯道有传，得英才而教育之，自然情意宣畅可乐，莫大乎此也。所以说不亦乐乎！”[1] 看来，这种快乐，比独自实践之乐，又进了一层，于是成了千古名句。大家知道，“有朋自远方来，不亦乐乎”还被选作2008年北京奥运会五句国际迎宾用语之一。

那么，“人不知而不愠”呢？现实之中，如果有人对自己的思想和谈论的问题不理解，甚至有一定抵触时，往往会致使自己不高兴。但孔子不然，他是“不愠”，也就是不怨怒。为什么会这样呢？还是让我们看看张居正的解释：“君子，是成德的人。夫以善及人，固为可乐，苟以人或不见知，而遂有不乐焉，则犹有近名之累，其德未完，未足以为君子也。”[2] 看来，在这种情况下，并不是人人都能够“乐”起来的，只有君子才能做到，因为君子“善”也。之所以在别人不理解的时候怨怒，主要原因是道德修养不到，尚有“近名之累”所致。而孔子是人格高尚的君子，是至善至德之人，当然不会不“乐”了。正如王艮所说：“乐是乐此学，学是学此乐。”（《乐学歌》）是啊，“乐”是与其修身做人之“仁”维系在一起的。这种“乐”，才有了高尚品位，才有了持久性。

李泽厚先生则说：“本章开宗明义，概而言之：‘学’者，学为人也。学为人而悦者，因人类即本体所在，认同本体，悦也。友朋来而乐，可见此本体乃群居而非个体独存也。‘人不知，而不愠’，则虽群却不失个体之尊严、实在与价值也。此三层愈转愈深，乃‘仁’说之根本，乐感文化、实用理性之枢纽，作为《论语》首章，不亦宜乎。”[3] 因此认为这一章突出的就是“悦”“乐”二字。

这样说来，我们就明白了，《论语》第一篇第一章，恰恰是为孔子的乐感文化奠定基调的。

---

[1]〔明〕张居正讲评：《论语别裁》，陕西师范大学出版社2007年版，第1页。

[2]〔明〕张居正讲评：《论语别裁》，陕西师范大学出版社2007年版，第1页。

[3] 李泽厚：《论语今读》，中华书局2015年版，第5~6页。

《论语》中还有不少有关孔子乐感文化的章节，如有一天叶公问子路："你的老师孔子是什么样的人呢？"子路没有回答，因为他很难用简要的话语来概括他的老师。回来子路告之孔子，孔子就对他说："女奚不曰：其为人也，发愤忘食，乐以忘忧，不知老之将至云尔。"（《论语·述而第七》）意思是，你为什么不说：他发愤学习，时常忘记吃饭，快乐得忘了忧愁，甚至连老了都不知道。寥寥数语，将自己的"乐感"情貌描述得淋漓尽致。他甚至说自己是："饭疏食饮水，曲肱而枕之，乐亦在其中矣。不义而富且贵，于我如浮云。"（《论语·述而第七》）你看看，他虽吃着粗粮，喝着凉水，把胳膊一弯当枕头，却特别的快乐。朱熹认为："'乐亦在其中'，此乐与贫富自不相干，是别有乐处。如气壮底人，遇热亦不怕，遇寒亦不怕。若气虚，则必为所动矣。"（《朱子语类》）因为不正当的财富和官位，对孔子来说就像转瞬即逝的浮云一样。既然没有"不义而富且贵"之求，即使处在贫困之中也不失其乐，又何忧之有？这种超越富贵贫贱之上的"乐"，已经进入了审美的超然之境了。所以，他说："兴于《诗》，立于礼，成于乐。"（《论语·泰伯第八》）意思是说，人的修养开始于学习《诗》，自立于学礼，完成于学乐。在孔子看来，学习的至高境界，当是一种审美。

董子竹先生认为，孔子是一个"真正悟得了生命本体的人，无时不是快乐的，时时都在体验着生命的快乐"[1]。确实如此！当时鲁国有一个叫阳虎的，曾经掠夺和残杀过匡地的百姓，那里的人都特别恨他。孔子带着他的弟子们从卫国到陈国去，"将适陈，过匡，颜刻为仆，以其策指之曰：'昔吾入此，由彼缺也。'匡人闻之，以为鲁之阳虎。阳虎尝暴匡人，匡人于是遂止孔子。孔子状类阳虎，拘焉五日……匡人拘孔子益急，弟子惧"（《史记·孔子世家》）。意思是说，孔子将要到陈国去，经过一个叫匡的地方，弟子颜刻替他赶车，颜刻用马鞭子指着说："从前我进此城，是

[1] 董子竹：《论语正裁——与南怀瑾商榷》，长江文艺出版社 2007 年版，第 5 页。

由那缺口进去的。”匡人听说，误以为是鲁国的阳虎来了。因为阳虎曾经残害过匡人，于是匡人就围困了孔子。孔子的模样又很像阳虎，所以被困在那里整整五天。匡人围攻孔子越来越急，弟子们都很害怕。在这时，孔子不但不害怕，反而这样说：“文王既没，文不在兹乎？天之将丧斯文也，后死者不得与于斯文也；天之未丧斯文也，匡人其如予何？”（《论语·子罕第九》）意思是说，自从周文王死了以后，周代所有的礼乐文化不都集中体现在我身上吗？上天如果想要消灭这些礼乐文化的话，那么，我也就不可能掌握这些礼乐文化了。上天如果不想消灭这些礼乐文化，匡人又能把我怎么样呢？看看，孔子已经面临灭顶之灾时，却只字不谈个人的生死，而是有一种舍我其谁的历史担当，并且认为有了这种担当的人，匡人对他是无可奈何的。因孔子是了悟了生命本体的人，他当然能够“忧乐圆融”，化忧为乐，否则，孔子是不可能如此坦然的。

孔子一行从卫国到陈国去的路上，由于粮食断绝，跟着他的人个个饿得有气无力，孔子仍然讲诵诗书、抚琴歌咏，没有一点悲伤恐惧的样子。子路就很生气地来质问孔子：“君子亦有穷乎？”孔子答道：“君子固穷，小人穷斯滥矣。”（《论语·卫灵公第十五》）在弟子看来，孔子这样有道德有学识的人，是不应当走投无路陷入绝境的。所以子路就对老师发起了牢骚。孔子却说，君子在没有办法的时候，仍然应坚持着“道”；小人没有办法就只会胡来了。人都快要饿死了，孔子却还在抚琴歌咏、讲着君子之道。《荀子·乐论》有言：“君子乐得其道，小人乐得其欲……”在孔子、荀子看来，修身进德，人的内心就会获得一种绵绵不绝的快乐。

其实孔子难道不知道有生命危险吗？当然知道。他之所以没有害怕，除了有一种历史担当，还有一个重要的因素，那就是没有害怕的内在原因。孔子的弟子司马牛曾经问他：“什么是君子？”孔子这样回答：“君子不忧不惧。”就是说，君子不忧愁也不惧怕。司马牛又问：“不忧不惧，就可以叫君子了吗？”孔子又回答：“内省不疚，夫何忧何惧？”（《论语·颜渊第十二》）反省自身时，心里没有什么令自己愧疚的地方，还有什么可以忧惧的呢？自己对人对事，善良本性始终在，内在反思，自然也就没有愧疚之心。既然如此，死奈我何？由此观之，孔子之乐，是由其内在人格支撑着的；有了高尚的人格，内省之时无愧无疚，又有什么不快乐的呢？

在孔子看来，颜回就是一个身处逆境依然能够保持“乐以忘忧”情怀的弟子。人们大多知道孔子称道颜回的一段话——“贤哉回也！一箪食，一瓢饮，在陋巷，人不堪其忧，回也不改其乐。贤哉回也！”（《论语·雍也第六》）大家看看，颜回的品质多么高尚啊！一筐饭，一瓢水，住在破旧的巷子里，别人都忍受不了这种穷困清苦，颜回却没有改变他好学的乐趣。

在这种环境中生活，为什么还这么快乐呢？宋代大儒周敦颐如是说：“夫富贵，人所爱也，颜子不爱不求，而乐乎贫者，独何心哉？天地间有至贵至爱可求而异乎彼者，见其大而忘其小焉尔。见其大则心泰，心泰则无不足；无不足，则富贵贫贱，处之一也。处之一，则能化而齐，故颜子亚圣。”（《通书·颜子第二十三》）意思是说，颜子不关心常人所爱所求的富贵，轩冕、金玉视作铢、尘之小，乃是颜子自有“至贵至爱可求”之“大”者在心中。因为颜子挂怀“大”者，而把“小”者忘了，故心里安宁、通畅。

是的，颜回追求的是精神的丰盈，他从孔子那里学到了最有价值的东西。外在生活的困难，已经对他的心灵构不成威胁。看来，“孔颜乐处”的快乐超越了一般意义上的快乐，是一种融道德精神和审美体验为一体的人生境界。

在《庄子·让王》中，也记载了孔子的学生原宪身处陋室而快乐如常的情景：“原宪居鲁，环堵之室，茨以生草，蓬户不完，桑以为枢，而瓮牖二室，褐以为塞，上漏下湿，匡坐而弦。”大体意思是，原宪住在鲁国，围着土墙的屋子，盖着新割下的茅草，蓬草编成的门四处透亮，折断桑条作门轴，用破瓮的口做成窗子，两间屋子，用褐土涂墙缝，下雨的时候屋顶漏雨地下湿滑，原宪却端端正正地坐在里边弹琴唱歌。这颇有点颜回的快乐之美。其实，原宪自己也知道生活的艰难，可是，不戚戚于贫贱、不汲汲于富贵的他，因深得乐感文化之妙，就有了常人难有的生命状态。

也许有人会问，孔子难道在任何时间、任何地点都是快乐的吗？回答是否定的。孔子有其圣人气象，同时，他也是一个凡人，也有一般人的喜怒哀乐。即使在《论语》中，我们也可以看到孔子忧虑和生气的情景。不过，这并非其精神和情感的主流，只是偶尔有之。而且，不用太长时间，其乐感精神就又会彰显出来，从而让其弟子或其他人也步入“乐”的境界之中。

这不由得让我想起大哲学家王阳明在《传习录》中的一段话：“问：‘乐是心之本体，不知遇大故于哀哭时，此乐还在否？’先生曰：‘须是大哭一番了方乐，不哭便不乐矣。虽哭，此心安处即是乐也，本体未尝有动。’”意思是说，乐是心的本体，假如遇到大的变故，在悲伤痛哭的时候，这乐还在吗？先生说：“必然是要大哭一番才能乐，不哭便不乐。即便是哭，能心安理得也是乐，心的本体未尝有动。”可见人的喜怒哀乐，宜不压制、不排斥，发而皆中节，顺其自然，不过度而遵守中庸之道。父母之丧，作为子女难过痛哭是非常自然的，不过也不应长期沉浸于悲痛之中，因为悲伤过度会对身心健康产生负面影响。比如我在父亲去世后，连续感冒了二十多天，超过十几年间感冒的时间总和。其实，父母去世，如果在天有灵，他们也一定希望子女不要太过悲痛，而应当让生命积极与快乐起来，并逐渐修养出一种乐观豁达的心怀。这自然要悟透生命本质，所以，我们可以从孔子的“乐感文化”和王阳明的“乐是心之本体”中汲取能量。

二、苏东坡的达观

孔子及其弟子的乐感文化，不仅在当时闪耀出精神的光芒，也对后人产生了很大的影响。在这方面，苏东坡的达观堪称绝妙之至。

林语堂的《苏东坡传》中如是说："苏东坡是个秉性难改的乐天派。"尽管一再遭贬，然而无论处境如何艰难，苏东坡总能找到快乐的理由，因为他不但有一双发现美好的眼睛，还有一颗安享美好的心灵。在黄州，他发现的是"惟江上之清风，与山间之明月，耳得之而为声，目遇之而成色，取之无禁，用之不竭，是造物者之无尽藏也"（《前赤壁赋》）；在杭州，他欣赏的是"我本无家更安往，故乡无此好湖山"（《六月二十七日望湖楼醉书五绝》）；在密州，他体验的是"老夫聊发少年狂，左牵黄，右擎苍，锦帽貂裘，千骑卷平冈"（《江城子·密州出猎》）；在赤壁，他感慨的是"大江东去，浪淘尽，千古风流人物"（《念奴娇·赤壁怀古》）；在惠州，他安享的是"日啖荔枝三百颗，不辞长作岭南人"（《食荔枝》）。正如他在《超然台记》中所言："凡物皆有可观。苟有可观，皆有可乐，非必怪奇伟丽者也。铺糟啜醨，皆可以醉；果蔬草木，皆可以饱。推此类也，吾安往而不乐？"在他看来，任何事物都有可赏玩之处。既然有可观之处，就可使人快乐，不必一定是怪异、新奇、雄伟、瑰丽的景观。吃酒糟、喝薄酒，都可以使人醉，水果蔬菜草木，都可以充饥。以此类推，到哪儿会不快乐呢？

不少人读过苏东坡的《临江仙·夜归临皋》："夜饮东坡醒复醉，归来仿佛三更。家童鼻息已雷鸣。敲门都不应，倚杖听江声。长恨此身非我有，何时忘却营营。夜阑风静縠纹平。小舟从此逝，江海寄余生。"其大体意思是，夜里在东坡饮酒，醉而复醒，醒了又饮。回来的时候仿佛已经三更。家里的童仆早已睡熟，鼾声如雷鸣。反复敲门里面全不回应，只好独自倚着藜杖倾听江水奔流的吼声。长恨身在宦途，此身已不是我自己所有。什么时候能忘却为功名利禄而奔竞钻营！趁着这夜深、风静、江波坦平，驾起小船从此消逝，泛游江河湖海寄托余生。

据宋人笔记中传说，苏东坡作了上面的词后，"挂冠服江边，拏舟长啸去矣。郡守徐君猷闻之惊且惧，以为州失罪人，急命驾往谒，则子瞻鼻鼾如雷，犹未兴也”（《石林避暑录话》），正睡大觉哩，根本没去“江海寄余生”。

何其妙哉！他要趁此良辰美景，驾一叶扁舟，任其漂流，将其有限的生命融于无限美好的大自然之中。

苏轼既不能见容于新党，又不能见谅于旧党，“乌台诗案”中差点被砍了头。他大半生被流放，颠沛流离，困顿终老。与其感情深厚的弟弟苏辙评价他“数困于世，然终不以为恨”（《亡兄子瞻端明墓志铭》），这是何等的快乐情味！

苏轼是儒释道三者兼济之人，对孔子的乐感文化，则不但学到了精髓，也用到了妙处。同时，他于人于己，终生无悔，有“内省不疚”（《论语·颜渊第十二》）之怀。可以说，他把孔子的乐感文化推向了极致。

三、陶继新的无忧

在“批林批孔”运动中，我被打成了“现行反革命”，不但挨了批判，还受了皮肉之苦。在忍无可忍的一个雨夜，我从“关押”的地方悄悄逃走，连夜逃至郓城一中我的同学董忠学家里。在他的帮助下，我随后到黄河西的河南省拉起了排车，以躲避被批斗的厄运。

董忠学的父亲是一位教师，临行之前，他送给我几本书，其中就有《论语》《古文观止》《中华活页文选》。

整整三年，我拉着排车，穿行于山东、河南、安徽、江苏四省之间，历经无数磨难。有时歇足于深山旷野之中，夜闻野禽走兽的鸣叫；有时露宿于行路之旁或树荫之下，惊诧于急驰而过的各种车辆的神速。命运给我开了一个不小的玩笑，我也给自己开着玩笑。

没了鸿鹄之志，有的只是为了生存的顽强拼争。奋斗的目标何在？面对苍茫天穹，我摇首叹息。

渐渐地，我在扑朔迷离中窥到了一线希望，我开始谴责自己的颓废，开始规划那个环境下的行进目标。

“天将降大任于是人也，必先苦其心志，劳其筋骨……”我一遍又一遍地吟诵着先哲孟子的名言。

不能爬着续命，必须跃身而起，昂首直面艰难的现实。

我的未来会变好，毋庸置疑！

“保住身体，学习知识，摆脱困境，以待来日！”这，便成了我当时的奋斗目标。

俗话说得好，“留得青山在，不怕没柴烧”。要保住一个健康的体魄，还要胸藏满腹的诗文，才能期待机遇，去迎接幸运女神的光临。

我将自己的生活安排得条理清晰，不仅用汗水换回了一定的经济收入，而且学会了调剂生活，有时还买来猪肉或羊肉，自己剁肉馅，自己包水饺。身体没有因为环境的恶劣而变坏，反而格外健康。

有了身心健康做基础，我便开始为增进自己的文化素养而努力。夜幕降临，破旧不堪的小店里鼾声四起的时候，我却如痴如醉地沉醉于书的世界；与臭汗味浓烈的拉车夫擦肩而过时，我正背诵着意境幽远的古代诗文。

没有伙伴，也没有寂寞，只感到内心的愉悦与精神的充实。

两个春节，我有家不能归。年三十那天，原先车来人往的公路上，已是一片沉寂，而我，正在这沉寂的异乡的公路上，缓缓地拉着1800多斤的煤炭行进着，低声吟诵着古诗文经典。远近的村落里，鞭炮声声，年味十足，辛苦了一年的农民们正团聚在自己家里，庆贺着新年的到来。

夜幕降临时，我才走进一家小店安顿下来。疑惑不解的店老板见我春节不归，独自包起了水饺，便拿出一瓶白酒，一声不响地放到我面前，然后折身走到他的屋里。当我端起水饺时，真想拿起这位好心人赠予的烈酒猛喝几口，以浇灭我对亲人思念的烈焰。但我没有，我不愿接受这无名的恩惠，也担心万一醉倒不起，影响了我雷打不动的读书计划。油灯之下，四壁寂然，我将那瓶白酒悄悄放回老板的柜台上，去诵读仅有的三本图书。

三年时间短暂而又漫长，我摆脱了生活的困境，也摆脱了精神上的困境。艰难困苦磨炼了我的意志，经典之学则丰富了我的文化修养。

坦率地说，当时我主要读的是《古文观止》和《中华活页文选》，《论语》读得相对较少，可是，就是那个时候，孔子那种“乐以忘忧”的情怀，以及其他两本图书中不少作品荡漾着的儒家的乐感精神，已初步走进我的心里。我之所以在那时一直保持相对快乐的心境，现在想来，肯定与孔子的乐感文化有着一定关系。

后来到了曲阜师范学校任教和初到山东教育社工作的时候，我才拿起《论语》认真阅读全文，不过，也只读了四遍。直到49岁那年，我背诵了《论语》之后，才真正与它结下了不解之缘。此后，孔子“乐以忘忧”的精神，便深深地流淌在我的血液里，融入我的灵魂之中。

有了乐感文化的洗礼，再回首那些年的生命磨砺，我的心性更加成熟，心灵更有力量，心态也更加宽容。因为我懂得了每个人都有无数条心路，就看自己如何做出选择，恨就站在爱的对立面。如果我们选择爱与宽容，这种心灵之力、不可见的微观能量就成了最了不起的力量，它能使我们遇到再大的磨难，都可以从容面对，甚至悦纳它。那些批判过我的人，几乎置我于死地的人，我一点儿也没有报复他们，而是宽容他们，甚至感谢他们。是的，如果没有他们给我那么重的打击，就不会有今天我如此坚韧不拔的性格与品质。

人的一生不可能一帆风顺。现实生活中，当遇到某种令自己发愁、生气的事情时，我们要学习孔子的乐观精神，在精神层面培养一种无时无处不在的快乐。有人问，陶老师你天天快乐吗？我回答说不快乐是不可能的。有时在单位或家里也生气，但生气的次数屈指可数，即使生了气，也会很快排解掉。

我将这种变忧苦为快乐的心理妙法称为精神胜利法。当然，这与鲁迅作品中的阿Q的精神胜利法并不一样，没有其自我麻醉和自我欺骗之弊。

那么，我的精神胜利法是什么呢？即给自己一个积极向上的心理暗示，这个心理暗示使自己精神愉悦，天天快乐，身心健康。这是从哪里学的，就是从孔子那里学的，我们应当学习他丰盈的心灵和乐观的情怀。

我非常欣赏《中庸》中的一句话：“君子无入而不自得焉。”意思是说，君子不论处在什么境遇都能保持中庸之道和安然自足的心境。是的，不管是在山东教育社工作期间，还是退休之后数易办公室地点的工作中，我都保持了一种“乐以忘忧”的工作状态。即使被诬陷和打击的时候，我依然是乐哉游哉。之所以如此，一是因为当自己遭遇困境的时候，不管如何痛苦，都不可能有效地解决问题，相反，以一种积极的乐观心态去应对，反而有可能出现好的结果。二是自己问心无愧，从不害人，即使别人对我不好甚至陷害我的时候，依然选择不以其人之道，还治其人之身，因为我觉得，世界如此之大，一个人能与另一个人相识相遇乃至在一个单位工作，绝对是天地机缘，必须珍惜。如此一想，就会善待他人，包括善待对自己不好的人。善在心中的时候，也就少了仇恨与痛苦。三是自己每天都在学习着，前进着，根本没有时间纠缠这些没有任何价值的费心费神之事，所以，当极个别的人攻击乃至陷害我的时候，我虽然心知肚明，可依然心无旁骛且非常快乐地学习着。时间一长，对方看我完全没有“回手之力”，也只能偃旗息鼓了。就是在这段时间里，我读了很多好书，写了不少文章，生命有了不一样的发展，而对方呢，却毫无进步，甚至还像“逆水行舟”一样，不进自退了。一个人的生命是有限的，把有限的时间，投入到发展自身、有益他人的工作中，不是很快乐的事吗？

人类存于宇宙之间，虽然时间短暂，却应当因生而为人感到快乐。有了这种想法，就会在看到任何事物时都能发现其特殊的美感。即使每天的日出日落，也并不认为太阳只是单调地重复既往，而是一个又一个新的景象的呈现，美轮美奂，妙不可言。

也许有人会说，我怎么就感觉不到这种美呢？伟大的艺术家罗丹说：“美是到处都有的。对于我们的眼睛，不是缺少美，而是缺少发现。”如果进一步想一想，对于美的发现，更多的还不是在眼睛上，而是在心灵层面。一个心灵美和内心快乐的人，就会发现更多的美，甚至在一般人看来无美可言的事物，他都可以感受到美的存在。一个真正拥有一定层次修养的人，往往拥有这种审美心灵。而拥有这种审美心灵，反过来又可以促使人更多地发现美。这种良性循环，久而久之，就会使自己一生处于幸福之中。

不过，需要说明的是，我所说的乐，并不是那种吃喝玩乐之乐，更不是做了坏事不以为耻、反以为荣的所谓“乐”，而是在高尚人格和美好心灵支撑之下的乐。这样的乐，不但能让自己心情愉悦，还会将这种正向的能量传递给他人，从而由“独乐乐”（《孟子·梁惠王下》）走向“众乐乐”的精神境界。

第八章　讷言敏行

孔子认为，有道德修养的君子，一定要慎言重行。他说："君子欲讷于言而敏于行。"（《论语·里仁第四》）在孔子看来，君子说话要迟钝，做事要勤勉。朱熹《论语集注》说得好："放言易，故欲讷；力行难，故欲敏。"在《论语》中，孔子还说过类似的话："敏于事而慎于言。"（《论语·学而第一》）两句对读，可以知道孔子在"言行"上的主张是：君子，要尽力使自己做到言语谨慎（甚至谨慎到近于木讷迟钝的地步），但行动上要勤勉——即要慎言重行，知行合一。

一、少说慎言

孔子说："君子耻其言而过其行。"（《论语·宪问第十四》）孔子认为，君子以言过其实为耻，尤其反对多说少做，特别是只说不做。他赞赏古人"言之不出，耻躬之不逮也"（《论语·里仁第四》），古代的人之所以一般不轻易把话说出来，是因为他们以说到做不到为耻辱。《论语集注》说得好："君子之于言也，不得已而后出之，非言之难，而行之难也。人惟其不行也，是以轻言之。言之如其所行，行之如其所言，则出诸其口必不易矣。”

1. 巧言乱德

多说少做，只说不做，当然不好。如果花言巧语，而又毫无诚意，则在人格上出了问题。所以，就有了孔子如此之言：“巧言令色，鲜矣仁。”（《论语·学而第一》）意思是说，花言巧语、态度伪善者，是很少有仁德的。诚如朱熹所说：“好其言，善其色，致饰于外，务以悦人，则人欲肆而本心之德亡矣。”[1]因此，对巧言令色的人，孔子是极其反感的。他甚至说“恶利口之覆邦家者”（《论语·阳货第十七》），《论语集注》有言：“利口之人，以是为非，以非为是，以贤为不肖，以不肖为贤。人君苟悦而信之，则国家之覆也不难矣。”是啊，辩才锐利、巧嘴利舌、是非颠倒的人若被国君信任重用，甚至可能颠覆国家，所以特别容易招人厌恨。

2. 仁者言讱

对于多言的学生，孔子会予以适当的告诫。比如，弟子司马牛问什么是仁，孔子说：“仁者，其言也讱。”（《论语·颜渊第十二》）就是说，有仁德的人，说起话来迟钝缓慢。司马牛很不理解，便问道：“其言也讱，斯谓之仁已乎？”难道说话迟钝缓慢就是仁吗？孔子说：“为之难，言之得无讱乎？”孔子认为，做起来难，说起话来怎能不迟钝缓慢呢？况且，司马牛本身就是一个“多言而躁”（《史记·仲尼弟子列传》）的人，就更需要“其言也讱”了。言易行难，所以他警告人们：“君子不以言举人。”（《论语·卫灵公第十五》）

子贡是孔子弟子中非常有才华的一位，可由于他“喜扬人之美，不能匿人之过”，而且“利口巧辞”，所以，孔子“常黜其辩”（《史记·仲

[1] 《论语集注》此之谓“巧言乱德”（《论语·卫灵公第十五》）。

尼弟子列传》）。有一天子贡议论别人，孔子就批评他：“赐也贤乎哉？夫我则不暇。”（《论语 · 宪问第十四》）意思是说：“子贡啊，你就有那么好吗？我可没有那么多闲工夫去议论别人。”孔子对子贡厚爱有加，可对于他不能“讷于言”的缺点，还是提出了批评。

有人对孔子说：“您的弟子冉雍虽然有仁德，但不善言辞。”孔子说：“焉用佞？御人以口给，屡憎于人。”（《论语 · 公冶长第五》）意思是说，何必能言善辩呢？靠伶牙俐齿和人辩论，常常招致别人的讨厌。冉雍是一个有德行的人，是重行慎言的君子。孔子说：“雍也可使南面。”（《论语 · 雍也第六》）说他是可以执掌国政的人才。在孔子看来，德行是根本，伶牙俐齿、能言善辩的人，大多喜欢在言语上战胜对方，而言多必失，祸从口出，伤害对方的同时也会使自己受到伤害，遭到他人嫌弃。作为为政者，则会失去百姓信任，给国家、社会招致祸害。

孔子本人就是一个说话特别谨慎的人。《论语 · 乡党第十》第一章如此记载：“孔子于乡党，恂恂如也，似不能言者。”意思是说，孔子在家乡时显得非常恭顺谦卑，像是不会说话的样子。

3. 天道无言

孔子还曾说：“予欲无言。”弟子子贡说：“子如不言，则小子何述焉？”孔子说：“天何言哉？四时行焉，百物生焉，天何言哉？”（《论语 · 阳货第十七》）子贡认为，孔子如果不说话，他们这些学生就没有什么可以传述的了。孔子却告诉他：老天何尝说过话呢？四季照样运行，百物照样生长，老天又说了什么话呢？

在孔子看来，世间万法，无言才是最高境界，天虽不言，而其所以行，所以生，是因为有一个看不见摸不着的运行之道。观天道以无言而显，则自己在教人时，也应当寡言甚至不言。孔子此言，实是有感而发。孔子并非不想说话，而是认为空说无益，身体力行，做出示范才是最重要的。有的人往往习惯于说说而已，真正务实做事却很少，所谓语言的巨人，行动的矮子。而作为老师，则一定要言传身教，而圣人立教的最高境界则是无言之教。

4. 言多生祸

《孔子家语·观周第十一》中有这样一段记载——

孔子在周国参观，进入周太祖后稷的庙堂。庙堂右边台阶前立有铜人，嘴巴被封了三层，铜像背后刻着铭文："这是古代说话谨慎的人，以此为戒啊！不要多言，多言多过失；不要多事，多事多忧患。安乐时一定要警戒，不要做任何使自己后悔的事。不要以为话多不会有什么伤害，不然祸患将是长远的；不要以为话多没什么害处，不然祸患将是很大的；不要认为别人听不到，神灵在监视着你。初起的火苗不去扑灭，等到变成熊熊大火怎么办？涓涓细流不去堵塞，终将汇集为江河；长长的线不弄断，将有可能结成罗网；细小的枝条不剪掉，将来就要用斧砍。如能谨慎行事，是福佑的基础。口能造成什么伤害？是招祸之大门。强横的人往往难以善终，争强好胜的人必定会遇到对手。盗贼憎恨物主，民众怨恨长官。君子知道天下的事不可事事争上，所以宁愿居下；知道不可居于众人之先，所以宁愿在后。温和谦恭谨慎修德，会使人仰慕；守住柔弱保持卑下，没人能够超越。人人都奔向别处，我却独自守在这里；人人都在犹疑不定，我独自不移。智慧藏在心里，不向别人炫耀技艺；我虽然尊贵高尚，人们也不会伤害我。有谁能做到这样呢？江海虽然处于下游，却能容纳百川，因为它地势低下。上天行事没有偏爱，却能使人处在它的下面。要以此为戒啊！"

孔子读完铭文，回头对弟子们说："你们要记住这些话！这些话实在而中肯，合情可信。《诗经》中说：'战战兢兢，如临深渊，如履薄冰。'如果立身行事能够这样，怎么会因言语惹祸呢？"

《易经》第六十卦"节"卦"初九"的爻辞是："不出户庭，无咎。"意思是"不出门庭，不会有过失"。孔子在《周易·系辞上》引申说："乱之所生也，则言语以为阶。君不密，则失臣；臣不密，则失身；机事不密则害成。是以君子慎密而不出也。”这段话的意思是：祸乱之所以发生，往往是有人出言不慎导致的。君王言语不慎密，就会失去有才能的臣子；臣子出言不慎密，就会招来杀身之祸；机要的大事不慎密，就会事败。所以君子应言语慎密，不可以随便发言。

孔子所言不虚，在中国历史上，因“君不密”而“失臣”和“臣不密”而“失身”的事情并不少见。

东汉末年，外戚当道，宦官专权，朝纲不振。汉灵帝刘宏深感忧虑，下诏问策。议郎蔡邕上表，揭发外戚霍玉、程大人等人招权纳贿，提醒汉灵帝应“高为堤防”，并进谏说太尉张颢、光禄勋伟璋、长水校尉赵玹、屯骑校尉盖升等人贪污受贿，非但不能重用，还应加以贬斥。同时，他还向汉灵帝推荐廷尉郭禧、光禄大夫桥玄、故太尉刘宠，称这些人“宜为谋主”，每逢大事应咨询他们的意见。在这份密奏中，蔡邕不忘提醒汉灵帝：“夫君臣不密，上有漏言之戒，下有失身之祸，愿寝臣表，无使尽忠之吏受怨奸仇。”

汉灵帝看了这份痛陈时弊的奏章，颇为赞许。但看完之后，汉灵帝没有把奏章收好就去更衣，结果被宦官曹节偷看到了。这样一来可不得了，曹节也属宦党一员，他将奏章内容泄露出去。被蔡邕在奏章中提到的奸臣一个个恨得咬牙切齿，想尽一切办法陷害蔡邕。不久，蔡邕便遭飞来横祸，被诬以“议害大臣，大不敬”的罪名判处死刑，后“减死一等”，被发配“朔方”。奸臣们密谋派刺客在路上刺杀蔡邕，幸好当时的刺客良知未泯，被蔡邕的人格所感动，谁也不肯去刺杀蔡邕，才使蔡邕逃过了这场大难。

以上为“君不密则失臣”的故事，下面讲一个“臣不密则失身”的真实事例。

唐朝自安史之乱后，藩镇割据和宦官专权一直是难以解决的两大难题。唐宪宗和唐敬宗甚至先后被宦官秘密杀害，唐文宗李昂上台后，杀害两任皇帝的凶手仍活跃在皇帝身边。宦官王守澄等人尤其专横跋扈，在皇帝眼皮底下专权纳贿，肆无忌惮。

为铲除这些为非作歹的宦官，唐文宗曾与翰林学士宋申锡秘密商量，宋申锡提出逐个击破，“渐除其逼”的策略，唐文宗觉得宋申锡“沉厚忠谨”，可以托付大事，便提升宋申锡为尚书右丞，不久，又擢升宋申锡为“同中书门下平章事”，即宰相。

宋申锡出任宰相后，提拔吏部侍郎王璠为京兆尹，并把与皇帝密谋诛杀宦官之事告诉了王璠。没想到王璠不够谨慎，把秘密泄露出去，被王守澄等人知道了。王守澄、郑注等人马上想方设法陷害宋申锡，他们叫神策都虞候豆卢著诬告宋申锡密谋造反，企图立漳王李凑为皇帝。王守澄亲自把诬告信交给唐文宗，唐文宗不知是诈，信以为真，十分愤怒，贬漳王李凑为巢县公，宋申锡为开州司马，受牵连者近百人，后来宋申锡死于贬所。

一般人遇到对自己不公的事，往往免不了会有怨言。但在官场上，若出言不慎，怨言说出口后，只会对自己更加不利。

南北朝时北周的军司马贺若敦，认为自己带兵打仗的能力不亚于任何人，眼看与自己同时出道的人都当上大将军了，自己仍任军司马一职，难免憋了一肚子气。在与陈朝军队交战的湘州之役中，贺若敦全军而返，他以为会受赏，但被上头责以“失地无功”，将他除名为民，他忍不住对上面派来的使者口出怨言，结果惹怒了上级，“遂征敦还，逼令自杀”。临死前，他对儿子贺若弼说：“吾必欲平江南，然此心不果，汝当成吾志。且吾以舌死，汝不可不思。”说完用锥“刺弼舌出血，诫以慎口”。只可惜贺若弼并没有吸取父亲的教训。在灭陈的战役中，贺若弼立下了汗马功劳，战争结束后贺若弼与韩擒虎在隋文帝面前争功，隋文帝对两人都予以重赏。后来，杨素、高颎等人出任宰相，贺若弼仍留任领军大将军，他觉得不公平，“形于言色，由是免官，弼怨望愈甚”，终于惹来牢狱之灾。虽然隋文帝免了他的罪，不久后又恢复了他的爵位，但从此以后再也不任用他了。

纵观古今，因为不慎于言而引来是非甚至祸患者的确数不胜数。不止于官场，即使一般职场中的普通人，有的时候也会因为言之不慎而引火烧身。

其实，在初读《论语》的时候，我还没有完全明白“讷于言”的重要性，也曾因为一时心直口快，说出毫无心机之言，让“有心之人”听到，根据其揣测加以“夸大”与“变形”，让本来对我没有任何成见，甚至是我的朋友的人，对我有了看法，我也因此遭到了报复，乃至受到了诬陷。

后来想想，这其实是自己“罪有应得”，怨不得任何人，只怨自己没能“讷于言”。随着对《论语》学习的一步步深入，加之不断反省，这种让我因不慎言而悔之莫及的情况越来越少了，尽管还会偶有失误，但一想起孔子的话，就会及时警醒，知错而改。

5. 言必有中

既然孔子要我们“讷于言而敏于行”，是不是应该说的话也不说了呢？并不是这样的！孔子还有一句话：“可与言而不与之言，失人；不可与言而与之言，失言。知者不失人，亦不失言。”（《论语·卫灵公第十五》）意思是说，应当和他说的，却不和他说，你就会失去信任，失去朋友；不应当说的却说了，就会把事情弄得很糟糕。所以不要失言，给别人和自己带来不便；也不要失人，使朋友离开你。要谨慎地对待自己所说的每一句话。智慧的人，既不失言，也不失人。由此可见，孔子所说的“讷于言”，并不是让大家不说话，而是对“言”的要求更高，是警醒大家要“慎言”，表达要到位、准确、有分寸，对什么样的人讲什么样的话。“话不投机半句多”，交浅不言深；“酒逢知己千杯少”，可与言者则可抵足而眠，尽兴畅谈。话语出口，便覆水难收。一个人的语言往往反映了其思想，是其文化修养和审美情趣最外在、最直观的表现，体现了一个人的综合素质。因此，要努力做到“夫人不言，言必有中”（《论语·先进第十一》）。我在这方面也犯过错误，既失过朋友，也失过言，所以，还需要不断修炼。

二、多做敏行

我们不仅要好好向孔子学习“讷于言”，还要学习他的“敏于行”，而他终生都在践行“敏于行”的勤勉之道。

1. 孔子力行成仁

据说，孔子做中都宰时已经51岁了。他带着学生到了辖地，下车伊始，不是夸夸其谈，而是在“行”上下功夫。他首先了解民情，发现这个地方的社会风气很不好。于是，他除了兴修水利、发展农业，还组织他的学生们制定出一套改良风气革除恶习的制度，并安排他们诏告四乡：每一个村必须办学校，每一个村的青年子弟必须入学。一年之后，中都发生了翻天覆地的变化，社会风气焕然一新。于是，有人把这件事告诉了鲁定公，说孔子将中都治理得非常好，老百姓交口称赞，他的名声已经在外，如果再不提拔孔子的话，他就会被别的国家聘走。于是，鲁定公旋即把他任命为司空，后来又提升为大司寇。

孔子的一生，是文化不断升值的过程；孔子其人，更是一个永远在“行”的人。无论在鲁国为官或办学，还是周游列国，他一直在实践中行走。他的哲学，也不是纯思辨类的，更多的是实践哲学，因为在他看来，“力行近乎仁”（《中庸》）。没有实实在在的“行”，所有的说辞都毫无意义。

孔子一生之“行”，堪称光辉灿烂。由于本书其他章节还将多次写到孔子之“行”，于此不再赘述。

2. 我之“行”的收获

对于“行”的重要性，我是深有体会的，更是“行”的受益者。在山东教育社工作了25年，除了在社里工作与读书，绝大多数时间，我多是在各地听课、采访，还主动策划举办了一系列的活动。仅在《当代小学生》

担任主编期间，我就组织了十几个很有影响的大型活动。其中之一，就是很有意义的“全国十佳少年齐鲁行”。

举办这项活动的想法，萌发于我在《当代小学生》担任主编期间报道第四届全国十佳少年时的感动。这些小小年龄的孩子，以其高尚的品格，影响了全国千千万万的少年儿童，也感召着我的心灵。于是我想，将他们的精神与思想，更快且直接地传播到更多学生甚至家长、教师那里，让社会上的每一个人都能被这种美好精神熏陶感染，当是我的义务和责任。于是，就有了 1996 年正月初五至十五期间的“全国十佳少年齐鲁行”活动的举办。

搞这么大的一个活动，需要必要的资金支持。这些十佳少年及其家人住在天南地北，仅往返路费就是一笔不小的开支。谁出这笔钱呢？这是我必须解决的问题。单位有钱吗？有，但单位出钱并不容易。同时，这样的活动还需要媒体的支持，媒体能出钱吗？也不容易。看来，要想举办这样的活动，就只能另想办法了。同时，为使这次活动取得更好的社会效应，我认为需要教育媒体和大众媒体合力而为，如果能以山东教育社、齐鲁晚报和山东教育电视台的名义联合举办，效果一定会更好。我思考再三，有了主意。我撒了一个美丽的谎言——我对山东教育社领导说，这次活动将由齐鲁晚报出钱；对齐鲁晚报领导说，由山东教育社出钱。如此好事，分文不花，新闻单位何乐而不为呢？于是，三个单位领导就“全国十佳少年齐鲁行”的动议“一拍即合”。正月初五，“全国十佳少年齐鲁行”的活动拉开了帷幕。孙岩与他父母及其妹妹，孟娜和她妈妈，车亮和他表哥等人，以及山东教育社、齐鲁晚报和山东教育电视台记者参加了这次活动。活动很成功，在社会上引起了极大反响，十佳少年的感人事迹和美好精神得到了弘扬。不过，十佳少年及家长的飞机票、火车票等费用，当然只能由我悄悄承担了。由于大家都认为这次活动是单位出资，是公益性的，也就释然而行了。

后来，有人夸赞我说，陶老师做了一件功德无量的大好事。其实，看看黄思路这些十来岁的孩子，我所做的这一点事情又何足挂齿呢？

何况我还从中受益很多——我因做了这件事，不但与黄思路、孙岩等成了忘年交，与他们的妈妈王晶、沙彦华等也结下了深厚的友谊，而且通过采访，还对他们分别做了长篇报道，从而让更多人“学而时习之”。我也因此而有了一种心灵的愉悦。做了善事，内心会特别安宁，有益于身体健康，也助人长寿。有人说，这跟长寿有什么关系呢？有关系！因为做了善事之后，就会激发积极情绪，从而构建起自身内在的和谐，这不正有益于健康吗？这也许就是人们常说的善有善报吧，孔子不是也说过“仁者寿”（《论语·雍也第六》）吗？

那么，为恶会怎样呢？当然，也会如人们常说的那样恶有恶报。有人会说这是不是迷信？我说不是。因为凡是经常做坏事、不断为恶的人，在理智上他也许是毫不在乎的，甚至有的杀了人的人，也会找出种种理由为自己开脱罪责，以减轻自己的不安。但一旦有了几次杀人经历之后，他们连最初的不安也没有了，于是，对生命没了怜悯，心灵已经麻木不仁了。但是，潜意识的力量是巨大的，而且是不容抗拒的。在浅层意识层面，他们可以麻木不仁，但在深层次意识中，是没有办法做到不恐惧的。这种深层次的恐惧，会使人变得性格古怪、反复无常，会变得多疑而自卑，会带来奇怪的疾病……最后很可能死于暴病或者意外。表面上看这是所谓的报应，其实是潜意识的作用。也有人遭到仇家的报复而丧命。所以，凡是为恶之人，即使侥幸逃过了法律的制裁，也是不可能善终的，因为他们的心，已经无可救药。

后来从《当代小学生》主编升为山东教育社领导后，我依然没有停止行走的脚步，而是继续践行“行”的意义。我又在《现代教育导报》开设了一个“视点”栏目，一个月写一期长篇报道，一期1万字左右。我采访的人物可能是全国乃至世界级名人，也可能是名不见经传的普通老师，但我认为他们都是我心目中的“大家”。采访的时候，我从来不带助手，不让别人代笔，所有文章全是自己到各地采访，然后一字一句，亲笔写成。

2008年退休之后，我“行”的范围更大，“行”得也更有收获。每年差不多有一半时间在全国各地采访，然后回到济南，在我的工作室里用电脑敲打成文字，发表在全国各地的报刊上。仅《中国教育报》，就发表了我采写的关于校长与学校、局长与区域教育以及教师等三百多个整版的文章，而且曾为我开设过《陶继新对话名校长》和《陶继新对话教育局长》专栏，从2019年4月开始，又为我开设了《陶继新论道名校》专栏。《新教师》杂志则为我开设了《陶继新论道名师》专栏，为此，我先后采访过邱学华、于永正、贾志敏、王崧舟、孙双金、薛法根、华应龙、管建刚、丁惠臻、陈千举、贲友林、林志超、田冰冰、林幸谊、钱碧玉等名师、名班主任，并为每人撰写了一篇长篇通讯报道，陆续在《新教师》杂志上发表。目前，这项工作依然在进行着，我将继续采写和报道其他名校长和名师。自然，在这个过程中，他们丰富的阅历、高尚的人格与高超的教育教学艺术等，也极大地丰富了我的内心。今年，《教育名家》又为我开设了《陶继新论教》专栏，所写朱永新教授、信金焕老师和某些学校的长篇访谈或报道都已经发表。《人民教育》《基础教育课程》《中国教师》《教师博览》《教育时报》《学校品牌管理》《现代教育》等几十家报刊上也发表了我的不少作品。

正是因为这三十多年如一日在近三十个省份之“行”，才有了我的烙印着陶氏风格的五十多本著作，也才有了我的幸福的生命状态。

有时也想，设若在山东教育社担任领导期间，我天天忙于应酬，常常与人说些空话，那将是多么可怕的事情，会酿成多么可叹的下场。君不见，有多少当时声名显赫的人，退休之后拥有的只是“无可奈何花落去”的悲凉；有多少曾经不可一世、唯我独尊、口若悬河的人，一旦失势唯有“举杯消愁愁更愁”，甚至还得了严重的疾病。

也曾有人问我，你长年累月地“行”在全国各地，难道不苦不累吗？

我总会反问，你看我累吗？

对方摇摇头：“看你精神着呢！”

我想，之所以精神的重要原因之一就是少说，不得不说的时候再说，不把生命的能量耗费在无意义的口舌上，而是一如既往地“行”下去，如此就会精神焕发，硕果累累，终生幸福。

3. 身教胜于言教

孔子的“讷于言而敏于行”，直到今天，仍然具有重要的现实意义。百年树人，教育为本。德育工作始终被摆在素质教育的首要位置，体现在教育教学的各个环节，但在有的地方出现了一种“5+2=0”的怪现象：老师 5 天来苦口婆心、谆谆教导的成果，在家长 2 天的放纵宠溺面前土崩瓦解。学生在校接受教育 5 天不如在家被影响 2 天。出现这种问题，究其原因，与学校教育“言”过于“行”有关。学校在对学生进行思想道德教育时，往往说教多，没有很好地在“行”上下功夫。道德行为准则，在理论上，学生接受了，但是在实践方面，还没能内化成学生的自觉行为。这样，学生回到家里或走向社会，学校的道德教育成效就会被很多不良的行为抵消。没有一个优质的“行”场，“言”也就失去了其应有的根基。在家里，部分父母不文明的“言传身教”，潜移默化地影响着孩子；社会上、网络上，种种不文明的言论、行为，也在随时随地、点点滴滴地蚕食着学生的心灵。当下学校、家庭和社会教育，虽然也关注了身教，强调要“知行合一”，但在行动的内化机制和功力上尚有欠缺。学校教育如果强调孔子的“讷于言而敏于行”，多营造能够让学生“行”的生活场景，在实践中强化学生的良好行为，当是解决这一问题的有效方式。

第九章　诗以化人

孔子在教学中不但要求学生习练六艺（礼、乐、射、御、书、数），还专门教授学生文本性课程六经，即《诗》《书》《礼》《易》《乐》《春秋》六部经典，也就是《诗经》《尚书》《礼经》《易经》《乐经》《春秋》，也被人们称之为新六艺。六艺之学，是春秋战国时期君子的必修课程。

西汉大儒董仲舒说："君子知在位者之不能以恶服人也，是故简六艺以赡养之。《诗》《书》序其志，《礼》《乐》纯其美，《易》《春秋》明其知，六学皆大，而各有所长。"（《春秋繁露 · 玉杯》）

对于教授六经的重要性，《礼记 · 经解》也作过非常简要而又十分贴切的概括："其为人也：温柔敦厚，《诗》教也；疏通知远，《书》教也；广博易良，《乐》教也；洁静精微，《易》教也；恭俭庄敬，《礼》教也；属辞比事，《春秋》教也。"意思是说，人们如果温柔敦厚，那就是《诗》教的结果；如果通古今之变，那就是《书》教的结果；如果胸怀广阔坦荡，那就是《乐》教的结果；如果沉静知微，那就是《易》教的结果；如果端庄恭敬，那就是《礼》教的结果；如果善于文章辞令，那就是《春秋》之教的结果。

“礼”“乐”二字在《论语》中出现的频率很高，可是，作为典籍的《礼》《乐》一次也没有以其书名和引文的方式出现。《春秋》一经不但内容和引文，就连书名都没出现在《论语》之中。《易》只有书名出现一次。《书》的书名出现一次，引文出现两次。

同为六经的《诗》则不然，不但出现了十多次，而且意味悠远。《孔子家语·弟子行》中就有记载：“吾闻孔子之施教也，先之以《诗》《书》，而道之以孝悌，说之以仁义，观之以礼乐，然后成之以文德。”由此可见，孔子不但重视《诗》教，《论语》的编纂者也是对《诗经》情有独钟的。

更有意思的是，除了失传的《乐经》之外，研读《尚书》《礼经》《易经》《春秋》者，多是专门的研究人员。可《诗经》不同，其中有些篇目不但被编入大、中、小学教材，而且不少诗句还在广大民众中流传，其爱好者、学习者绝对是一个不小的群体。

尽管如此，《诗经》中的有些内容，由于时代久远，至今文意已不浅显，其中某些诗句出现于《论语》之中又别有深义，这就自然增加了读者理解的难度。正因如此，笔者才结合《论语》中出现的《诗经》进行解析，希望能给读者一定的启示。

一、选《诗》原则

孔子之时，《诗经》中的内容已经流传于世，而且不止于 305 篇。

司马迁在《史纪·孔子世家》中这样说——

古者《诗》三千余篇，及至孔子，去其重，取可施于礼义，上采契、后稷，中述殷、周之盛，至幽、厉之缺，始于衽席，故曰：“《关雎》之乱以为《风》始，《鹿鸣》为《小雅》始，《文王》为《大雅》始，《清庙》为《颂》始。”三百五篇孔子皆弦歌之，以求合《韶》《武》《雅》《颂》之音。礼乐自此可得而述，以备王道，成六艺。

为了便于读者更好地理解，翻译如下——

古代留传下来的《诗》有三千多篇，到孔子时，他把重复的删掉了，选取其中合于义的用于礼义教化，最早的是追述殷始祖契、周始祖后稷，其次是叙述殷、周两代的兴盛，直到周幽王、周厉王的政治缺失，而开头的则是叙述男女夫妇关系和感情的诗篇，所以说：“《关雎》这一乐章作为《国风》的第一篇，《鹿鸣》作为《小雅》的第一篇，《文王》作为《大雅》的第一篇，《清庙》作为《颂》的第一篇。”三百零五篇诗孔子都能演奏歌唱，以求合于《韶》《武》《雅》《颂》这些乐曲的音调。先王的乐制度从此才恢复旧观而得以称述，王道完备了，孔子也完成了被称为“六艺”的《诗》《书》《礼》《易》《乐》《春秋》的编修。

对于孔子删《诗》，学界向来有争议。有的说，此前根本就没有三千篇之多，有的则说不止于三千篇。不过，对于此前已有之诗，孔子进行了编选和修订工作，当是没有多少问题的。

孔子精通音律，也推崇先王时期的德化之治与西周时期的礼乐制度，所以他编撰整理《诗经》时，不仅正乐，而且也正文字。关于正乐，下面还会谈到，这与对人们良好的教化有关。而文字更要正，不能让那些思想内容不好的文本流传于世。孔子的功绩，则在于将文质之妙和音乐之美合而为一，才有了今天我们所看到的《诗经》之美：“成汤圣敬，‘猗欤’作颂。逮姬文之德盛，《周南》勤而不怨；大王之化淳，《邠风》乐而不淫；幽厉昏而《板》《荡》怒，平王微而《黍离》哀。”（《文心雕龙·时序》）。

正因如此，孔子在删选《诗》的时候，就定了一个原则，即孔子所说的“《诗》三百，一言以蔽之，曰：‘思无邪。’”（《论语·为政第二》）意思是说，《诗经》三百篇，可以用一句话来概括它，就是“思想纯正”。

所谓的“思无邪”即“思虑纯正，无有邪曲”[1]。程子说：“‘思无邪’

[1] 公木、赵雨：《诗经全解》，长春出版社 2006 年版，第 439 页。

者，诚也。”（《论语集注》引程子言）此言堪称精妙。《大学》是修身之学，而“诚”则是修身的第一步。选诗也是这样，不虚假和思想纯正才能让读者信其言，并在潜移默化中起到教化的效果。

对于“思无邪”，朱熹这样解说：“凡《诗》之言，善者可以感发人之善心，恶者可以惩创人之逸志，其用归于使人得其情性之正而已。”（《论语集注》）《尚书·舜典》中所说的“《诗》言志”，与程子、朱熹之说有异曲同工、殊途同归之妙。孔子编选《诗经》，就是“言志”，就是要教化弟子以及世人，以便使天下恢复周朝的精神文化气象。

正是因为这样一个编选原则，“《诗》三百”不但言辞有“道法自然”（《道德经》）之美，内容也具备了诚意正心、修身以教的意义。即使所配音乐，也不只是具有“尽美矣”（《论语·八佾第三》）的艺术效果，还有“尽善也”（《论语·八佾第三》）的教化功能。

正是因为“思无邪”的编选原则和孔子的品格和水平之高，才有了传之于后世的文质兼美、形神俱佳的《诗经》。

二、修身以教

既然“《诗》言志”，《诗》教可以使人变得“温柔敦厚”，那么，孔子在教授弟子们学习《诗经》的时候，自然就要特别关注它的修身意义与价值，孔子的弟子及其再传弟子也定会将这方面的内容编入《论语》之中。

《论语·阳货第十七》有这样一章——

子谓伯鱼曰：“女为《周南》《召南》矣乎？人而不为《周南》《召南》，其犹正墙面而立也与！”

这一章的大体意思如下——

孔子对伯鱼说：“你学习《周南》《召南》了吗？一个人如果不学习

《周南》《召南》，那就像面对墙壁而站着吧！”

康有为说：“《周南》《召南》，诗首篇名，所言皆男女之事最多。盖人道相处，道至切近莫如男女也。修身齐家，起化夫妇，终化天下。”（《论语注》）

是的，《中庸》上也说：“君子之道，造端乎夫妇。”

修身齐家，才能治国平天下。所以，孔子告诫他的儿子伯鱼，一定要好好学习《周南》《召南》，不然，就像站在一堵墙面前，不仅看不到前方的任何风景，前行一步也不可能。

在孔子看来，《诗经》的意义何其重要啊！

在《论语·先进第十一》中还有这样一章：“南容三复白圭，孔子以其兄之子妻之。”意思是说，南容反复诵读“白圭之玷，尚可磨也；斯言之玷，不可为也”的诗句，孔子于是把侄女嫁给了他。

这一诗句出自《诗经·大雅·抑》，意思是说，白玉上的污点可以磨掉，我们言论中有毛病，就无法挽回了。

南容之所以反复吟唱诵读这样的诗句，因为他要做一个像《诗经》中所说的“慎于言”（《论语·学而第一》）的君子。因为“慎于言”，就会少惹是非，也不至于招致祸患。在《论语·公冶长第五》中就有这样一章：“子谓南容，‘邦有道，不废；邦无道，免于刑戮。’以其兄之子妻之。”大体意思是，孔子评论南容说：“国家有道时，他有官做；国家无道时，他也可以免去刑戮。”于是把自己的侄女嫁给了他。可以看出，孔子对侄女关怀备至，为其挑选的女婿，不但要有高尚的人品，还要无灾无祸、平平安安，让侄女一生幸福。

三、经世之用

学习《诗经》，不但可以修身养性，还有经世之用。当然，这里所说的“用”，与那种纯粹的实用主义之用有着本质区别，而是自然而然之用，不带功利色彩之用，而且用的时候摇曳出某种诗意与品格。

1. 学《诗》以言

在《论语·季氏第十六》中就有这样一章，记载了孔子问儿子伯鱼学习《诗经》了吗？当伯鱼回答没有学时，孔子告诫他说："不学《诗》，无以言。"

也许有人认为孔子所说太过严重，不学《诗经》，难道就无法说话了吗？

为此，让我们先看看《论语·述而第七》中的一章："子所雅言，《诗》《书》执礼，皆雅言也。"意思是说，孔子日常说话，用的是地方语言，用标准语的话，则是在诵《诗》、读《书》和执行礼事时。

钱穆说："孔子鲁人，日常操鲁语。惟于此三者必雅言。"[1]

周王朝的京畿之地在现在的陕西地区，以陕西语音为标准音的周王朝的官话，在当时被称作"雅言"。孔子平时说话时用鲁国的方言，但在诵读《诗》《书》和赞礼时，则以当时的陕西语音为准。"言语有地方之殊，有时代之异，《诗》《书》等五经皆先王典法，读音解义不能随时随地变迁，故读《诗》《书》，宣礼仪，皆以雅言，不用土音，务须正言其本音，音正然后义全。"[2]

这让我想起了自己的经历：在农村生活时，所说全是方言，如果说普通话，还会遭到周围人的嘲笑；再说，也真的说不好。可后来到曲阜师范学校当了文选和写作课的老师后，就不能再说方言了，不然，就会被学生笑话。同时，根据上级教育主管部门和学校的要求，也必须说普通话。于是，我下了很大的决心和功夫，学习和使用普通话。

再后来，我到全国各地讲学的时候，就更要说普通话了，不然，有些地方的听众就不知所云了。即使平时与对方交流，若都是一口方言，双方

[1] 钱穆：《论语新解》，九州出版社 2011 年版，第 168 页。

[2] 李炳南：《论语讲要》，长江文艺出版社 2019 年版，第 120 页。

都会如听天书一样不知其意。

由此我想到，孔子的学生来自不同诸侯国，他在教学《诗经》等经典的时候，如果不说“雅言”，恐怕有些学生也很难听懂。即使听得懂，孔子也会认为这些高雅的经典，是不能用方言来念诵的。

正是在学习《诗经》等经典的过程中，孔子的儿子听得多了，又用“雅言”诵读得多了，也就学会了“雅言”。这样，不但可以用“雅言”诵《诗经》等经典，在重要场合与人交流也可以用“雅言”了。

孔子希望儿子学好《诗经》等经典，也希望他能步入社会有所成就。而如果孔鲤不认真学《诗》，其目的就很难达到。

不仅如此，孔子的目标是培养儿子和弟子们成为君子，而君子不能随意而言，言必有君子之风。“《诗》之为教，温柔敦厚，学之则心气和平，而事理通达，必然长于言语。若不学《诗》，则无以养其心气，而达于事理，欲言语应对之皆善岂可得乎？”[1]通过学《诗》，才能具有更好的道德修为、宁静的心灵、优雅的语言，以至“言念君子，温其如玉”（《诗经·秦风·小戎》）的风度，不然，说出话来有失大雅，甚至会让孔子难堪的。

正因如此，孔子才说“不学《诗》，无以言”。

2. 外交引《诗》

平时的学习与生活，需要学《诗》以言，而在外交等重要场合，如果学习了《诗经》，也是大有用处的。

《论语·子路第十三》就有这样一章：“子曰：‘诵《诗》三百，授之以政，不达；使于四方，不能专对；虽多，亦奚以为？’”意思是说，把《诗》三百篇背得很熟，让他处理政务，却不会办事；让他当外交使节，不能独立交涉；背得很多，又有什么用呢？

---

[1]〔明〕张居正讲评：《论语别裁》，陕西师范大学出版社2007年版，第265页。

李鎏说：“春秋时代，各国之间的使节来往非常讲究礼仪，语言表达尤其委婉有致。有时候，很多话不明说，而用赋诗来表示。好的外交官可以在《诗经》中引出最适合自己所要的句子，成功地完成上级所交付的任务。”[1]

《左传·襄公八年》就记载了这样一个故事——

晋范宣子来聘，且拜公之辱，告将用师于郑。公享之，宣子赋《摽有梅》。季武子曰：“谁敢哉！今譬于草木，寡君在君，君之臭味也。欢以承命，何时之有？”武子赋《角弓》。宾将出，武子赋《彤弓》。宣子曰：“城濮之役，我先君文公献功于衡雍，受彤弓于襄王，以为子孙藏。匄也，先君守官之嗣也，敢不承命？”君子以为知礼。

为了便于理解，译文如下——

晋国范宣子来鲁国聘问，答谢鲁襄公春季朝晋，同时告之将出兵郑国。襄公设享礼以待，范宣子赋《摽有梅》这首诗（暗示鲁国及时出兵）。季武子说：“谁敢不及时啊！现在用草木来比喻，鲁君对于晋君而言，晋君就像花果，鲁君是其散发的芬芳。（鲁国）会高高兴兴地接受命令，怎么会有时间上的推迟呢？”季武子赋《角弓》这首诗。客人将要离开，季武子赋《彤弓》这首诗。范宣子说：“城濮这一战，我们的先君文公在衡雍立下战功，在襄王那里受赏红色的弓，作为子孙的宝藏。匄是先君官员的后代，岂敢不接受您的命令？”君子认为范宣子懂得礼仪。

季武子通过赋《角弓》这首诗，让范宣子立即知道鲁国要表达的是希望鲁、晋两国像兄弟一样关系融洽、友好相处与往来。范宣子和季武子都能“闻弦歌而知雅意”（罗贯中《三国演义》），如此巧妙之“专对”，让《诗经》在关键时候发挥了多么重要的作用啊！

[1]　李鎏：《论语高级读解》，海峡文艺出版社 2009 年版，第 386 页。

相反，鲁襄公二十七年，齐国的庆封出使到鲁国，鲁国的叔孙豹赋了《相鼠》，庆封居然不知道叔孙豹是在讽刺他，成为外交史上的一个笑话，为人所不齿。

李泽厚说得好："《诗经》当时远非供审美的文艺作品，它有非常重要的实际用途。《诗》常被用来作为外交辞令，以展示所依据的权威和规范。"[1]

3.《诗》传友情

其实，《诗经》不只是用于外交辞令，在孔子的教学中，在日常交往中，也常常用到，而且多能起到良好的效果。即使是今天，如果用之恰当，也能收到意想不到的效果。

2020年年初，日本友人驰援武汉的应急物资上印着出自《诗经·秦风·无衣》中的诗句"岂曰无衣，与子同裳"，不但在社交媒体上火了一把，也让我国人民感动不已。这样的诗句，放在彼时彼地，真是别有一番意蕴与情怀。

如果说到了今天，"不学《诗》，无以言"未必成理，但可以肯定地说，学了"《诗》"，"言"起来会更美。朋友之间如果一方有困难，可以告诉他"惠而好我，携手同行"（《诗经·邶风·北风》）；受人恩惠，正思图报时，如果巧妙地用上"投我以木桃，报之以琼瑶"（《诗经·卫风·木瓜》）的诗句，不但可以更好地起到表情达意的效果，还有了诗意之美。

四、由《诗》悟道

《诗经》不仅具有现实的实用价值，而且在教学上可以产生奇特的效

[1] 李泽厚：《论语今读》，中华书局2015年版，第225页。

果。因为《诗经》的诗句中，往往蕴含着一般语言不具备的深刻内涵，在特定的教学场景中，如果灵感突然降临，让原本沉淀在大脑中的诗句沛然而出，与教学内容天然合一，就会生发出独特的意象，让教学飞扬起妙不可言的景观。

孔子平时教学以及和弟子交谈的时候，自然会有不少关于《诗经》的内容。可是，孔子不是就文字讲文字，也不是就内容谈内容，而是不动声色地让学生由《诗》悟道，从而将学生的学习升华到一个更高的境界。

1. 子夏仁先礼后之悟

在《论语·八佾第三》中有这样一章——

> 子夏问曰："'巧笑倩兮，美目盼兮，素以为绚兮。'何谓也？"
>
> 子曰："绘事后素。"
>
> 曰："礼后乎？"
>
> 子曰："起予者商也，始可与言《诗》已矣。"

这一章的大体意思如下——

子夏问道："'美的笑容，酒窝微动；美的眼睛，黑白传神；素装打扮却如此绚丽。'这是什么意思？"

孔子说："正像绘画一样，先有白底子，而后才绘画。"

子夏说："那么礼在仁后吗？"

孔子说："启发我的是你呀，现在可以与你讲《诗》了。"

"巧笑倩兮，美目盼兮"出自《诗经·卫风·硕人》，是写卫庄公夫人庄姜之贤美。"素以为绚兮"不知出处，有人认为是逸诗，可三句连用，当与《诗经》有关系。

子夏此问，说明他不但诵读过这首诗，而且进行了思考，进而产生了疑问。这也表明，孔子平时教学，不但要求弟子认真诵读《诗经》，而且还要求他们善于发现问题，真正做到“知之为知之，不知为不知”（《论语·为政第二》）。不知的时候，当然最好由自己反复深入研究而知，可是，自己研究不出来的时候，就要向孔子请教。

孔子心中自然明白诗中的要义。庄姜虽然只是素装打扮，并未浓妆艳抹，可竟然如此绚丽动人，是因为她质美也，正是有了这种美质，稍事装扮，就会美丽无比。比如一个年轻貌美的村姑，虽然衣着朴素，却可能有着许多都市美女没有的“天然去雕饰”（李白《经乱离后天恩流夜郎忆旧游书怀赠江夏韦太守良宰》）之美。有的贵妇人，虽然身着华丽的服装，脸上也涂抹了高级化妆品，可让人看起来一点儿也不美。原因何在？关键是要先有美质，而后才能有美姿。

可孔子并没有将这种内在意蕴直接告诉子夏，而是用“绘事后素”寥寥四字作比喻，让子夏自己领悟其中的要义。

古时绘画，多用白色的丝织品（“素”），如后来画家所用的白纸。绘画时，要先放上一块白色的丝织物（“素”），然后在上面着墨作画（“绘事”）。朱熹这样说：“后素，后于素也。”（《论语集注》）这说明，庄姜之美，正如“绘事后素”一样，是先有其本质之美，才有其“素以为绚兮”之妙的。

子夏从孔子的喻义中领悟到一个重要的道理，于是，就有了“礼后乎”这一看似疑问、实则正确的回答。

子夏由此说明了“礼”之所以好，是因为“仁”在先，否则，“礼”也少了意义。

李泽厚如是解说：“‘礼’如是花朵，也需先有白绢（心理情感）作底子才能画出。总之，内心情感（仁）是外在体制（礼）的基础……‘仁内礼外’从而‘仁先礼后’，似成定论。”[1]

孔子重“礼”，可他的思想的主要范畴是“仁”而非“礼”，所以，

---

[1] 李泽厚：《论语今读》，中华书局2015年版，第61页。

才有了孔子如是之说："人而不仁，如礼何？"（《论语·八佾第三》）

子夏由《诗》引入，孔子通过隐喻来启发子夏，子夏由此悟出了仁先礼后之意。

看来，这一章也是从文与质的角度来讨论礼与仁的关系，而用绘画作比喻，则显得更为形象生动。

这对于今天的教学有着重要的启示。当学生提出某个问题的时候，老师一般不要直接将答案告诉学生，而应通过启发诱导，让他们进一步思考，自己找寻答案。而在这个过程中，老师也可以从学生的提问和感悟中，受到某些启示，以达到"教学相长"（《学记》）的效果，让教学之境进一步升华。

2. 子贡切磋琢磨之悟

与喜好文学的子夏一样，聪明过人的子贡也有心有灵犀一点通的悟道之妙。

在《论语·学而第一》中，就记载了子贡由《诗》悟道的内容——

子贡曰："贫而无谄，富而无骄，何如？"子曰："可也。未若贫而乐，富而好礼者也。"

子贡曰："《诗》云：'如切如磋，如琢如磨。'其斯之谓与？"子曰："赐也，始可与言《诗》已矣，告诸往而知来者。"

这一章的大体意思如下——

子贡说："贫穷而不逢迎谄媚，富裕而不骄矜傲慢，怎么样？"孔子说："可以。但不如虽贫穷却快乐，虽富裕却谦虚好礼。"

子贡说："《诗经》说：'切割，锉刻，雕削，磨光'，是不是这个意思呢？"孔子说："子贡呀，现在可以和你讨论《诗经》了。告诉你过去的事，你能因此知道未来的事。"

在这里，不仅有类比推理及联想思维，更有孔子的期望和子贡的感悟。

对此，张居正作了如下解说："孔子既教子贡以贫而无谄者之不如贫而乐，富而无骄者之不如好礼。子贡闻言而悟，遂引《诗》以证之……盖贫而无谄，我固自以为至矣，岂知无谄之外，更有所谓乐乎。富而无骄，我亦自以为足矣，岂知无骄之外，更有所谓好礼乎！可见道理本无终穷，学问不可自足，必如治骨角玉石者，求到至精至密之地而后可，《诗》言圣教何以异乎！子贡因论学而知《诗》如此，真可谓善悟者矣。"[1]

子贡聪明之至，听孔子之言，便知弦外之音，又结合自己，谈起了"如切如磋，如琢如磨"的诗言。因为这些，恰恰是他能够抵达更高层次所必须具备的品质。

孔子随后对他的表扬和鼓励，也是希望他这个聪明绝顶的学生，能够"如切如磋，如琢如磨"地研学与实践下去。诚如是，子贡的前途不可限量也。

此后子贡是不是如此去做了，《论语》中没有记载。不过，这位对孔子佩服得五体投地的学生，一定会将师言终生铭记在心，并持之以恒地践行下去。子贡后来成就斐然，虽不能说与孔子的这一表扬鼓励有多么直接的关系，但肯定也产生了一定的作用。

五、正乐之义

先秦时期的乐，与今天的音乐并不完全一样，它有着重要的教化作用，有的时候，它与礼、《诗》共同存在，以达到通过审美之乐进行教化的目的。

当时的《诗经》，不只是以文字的形态让人们诵读的，还是配乐吟唱的，所以，它还是中国历史上第一部诗歌乐集。

[1]〔明〕张居正讲评：《论语别裁》，陕西师范大学出版社2007年版，第11页。

1. 必须正乐

乐有优劣好坏之别，优雅之乐不但给人美感，还可以产生良好的教化启迪作用；低劣之乐不但给人以萎靡不振之感，还会将不良的思想悄悄渗透到听者的心里。所以，不管是贤君还是仁者，都希望“乐正”（《论语·子罕第九》）以教化百姓。

遗憾的是，“鲁哀公时，礼坏乐崩，乐人皆去”（何晏《论语集解》引孔安国注）。

对此，《论语·微子第十八》中有这样的记载：“大师挚适齐，亚饭干适楚，三饭缭适蔡，四饭缺适秦，鼓方叔入于河，播鼗武入于汉，少师阳、击磬襄入于海。”意思是说，太师挚到齐国去了，亚饭干到楚国去了，三饭缭到蔡国去了，四饭缺到秦国去了，打鼓的方叔到了黄河边，敲小鼓的武到了汉水边，少师阳和击磬的襄到了海滨。

为什么乐人尽皆离去呢？因为当时鲁国“礼坏乐崩”，“三家”又僭越而为，迫不得已，他们只好离鲁而去。

孔子回国之后，在感慨不已的同时，肩负起了正乐的历史使命。

《论语·子罕第九》中有这样一章：“子曰：‘吾自卫反鲁，然后乐正，《雅》《颂》各得其所。’”孔子说他从卫国回到鲁国，然后把音乐整理出规范来，《诗经》中的《雅》和《颂》乐都各自有了适当的安置。

司马迁也说：“三百五篇孔子皆弦歌之，以求合《韶》《武》《雅》《颂》之音。”（《史记·孔子世家》）

在张居正的《论语别裁》中还有如下之言——

孔子说：“周之礼乐尽在我鲁国，音乐诗词本是全备的，但历年久远，那诗乐的篇章节奏都错乱了。我尝周流四方，参互考订，始知其说，故自卫归鲁，特为正之。残缺者悉为之补，失次者悉为之序，然后乐之始终条理皆得其正。而二《雅》三《颂》之诗被诸弦歌者，或用诸宗庙，或用诸朝廷，亦各得其所，而无有紊乱者矣。”[1]

众所周知，《诗经》分为《风》《雅》《颂》三部分。《风》指《国风》，是出自各地的民歌，共160篇。《雅》指周王朝国都附近的乐歌，共105篇，分为《大雅》和《小雅》，主要歌颂周王室祖先乃至武王、宣王等的功绩，部分诗篇也反映了厉王、幽王的暴虐及当时的混乱。《颂》是周王室和贵族宗庙祭祀的乐歌，共40篇，又分为《周颂》《鲁颂》《商颂》。孔子整理编撰使其各得其所，这显然是一个很大的工程，可孔子认为，这又是必须做的工作。而要让弟子们学到“尽美”又“尽善”的《诗经》，非“乐正”不可。

补充说明一下，“乐正”在古代汉语中是一种使动用法语句——使乐正，也就是我前面所说的正乐。

在《论语·泰伯第八》中有这样一章：“子曰：‘师挚之始，《关雎》之乱，洋洋乎盈耳哉！’”意思是，孔子说：“从音乐大师挚开始演奏，到以《关雎》合奏结尾，我的耳中一直洋溢着美妙的音乐啊！”

师挚之始：师挚是鲁国的太师，“始”是乐曲的开端，即序曲。古代奏乐，开端叫“升歌”，一般由太师演奏，所以这里说是“师挚之始”。

《关雎》之乱：“乱”是合奏乐，是乐曲的终了。此时奏《关雎》乐章，所以叫“《关雎》之乱”。

钱穆说：“当时必是师挚在官，共成其事。其后师挚适齐，鲁乐又衰。此章或是师挚在鲁时，孔子叹美其正乐后之美盛。或师挚适齐之后，追忆往时之盛而叹美之。”[2]

是的，当我们听到思想高雅、曲调又极其优美的乐曲时，不但会情不自禁地产生一种审美的快感，也会不自觉地受到高尚情操的陶冶。而只有

[1]〔明〕张居正讲评：《论语别裁》，陕西师范大学出版社2007年版，第135页。
[2] 钱穆：《论语新解》，九州出版社2011年版，第199页。

外在之美与内在之质和谐为一，才能抵达教化的最高境界。

2. 用于为政

《乐记》有言：“治世之音安以乐，其政和；乱世之音怨以怒，其政乖；亡国之音哀以思，其民困。”看来，善美之乐还可以起到立国安邦、和谐百姓的作用。

《左传·襄公二十九年》关于季札观乐的记载，便说明了这样一个道理。当时他在鲁国观赏了一场规模宏大的音乐表演，所演节目就是《诗经》中的《风》《小雅》《大雅》《颂》。有专家认为，这不只是观乐和观美，还有着观礼、观政的多重内涵，可见乐可以作用于政的意义与价值。

对于其为政的弟子，孔子当然也希望他们通过乐教，来“化人”与“和民”（范仲淹《今乐犹古乐赋》）。

孔子的弟子也深知乐教的意义。在《论语·阳货第十七》中就有这样一章——

> 子之武城，闻弦歌之声。夫子莞尔而笑，曰：“割鸡焉用牛刀？”子游对曰：“昔者偃也闻诸夫子曰：‘君子学道则爱人，小人学道则易使也。’”子曰：“二三子！偃之言是也。前言戏之耳！”

不妨翻译如下——

孔子来到武城，听到了弹琴唱歌的声音，孔子微微地笑着说：“杀鸡哪里有必要使用宰牛的刀呢？”弟子子游回答说：“以前，我听先生说过：‘为政者学习大道就会爱别人，平民百姓学习大道就会按要求把事做得更好。’”孔子说：“你们几个人（注意一下）！言偃的话是对的，我前面的话是说笑话而已。”

孔子认为，不管是在位者、为民者，都要“学道”，进而达到教化的目的，而乐教，无疑是有效的载体。子游回答孔子的话，就引用了孔子常说之言。所以，子游在武城为官之时，当然要对当地百姓施之以乐教了。

有趣的是，孔子先是“莞尔而笑”地说了句“割鸡焉用牛刀”，而后又对随他同行的弟子们说：“二三子！偃之言是也。前言戏之耳。”“戏”者，开玩笑也。为什么？他是有意“考”一下子游，看看他是不是实践了自己的理论。而当子游圆满回答了老师的话，且在实践中确以乐而安其民的时候，孔子的心里定然高兴不已。所以，他话锋一转，告诉随行弟子，前面所说之言是开玩笑，相反，他是欣喜不已的，希望弟子们牢牢记住，向子游学习。

如果很好地将乐施于为政，就有可能达到政和民安的境界。不过，即使是《诗经》中的优雅之乐，如果用之不当，也有可能出现问题。

在《论语·八佾第三》中有这样一章——

三家者以《雍》彻。子曰：“‘相维辟公，天子穆穆’，奚取于三家之堂？”

这一章的大体意思如下——

“三桓”家族祭祖完毕，撤供时唱着《诗经·周颂·雍》这首诗。孔子说：“‘公侯都来助祭，天子仪容静穆。’这两句诗怎么能用在“三桓”的家庙中呢？”

“三家”即“三桓”之族，鲁国卿大夫孟孙氏、叔孙氏、季孙氏。他们出于鲁桓公之后，故称“三桓”。鲁庄公、庆父、叔牙、季友，都是鲁桓公之子；庆父之后称仲孙（又称孟孙），叔牙之后称叔孙，季友之后称季孙。季氏独大，执掌鲁国政权，并且僭越礼制。诸侯称国，卿大夫称家。“三桓”为卿大夫，故曰“三家”。

“三家”祭祀完毕，撤供品时，要唱诗以娱神。此诗原为周成王祭祀周文王撤供时所唱之诗，后为周天子举行祭礼撤供时所唱，可是，如今在“三家”大夫所立的桓公庙之堂僭而用之。由此可以看出，“三家”者何其狂妄!

即使今天，某些乐曲的演奏也要因环境时间而定，不然，就有可能失去其固有的意义，甚至闹出大的笑话。

3. 和谐心灵

不但“礼之用，和为贵”（《论语·学而第一》），乐之用，亦是“和为贵”。

《礼记·乐记》有言：“乐在宗庙之中，君臣上下同听之则莫不和敬；在族长乡里之中，长幼同听之则莫不和顺；在闺门之内，父子兄弟同听之则莫不和亲。”

社会之和谐，关键在于人的和谐，而人的和谐，又关键在于心之和谐。而乐，恰恰可以起到和谐人心的作用。

《论语·八佾第三》中有这样一章：“子曰：‘《关雎》，乐而不淫，哀而不伤。’”意思是说，《关雎》这首诗，快乐而不过分，悲哀而不伤痛。

一般译注者认为孔子是说这首诗的内容“乐而不淫，哀而不伤”，可是，《论语·八佾第三》讲的几乎都是与乐有关的话题，为什么这一章只谈《诗经》的内容了呢?

其实，孔子所说的“乐而不淫，哀而不伤”主要是指《关雎》的乐曲之美。乐不但可以教化人，还是艺术作品，通过这一特有的审美载体，让人抵达一种心灵和谐的境界。

钱穆如是说：“此章孔子举《关雎》之诗以指点人心哀乐之正，读者当就《关雎》本诗实例，善为体会。又贵能就己心哀乐，深切体之。常人每误认哀乐为相反之两事，故喜有乐，惧有哀。孔子乃平举合言之，如成一事。此中尤具深义，学者更当体玩。孔子言仁常兼言知，言礼常兼言乐，言诗又常兼言礼，两端并举，使人容易体悟到一种新境界。亦可谓理智与情感合一，道德与艺术合一，人生与文学合一。此章哀乐并举，亦可使人体悟到一种性情之正，有超乎哀与乐之上者。凡《论语》中所开示之人生境界，学者能逐一细玩，又能会通合一以返验诸我心，庶乎所学日进，有欲罢不能之感。”[1]

钱穆所说“开示之人生境界”，甚得我心！

欢快的乐曲自然很好，如果太过张扬，过犹不及，则不但失去了美感，而且让人感到很不舒服；悲伤的乐曲可以抚慰人心，但如果过分，则让人悲伤过度，有碍身心健康。

当人们心情起伏不定的时候，听听优雅和谐的音乐，说不定会让心情平静下来，甚至还会随着乐曲，不由自主地快乐哼唱起来。

不止于此，它还给我们更多的启示。

当我们取得巨大成就的时候，高兴是自然的，可如果喜之过度，又忘乎所以地四处肆意张扬，就是“淫”了；当遭遇重大的挫折与失败，心情低落也是正常的，如果痛哭嚎叫，乃至寻死觅活，就是“伤”之过度了。

这让我不由得想起了《中庸》中孔子所说的一句话：“君子中庸。”《关雎》则有中庸之美，这也是生命的至高境界。恰如孔子所说：“中庸之为德也，其至矣乎！民鲜久矣。”（《论语·雍也第六》）意思是说，中庸作为一种道德，该是最高的了吧！人们缺少这种道德已经为时很久了。

是啊！中庸这种看似平常的天下之定理，却与很多的人失之交臂了。而读读“乐而不淫，哀而不伤”的诗句，也许可以得到某些启示，并让心灵和谐平静起来。

在《论语·泰伯第八》中有这样一章：“子曰：‘兴于《诗》，立于礼，成于乐。’”意思是，孔子说：“（人的修养）开始于学《诗》，自立于学礼，完成于学乐。”

看来，学《诗》对人格修养是极其重要的，因为“《诗》言志”；知礼也是必须的，因为礼可以立身，不然，就无法立足于社会；而通过学习乐，则可以升华心灵的境界。为什么呢？何晏《论语集解》说得好：“包

---

[1] 钱穆：《论语新解》，九州出版社 2011 年版，第 67~68 页。

曰：兴，起也。言修身当先学诗。礼者，所以立身。乐，所以成性。”

李炳南则这样说：“音乐得自天地之和，必与天然之序相合，始得融为一片天和，而能涵养性情，成就自性之德。”他还说：“乐是诗谱，诗是乐词，礼是天然秩序，是人事规范，亦可以说，礼是诗的动作，诗乐表现皆须依礼成立。诗礼乐是圣人之学的基本修养，是孔门弟子的共同学科。[1]

由此看来，健康和谐的人格的形成，要由《诗》来启蒙，通过礼以有安身之本，再由乐来和谐心灵。诚如《礼记·孔子闲居》所言：“志之所至，诗亦至焉。诗之所至，礼亦至焉。礼之所至，乐亦至焉。”由此观之，诗、礼、乐是不可分割的，而乐则最终让人成性而心灵安顿。

六、兴观群怨

但凡读过《诗经》者，大都知道孔子的“兴观群怨”之说：“子曰：‘小子何莫学夫《诗》？诗可以兴，可以观，可以群，可以怨。迩之事父，远之事君，多识于鸟兽草木之名。’”（《论语·阳货第十七》）孔子所言的意思是说，年轻人为什么不学习《诗经》呢？学《诗经》可以激发志气，可以观察天地万物的盛衰与得失，可以使人懂得合群的重要性，可以使人懂得怎样去讽谏上级或讽喻世人。近可以用来侍奉父母，远可以侍奉君主，还可以多知道一些鸟兽草木的名字，进而广大其心，导达其仁。

在《诗经》中，不少“鸟兽草木”都成了起兴之物，而“兴”，则可以“托事于物”（《毛诗正义》引郑众语），另有“喻”义。如《诗经·小雅·常棣》篇：“常棣之华，鄂不韡韡。凡今之人，莫如兄弟。”以常棣花的美丽花瓣比喻兄弟之间的美好亲情，以常棣花盛开的明艳起兴，赞美族人兄弟之亲近美好。对于“兴”，刘勰则说得很有文学味道：“兴之托谕，婉而成章，称名也小，取类也大。”（《文心雕龙·比兴》）

---

[1]　李炳南：《论语讲要》，长江文艺出版社 2019 年版，第 140 页。

什么是“可以兴”呢？何晏《论语集解》引孔安国的注解“引譬连类”，朱熹则在《论语集注》中认为是“感发志意”。显然，朱熹是从经学意义上来讲的，更符合孔子的原义。通过起兴而实现由物及义的形象转换，从而使其具备道德、伦理或政治等的寓意。不过，从《诗经》的文学意义上讲，“引譬连类”和“感发志意”一样，都是“兴”的应有之义。

孔子之所以在后面又加了“多识于鸟兽草木之名”，是因为“《诗》尚比兴，多就眼前事物，比类而相通，感发而兴起。故学于《诗》，对天地间鸟兽草木之名能多熟识，此小言之。若大言之，则俯仰之间，万物一体，鸢飞鱼跃，道无不在，可以渐跻于化境，岂止多识其名而已。孔子教人多识于鸟兽草木之名者，乃所以广大其心，导达其仁。《诗》教本于性情，不徒务于多识。”[1]

什么是“观”呢？郑玄认为是“观风俗之盛衰”（何晏《论语集解》引郑玄注），朱熹则谓之曰“考见得失”（《论语集注》）。由此观之，《诗》是反映社会现实的一面镜子，表现了先王之德、诸侯之风。所以，通过学《诗》可以观察一个国家风俗的兴衰和政治的得失。这对于关注国家政事者，无疑具有重要的价值。

在孔子的观念里，“观”还隐含着写诗者内心情感的意义。所以对学《诗》者而言，“观”又是对照反省、进行自我教育的有效手段。

何为“群”呢？何晏《论语集解》引孔安国注：“群居相切磋。”朱熹《论语集注》解释为“和而不流”。可见，通过学《诗》并切磋诗歌，可以使同好之间沟通感情、交融思想、修养心性，用更通俗的话说就是“可以使人懂得合群的重要性”。那么，如何合群呢？在《论语·卫灵公第十五》中，就先后出现了两个“群”字——

其一是：“子曰：‘群居终日，言不及义，好行小慧，难矣哉！’”孔子这句话的意思是说，整天聚在一块，所谈根本没有什么道义，却专好

[1] 钱穆：《论语新解》，九州出版社 2011 年版，第 422 页。

卖弄小聪明，这种人真难教导。可见，“群居相切磋”要学习切磋辨明“礼”，才能提高修养，否则“言不及义，好行小慧”，不仅不能提高心性，更不能合群了。

其二是：“子曰：‘君子矜而不争，群而不党。’”孔子之言的意思是，君子庄重而不与别人争执，合群而不结党营私。我认为，这恰是“可以群”中的“群”的“和而不流”的核心要义。

什么是“可以怨”？何晏《论语集解》引孔安国注“怨刺上政”，以及邢疏的“君政不善则风刺之”（邢昺《论语注疏解经》），当是“可以怨”的主要意思。此外，“怨”还可以推而广之到更大的范围，甚至朋友家庭之中。不过，这里的“怨”，不是怒发冲冠的大怒与狂怒，而是要做到“怨而不怒”（《论语集注》）。不是有意压抑或熄灭心中怒火，而是有着“发而皆中节”之“和”（《中庸》）。这样，受“怨”者不但不会恼羞成怒，反而有可能接受讽喻而改正。

《诗经》意蕴非常丰厚，《论语》只引用和讨论了其中极小的一部分；即使对于这些诗句，笔者也很难将其更多更深的内涵全部剖析出来。如果读者意欲更深入地探索其中的奥妙，则应当直接走进《诗经》的丰沛世界里，去尽情领略其绚丽的精神风景。诚如是，诗以化人就不再只是一种理想，而是真真正正提升个体生命境界的现实。

第十章　有教无类

据文献史料记载，在孔子之前到他所处的时代，少数有一定文化教养者开始零星地收授徒弟，办起私塾，但私学规模很小，影响甚微，不能从根本上改变“学在官府”的现状，绝大多数老百姓的孩子也只能是“徒有羡鱼情”（孟浩然《望洞庭湖赠张丞相》）地望“教”兴叹。真正改变这种现状，首开“变畴人世官之学而及平民”（章太炎《诸子学略说》），将教育下移到平民百姓者，则自孔子始。

孔子三岁时父亲去世，从此和母亲相依为命。由于家境贫寒，他从小就没能进入官府所办的学校，早年又一直生活在社会底层，深知平民百姓孩子上学之难，这些让他这位具有民本意识和“泛爱众”（《论语·学而第一》）思想的仁者深感痛心。

是贫穷低贱者学不好吗？显然不是，自称“吾少也贱”（《论语·子罕第九》）的孔子，通过勤奋努力、主动求教和自学已经精通六艺，成为当时社会上很有声望之人。如果能让老百姓的孩子进入学校，让这些家境贫寒的弟子受教则可以使他们成为君子，跻身仕途，甚至改变自身命运。

一、性近习远，均应受教

孔子说："性相近也，习相远也。"（《论语·阳货第十七》）意思是说，人性本相接近，通过习染才使之彼此相差甚远了。

康有为说："孟子则言性善，荀子则言性恶，告子则言性无善无不善，杨子则言善恶混，皆泥于善恶而言之。孔子则不言善恶，但言远近。"（《论语注》）

孔子认为，贫贱之家的子弟，之所以没有文化，不知礼仪，就是因为他们不能进入学校，没有老师的指点，缺少"习"的机会，只要为他们提供上学的机会，人人都可以通过"习洙泗之教为君子"（范宁《论语范氏注》），而不再"习申商之术为小人"（范宁《论语范氏注》）。于是，让他们有学可上，用君子之道习染他们，就成为孔子一生的教育追求。为此他开门收徒，开始了创办私学的教学生涯。

人并非生而就能成为君子的，只有通过不断的"习"，才能成为人格高尚的人，才能成为真正的君子。而平民弟子一旦受孔子教化，就可以通过"习"不断地修身进德而进入君子的行列，进而步入仕途，成为实施仁政的为官之人，而不再是被人贬抑的"小人"。

二、"有教无类"，意义非凡

正是考虑到性近习远、均应受教，尤其是让平民百姓的子弟也能接受教育，孔子才大胆地提出了"有教无类"的思想，并将其作为办学的教育方针。

"有教无类"的教育方针，比只有十二个字的教学总纲（志于道，据于德，依于仁，游于艺）更加简短，寥寥四个字，却极富革命性，影响十分深远。正像教学总纲一样，有着极其丰沛的内涵和意义，不仅使教育对象和范围得到了极大的扩展，而且使教育的功能结构产生了重大变化：一方面它为各国治理国家提供了必要的人才保障，并且对当时传统的贵族世袭世禄制度造成了很大的冲击；另一方面“有教无类”还使文化的传承与传播、交融与创新成为可能，为之后的诸子并起、百家争鸣准备了条件。

不过，对于“有教无类”之中的“类”，学者们的看法并不完全相同。

朱熹这样说：“人性皆善，而其类有善恶之殊者，气习之染也。故君子有教，则人皆可以复于善，而不当复论其类之恶矣。”（《论语集注》）言外之意，“其类”只是善恶之别而已。

张居正讲评这一章时说：“人性虽同，而气禀或异。其中有智的，有愚的；有贤的，有不肖的，种种不齐。”[1]从外延而谈，将朱熹的“善恶”一种类别推展成了“智”和“愚”、“贤”和“不肖”两种类别。

钱穆则认为孔子所说的“类”的外延更广：“人有差别，如贵贱、贫富、智愚、善恶之类。”[2]显然，他是把孔子所说的“类”推而广之到了“贵贱、贫富、智愚、善恶”四种类别。

马融、李炳南等人，也同钱穆所说。

应该说，孔子所招收的弟子，如前面学者所说类别者都有，此外还有其他类别的学生。比如年龄不一，有的悬殊甚大，曾子与其父曾皙、颜渊与其父颜路等就同为孔子弟子。就地域国别而讲，有来自现在属于山东境内的齐、鲁之国，还有从楚（湖北）、晋（山西）、秦（陕西）、陈（河南）、吴（江苏）所属各地慕名而来者，几乎遍及当时主要的诸侯国。

此外，还有性格、志趣、观念等不同类别者。

不过，学生之中的智愚、善恶、年龄、性格、志趣不同类别，即使在孔子提出“有教无类”之前，那些学在官府的贵族子弟中亦不乏其人。如果将这些类别纳入孔子的“有教无类”学说之中，不但毫无创意，也没有什么价值，甚至损减了其“爱人”和“泛爱众”（《论语·学而第一》）

[1]〔明〕张居正讲评：《论语别裁》，陕西师范大学出版社 2007 年版，第 252 页。

[2] 钱穆：《论语新解》，九州出版社 2011 年版，第 394 页。

思想的光辉。事实上，孔子是有感于学在官府，而平民百姓的子弟则被排拒于学校之外的这种现象，才提出“有教无类”之说的。

所以，我同意梁代皇侃的解说：“人乃有贵贱，同宜资教，不可以其种类庶鄙而不教之也。教之则善，本无类也。”（《论语义疏》）他把“有教无类”解释为不分贫富贵贱地收徒行教，这才是“有教无类”的真正内涵。

“这充分表现了孔子教育思想中的人民性和民主性的因素，开创了通向文化下移和普及教育的新道路，是中国教育史上划时代的革命创举。”[1]至于前面提到的智愚、善恶、性格、志趣等虽也属于“类”的范畴，却并非孔子提出“有教无类”的初衷。

但这确为广泛的“有教无类”的存在提供了条件。那么，对于这些不同类别的学生，孔子就全部等而待之，进行了完全相同的教育吗？非也，他又提出“因材施教”等教学方法，从而让各种类别的学生各得其教，各有发展。关于这方面，我将在“因材施教”一章中专门论述，在此不再赘述。

三、创办私学，“贱”者纷至

让平民百姓受教育的最佳途径就是让他们上学，可他们又无法进入官学，所以，办一所没有围墙的民办学校，就成了孔子必然的选择。

孔子是一位“知者行之始，行者知之成”（王阳明《传习录》）的平民教育家，在提出“有教无类”的同时，就开始了教育实践活动。孔子大约在自己三十岁时，便开始办起了学校，在鲁国从政和周游列国期间，又不断广收弟子，随时随地进行讲学。

孔子不但把“学在官府”转移至了私学，办起了一所影响越来越大的没有围墙的民办学校，还兼任了这所学校的老师和校长。

[1]　匡亚明：《孔子评传》，南京大学出版社 1990 年版，第 290~291 页。

不论贫富贵贱，只要愿到孔子门下学习者，他都统统收为学生，以至有了弟子三千，贤者七十有二。

于是，一位伟大的教育家就此横空出世，这位“温而厉，威而不猛，恭而安”（《论语·述而第七》）的布衣“素王”（王充《论衡·超奇》），以其渊博的学识、高尚的人格、宽广的胸怀培养了一批学问、修养、品格俱佳的精英人才，并由此奠定了中华民族的文化基调，以至影响到整个世界。

凡愿意进入孔子所办的学校者，不需要像现在入学这样办理一系列的手续，而是来者不拒，一一收徒施教。

入学唯一的条件，如孔子所说：“自行束脩以上，吾未尝无诲焉。”（《论语·述而第七》）。对于这句话，很多人是这样解释的：只要拿着十条干肉作为见面礼，我就可以收为弟子了，对此笔者不敢苟同。如果说必须拿着干肉才能进入孔门的话，很多“少也贱”及“长也贱”者，就不可能成为他的学生了。其实，“束脩”除解作“十条干肉”外，还有另一种解释，即“束带修饰”。东汉郑玄说：“谓年十五已上。”（《论语注》）傅佩荣也说：“行束脩：古代十五岁的成童，行束脩之礼以入大学，后来引申为指年龄。”[1]

孔子收的学生，不是如今入小学的孩子，而是成人，目的是让他们修身、齐家、治国、平天下。当时“行束脩之礼”后的成人，只要愿意到孔子这里来上学，孔子就不分贫富贵贱开门收其为学生。

孔子的弟子中，有来自贵族的学生，如鲁国的孟懿子、南宫敬叔兄弟和宋国的司马牛等人，但为数不多。

更多学生属于“贱”者，当然，这里所说的“贱”，不是卑贱和低贱，而是从孔子自言其“吾少也贱”中引申而来，即出身平民百姓之家，甚至还十分贫穷的人。比如，“一箪食，一瓢饮，在陋巷”（《论语·雍也第

---

[1]　傅佩荣：《傅佩荣解读论语》，线装书局 2006 年版，第 113 页。

六》）的颜回；为了“事亲”“常食藜藿之实，而为亲负米百里之外”（《说苑·建本》）的子路；其父为“贱人”，家“无置锥之地”（《荀子·非十二子》）的仲弓；“环堵之室，茨以生草”（《庄子·让王》）的原宪；冬天没有御寒之衣而“以芦花衣之”（《太平御览·布帛部》）的闵子骞；“衣若县鹑”（《荀子·大略》），“甚短于财”（《说苑·杂言》）的子夏；身陷“在缧绁之中”（《论语·公冶长第五》）的“犯人”公冶长；“刑残”（《墨子·非儒》）的漆雕开等。

为此，南郭惠子曾问子贡：“夫子之门，何其杂也？”子贡回答说：“君子正身以俟，欲来者不距，欲去者不止。且夫良医之门多病人，檃栝之侧多枉木。是以杂也。”（《荀子·法行》）意思是说，我们夫子德高望重，善待众人，想来学的就来，想走的就走。就像一位名医一样，什么样的人都可以来看病，什么样的病也都让他看；就像一棵挺拔的大树旁边多歪曲不直的小树、灌木一样。所以，他招收的弟子才这样杂啊。子贡以名医身旁多病人、良器之侧多弯木为喻，赞扬了孔子正身以待的高尚品格和高明善化的教育艺术。《孟子·尽心下》中也说：“夫子之设科也，往者不追，来者不拒。”对孔子“有教无类”的思想给予了高度评价。

孔子从教一生，目的就是将人培养成真正意义上的人，特别是将穷人的子弟培养成有品格有学识的人。所以，孔子是一位真正意义上的平民教育家，是真正意义上的以人为本者。

四、教而化之，“贱人”成贤

孔子“有教无类”的教育思想，让他的学生一个个脱颖而出，不但成为当时社会上的精英人士，而且流芳后世，为人称道。

人们常说，孔子弟子三千，贤才七十有二。在《史记·仲尼弟子列传》中，司马迁引孔子的话说：“受业身通者七十有七人，皆异能之士也。”我们不必纠缠于是七十二还是七十七人，总之受孔子教育而成为贤才者，肯定是一个不小的数字。

可以想象，如果没有孔子“有教无类”的智慧之教，这些贤才绝大多数可能终生默默无闻，甚至可能误入歧途。

就说子路吧，如果不投师于孔门，他的出路只有两个：一是终生一贫如洗，挣扎于社会底层，二是成为打家劫舍的草莽英雄。他尽管勇气过人，可鲁莽之气过重，幸遇孔子对他几十年的有针对性的精心教育，让他步入了仕途，成为当时的名流。

鲁笨的曾子，如果不是拜孔子为师，也许通过自身努力，也能有所长进，却绝不可能有流传后世、作为修身必备之书的《大学》问世。我们常说名师出高徒，孔子何止是名师，他是大师，是至圣先师，所以，跟着孔子学到的就不只是知识，更有智慧和为人之道。这位“可以托六尺之孤，可以寄百里之命”（《论语·泰伯第八》）的人物，还成了孔子孙子子思的老师，子思再作《中庸》，成为儒学名著。子思的弟子孟轲再作《孟子》，于是四书备焉，遂成就了今天我们学习中华优秀传统文化的必读之书。

五、均衡教育，“优”教无类

孔子“有教无类”的教育思想，迄今依然具有重大的现实意义和价值。中国当前所提出并实施的均衡教育在不少地方落地生根后，让“有教无类”又步入到了“优”教无类的境界。

现在，不管什么家庭的孩子都已有学可上，全国所有公办学校对孩子就近入学敞开了大门，孔子担心贫贱之家的子弟无学可上的时代已经一去不复返了。可是，当所有家庭的孩子不再为上学发愁作难的时候，一个新的问题出现了，那就是不同学校教育教学水平的优劣高低不齐和广大群众对共同享受优质教育的需求发生了矛盾，而且还有愈演愈烈之势。于是，我们重提孔子的“有教无类”，并研究其作用于当下的意义。那时孔子不但解决了贫贱子弟入学难的问题，还解决了享受优质教育的问题，因为他们的老师同为孔子这位伟大的教育家,尽管他没有条件修建“一流”的校舍，其教学场所有时还是流动的，可衡量一所学校是不是名校，关键是有没有名校长和名师，孔子既是名校长，也是名师，而且是世界级的教育大师，其收费低廉，如果当时有谁能在孔子所办的学校上学，真乃三生有幸也。

现在的问题是，有的名校不但具有一流的教育教学设施，而且也有名校长“执政”，且有为数不少的名师。遗憾的是，并不是每一个孩子都能入这样的学校读书。于是，均衡教育应运而生。

均衡教育的要义，不是削峰填谷，而是填谷造峰，让身处乡村和薄弱学校的学生，与名校学生一样，共同享受优质教育。惟其如此，才能让孔子的“有教无类”升华为“优”教无类。在这方面，笔者曾在全国不少地方做过采访，并撰写成文，发表在相关报刊上。从这个意义上说，“有教无类”依然有着巨大的现实意义。

第十一章　教学总纲

现代教师在进行某一学科教学工作之前，一般都要学习教学大纲，有的教育局或学校还要邀请专家进行专门的培训，因为教学大纲规定了每门学科的教学目标、教学要求、教学内容以及讲授和实习、实验、作业的时数分配等。它是根据教学计划，以纲要形式规定一门课程教学内容的文件。教师学不好这个文件，在教学中就有可能走错方向和出现问题。

孔子教学的时候，也有教学大纲，可他对各科教学的要求没有现在如此之细，而是要而言之曰："志于道，据于德，依于仁，游于艺。"（《论语·述而第七》）意思是说，以道为志向，以德为根据，以仁为归依，游弋于六艺学习之中。对此，朱熹如是说："此章言人之为学当如是也。盖学莫先于立志，志道，则心存于正而不他；据德，则道得于心而不失；依仁，则德性常用而物欲不行；游艺，则小物不遗而动息有养。学者于此，有以不失其先后之序、轻重之伦焉，则本末兼该，内外交养，日用之间，无少间隙，而涵泳从容，忽不自知其入于圣贤之域矣。"（《论语集注》）说得何其好啊！如果按此而学，则可以"入于圣贤之域"，岂不妙哉！

李泽厚认为这十二个字是孔子的“教学总纲”（《论语今读》）。显然，它远远没有现在的教学大纲的内容之细。为什么呢？我认为大概有三个原因：一是与孔子的“述而不作”（《论语·述而第七》）有关，他一生只是述说而不创作为文。二是与孔子一贯的语言风格有关，整部《论语》的语言绝对称得上“约而达，微而臧”（《学记》），即简约明确，精练美妙。三是与其将修身立人作为教学重中之重有关。教学总纲十二个字中，前九个字，全系修身的内容，即使最后三个字，也不是与修身毫无关系，做到了真真正正的育人为本，德育为先。而且，绝对不是流于口头之说，而是实实在在地落实到了具体教学之中。他教学的重点，是培养有德之人，强调修身为本，学文第二。因为他希望自己和学生，能够步入仕途，实施仁政思想，从而造福百姓。只有有了“修身”之基，才能“齐家，治国，平天下”。四是“纲”的原意指渔网上的总绳，总纲则是主干中的主干。我在农村长大，小时候常常跟着父亲捕鱼，捕鱼的渔网上有很多网眼，可渔网上的总绳只有一根。要想把网撒向水中捕鱼，就首先要把那根总纲举起，不然，网就撒不开，也就捉不到鱼了。“纲举目张”的成语即源于此。无数个网眼只有一根网纲，其作用之大却是绝对不可小觑的。所以，其引申义就比喻为事物的主干部分。总纲，就更是主干中的主干了。所以，大纲也好，总纲也罢，文字一定是要言不烦，少之又少，可作用非常之大。

遗憾的是，现在诸多名目的大纲总纲，大多成了对大纲或总纲的解说，甚至是如何实施大纲或总纲的细则，从中看不出纲之所在。孔子的教学总纲只有十二个字，字数虽少，意义却极其丰富，让人看后就一目了然，从而便于依纲而行。

依纲而行，首先要在修身上下功夫，把做人放在第一位。否则，所教所学就只能在低层次徘徊，甚至走向教学之反面。

面对当今社会一些人的道德滑坡和人格失落现象，重新审视孔子的教学总纲，显然有着非常积极的意义。

一、志于道

什么是“道”呢？不同的人有不同的解说。而真正的大师及经典，几乎都绕不开这个“道”。

《道德经》开篇，老子即说：“道可道，非常道；名可名，非常名。”还说：“道生一，一生二，二生三，三生万物。”认为道是“玄之又玄，众妙之门”。

《大学》开篇也谈“道”：“大学之道，在明明德，在亲民，在止于至善。”

《中庸》亦如是：“天命之谓性，率性之谓道，修道之谓教。”而且说：“道也者，不可须臾离也；可离，非道也。”

古代著名医学典籍《黄帝内经》也在谈“道”：“（黄帝）成而登天。乃问于天师曰：‘余闻上古之人，春秋皆度百岁，而动作不衰；今时之人，年半百而动作皆衰者，时世异耶？人将失之耶？’”

他的老师岐伯这样回答：“上古之人，其知道者，法于阴阳，和于术数，食饮有节，起居有常，不妄作劳，故能形与神俱，而尽终其天年，度百岁乃去。”

看来，上古之人之所以能够“春秋皆度百岁，而动作不衰”，其根本原因在于他们知“道”，即“法于阴阳，和于术数，食饮有节，起居有常，不妄作劳”。如果现在的人也能知“道”而行“道”，长命百岁也完全可能啊！

这些大师与经典谈“道”，孔子当然也要谈“道”，那么，孔子之“道”的内涵又是什么呢？

既然“志于道”纳入教学总纲四大内容之一，笔者便也从与教学有关的教师和学生考虑，少论玄道，只谈与孔子师者之教和学生之学有关的“忠恕”（《论语·里仁第四》）之道。

孔子说“吾道一以贯之”（《论语·里仁第四》），大体意思是说，我对自己所遵循的“道”从来就没有改变过。此“道”即曾子所说的“忠恕而已矣”（《论语·里仁第四》）的“道”。

那么，什么是“忠恕”呢？《周礼》这样说：“如心曰恕……中心曰忠。”如此说，读者也许还不够清楚，为此，笔者特别对忠道和恕道简述如下。

1. 忠道

想真正明白忠道的要义，我们就要看看《论语》中孔子是如何说的，所谓忠道，就是“己欲立而立人，己欲达而达人”（《论语·雍也第六》）。意思是说，要想自己立起来，便也帮助别人立起来；要想自己通达起来，便也帮助别人通达起来。对此，钱穆先生这样解说：“孔子好学不厌，是欲立欲达。诲人不倦，是立人达人。此心已是仁，行此亦即是仁道，此则固是人人可行者。”[1]此解甚佳，符合孔子身份，也与其“诲人不倦”（《论语·述而第七》）地“成人之美”（《论语·颜渊第十二》）契合。

孔子是真正意义上的立人达人者。孔子弟子三千，贤者七十有二。其中很多学生从孔子那里学到了修身、为政的真经，甚至可以代代相传。其弟子曾子所著的《大学》，曾子的弟子、孔子的孙子子思所著的《中庸》，以及子思门人的弟子孟轲所著的《孟子》，都继承和弘扬了孔子的思想。而孔子在教育学生时，并没有仅仅停留在“论”“语”等言说层面，更在实践上做出了表率。

2. 恕道

那么，什么是恕道呢？孔子谈“恕”，在《论语》中出现了两次，为了便于理解，我们不妨看看《论语·卫灵公第十五》中的一段师徒对话——子贡问曰：“有一言而可以终身行之者乎？”子曰：“其恕乎！己所不欲，勿施于人。”

[1] 钱穆：《论语新解》，九州出版社 2011 年版，第 152 页。

看来，所谓的恕道，要而言之，就一个“恕”字，即自己不愿意做的，就不要强加给别人。“己所不欲，勿施于人”已经成为我们的道德金律，也得到了国际社会的普遍认可。李肇星就曾说过：“孔子在两千多年前提出的‘己所不欲，勿施于人’，被誉为处理国家间关系的‘黄金法则’，镌刻于纽约联合国总部大厅。”可见，心中有一个“恕”字，即可以终身依之而行。

为了更好地理解恕道的深邃要义，我们看看张居正是如何说的：“所谓恕者，以己度人，而知人之心不异于我，即不以己所不欲者，加之于人。如不欲上之无礼于我，则亦不以此施之于下，不欲下之不忠于我，则亦不以此施之于上。斯则视人惟己，而知之无不明；以己及人，而处之无不当。不论远近亲疏，富贵贫贱，只是这个道理推将去，将随所处而皆宜矣。然则欲求终身可行，宁有外于恕之一言者哉？”[1]人与人相处，要有同理心，要为别人着想，别人自然也会为你着想，这样我们生活中的每一段关系就会变得融洽和谐，充满快乐。正如被称为“欧洲的良心”“欧洲的孔子”的法国先贤伏尔泰在《风俗论》里所说的：“没有任何立法者比孔夫子曾对世界宣布了更有用的真理——‘己所不欲，勿施于人’。”伏尔泰把“己所不欲，勿施于人”作为自己的“座右铭”，还号召所有人把它作为“座右铭”。他说：“‘己所不欲，勿施于人’，是超过基督教义的最纯粹的道德。”

《孔子家语·致思》中记载着这样一个故事：孔子将行，雨而无盖。门人曰：“商也有之。”孔子曰：“商之为人也，甚吝于财。吾闻与人交，推其长者，违其短者，故能久也。”意思是说，孔子有一次出门，没多久下起雨来了，而孔子乘坐的马车上没带雨盖。当时孔子所在的地方离子夏家很近，孔子的一个学生就建议说：“子夏家有雨盖啊，我们找他借不就行了。”孔子说：“不要去借了，子夏这个学生比较吝惜钱财。我听说人

[1]〔明〕张居正讲评：《论语别裁》，陕西师范大学出版社2007年版，第246页。

与人之间交往，要推崇别人的长处，避开别人的短处，这样的交往才能长久啊。”

其实，孔子作为子夏的老师，如果去借雨盖，子夏当然不会拒绝。但孔子知道，子夏心里可能会为他的雨盖会不会损坏或丢失而担心。这里，孔子就用自己的行动告诉了我们人际交往的原则：站在别人的角度想问题，不要使别人为难。可见，孔子本人的一言一行都体现着他的忠恕之道，他与弟子们的交往，显现着其温而威、处处为弟子着想的仁心品德。

今天，对于人们尤其是教育界的校长来说，做到“己所不欲，勿施于人”意义依然很大。校长自己不愿意做的事，应尽可能地不要求教师去做，尤其不要强迫他们去做。当然，也不能因为己之所欲，而轻易施之于人，一定要考虑对方是不是愿意接受，接受之后会不会对其有益，然后才能施之于人。

那么，《论语》中孔子所说的“道”，难道就“忠恕而已”了吗？

在《论语》中，孔子多次谈到“道”，当然不止“忠恕”之义。李泽厚说：“‘道’字含义极广泛而模糊，一般根据上下文意，分别译作‘规则’‘规矩’‘途径’‘真理’‘方向’‘事业’等等。”[1]

翻译如是，可其哲学内涵呢？其实，“孔子之道”是一个学术性很强的课题，本书不再论述。因为我们面对的是以教师为主体的读者，所以，希望大家更多理解并遵循曾子所说“忠恕之道”而实践之，就可以大为受益。因为曾子所解说的“道”，对于老师们和谐同事、师生等关系，更好更快地助推学生成长有着直接的作用。

二、据于德

先秦时期，“德”的意思是“生”，有益于“生”，如《周易·系辞

[1] 李泽厚：《论语今读》，中华书局 2015 年版，第 10 页。

下》中说："天地之大德曰生。"《韩非子·解老》中说："德也者，人之所以建生也。"东汉许慎在《说文解字》中解说："德，升也。"指德有升、登、向上之义。那么，如何才能"生"或"升"呢？就要心有品格和修养，并遵守人们共同的生活行为准则，因为有了这样的"厚德"（《周易》），才能"载物"（《周易》），才能"生"或"升"。

孔子不仅将德作为重要的教学内容，在现实生活中，还着意对学生进行德育引导；不仅自己依德而行，还培养了一批品德学识俱佳的学生。

纵观孔子的一生，他身体力行，收授弟子，言谈举止，无不是"据于德"的。在《论语·子罕第九》中有这样一章："子绝四：毋意、毋必、毋固、毋我。"意思是说，孔子杜绝了四种毛病，即他做到了不猜疑、不武断、不固执、不求私利。孔子的弟子认为："此四者，人情之所不能无也。若我夫子，则廓然大公，物来顺应。未事之先，无有私意，亦无有期必。既事之后，未尝固执，亦未尝私己。其心如镜之常明，略无一些蔽障。"[1]修身至此，已进入到无我无执的境界。

孔子又说："德不孤，必有邻。"（《论语·里仁第四》）在孔子看来，有道德的人永远不会孤单，因为"德者，得也"（《管子·心术上》），有道德的人生命时时被滋润着，每天都会有所提升、有所得，谁不愿意亲近这样的人呢！这可以看作孔子一生的写照。正是因为孔子人格高尚，所以无论他身在何处，是"达"还是"穷"，众多好学者还是慕名而来，向他学习；而他本人，也真正地"升"了起来，成为真正意义上的大思想家和大教育家。

1. 德行之学第一

孔子重"德"，从不同的侧面持之以恒地对学生进行道德教育，于是，就有了他的"文、行、忠、信"四个方面的教学内容，其中三个方面都是

[1]〔明〕张居正讲评：《论语别裁》，陕西师范大学出版社 2007 年版，第 128 页。

谈的道德教育。看来，道德教育是他教学的主体内容。

整部《论语》，几乎每一篇都谈到修身之德，即使在《为政第二》篇中，也非只谈一般意义上的为政之义，而是主张“为政以德”。而在第一篇《学而第一》16章中，无一不是讲的修德之学。朱熹这样说：“此为书之首篇，故所记多务本之意，乃入道之门、积德之基、学者之先务也。”（《论语集注》）

显然，孔子教学和学生学习的重点是“德”而非“文”，所以，就有了如下之言：“弟子，入则孝，出则弟，谨而信，泛爱众，而亲仁。行有余力，则以学文。”（《论语·学而第一》）意思是说，年轻人，在家孝顺父母，在外敬爱兄长，言行谨慎，诚实可信，广泛地去爱众人，亲近有仁德的人。做了这些还有余力的话，就去学习文献知识。

朱熹在《论语集注》中的解说，对我们理解这一章的内容大有帮助——

> 程子曰：“为弟子之职，力有余则学文，不修其职而先文，非为己之学也。”尹氏曰：“德行，本也。文艺，末也。穷其本末，知所先后，可以入德矣。”洪氏曰：“未有余力而学文，则文灭其质；有余力而不学文，则质胜而野。”愚谓力行而不学文，则无以考圣贤之成法，识事理之当然，而所行或出于私意，非但失之于野而已。

不是不让学文，而是学要有一个次第，学德在先，学文在后。因为“德者，本也”（《大学》），没有本，人“何以行之哉？”（《论语·为政第二》）所以，以德修身之重要远远超过了学习文献知识。

2. 修德就是为“学”

《论语》中孔子谈“学”的时候，不只是学文，更多的定格于道德修学方面。所谓的“好学”，也不是今天我们所说的勤奋学习知识，而是指向人格的修养。

在《论语·学而第一》中，有孔子弟子子夏说的一段话："贤贤易色；事父母，能竭其力；事君，能致其身；与朋友交，言而有信。虽曰未学，吾必谓之学矣。"意思是说，一个人能喜欢夫人的贤德胜过其美色，奉事父母能竭尽全力，服侍君主能够为国献身，与朋友交往诚实守信，这样的人，即使自己说没有学习过，我也能确定他已经学习了。

也许有人会说，这是不是说得有点太过分了，可是听了张居正的解说，我们就会明白："这四件都是人伦之大者，而行之皆尽其诚，这就是见道分明，践履笃实的去处，学问之道不过如此。人虽说他未曾为学，我必谓之已学矣。若使未尝学问，而但出于资性之聪明，则不过一事之偶合，一时之袭取而已，岂能事事尽美，而厚于人伦如是乎。此可见古人之为学，皆用力于根本切要之地，而不专在于言语文字之末也。"[1]

既然认为修德就是为"学"的话，"好学者也"（《论语·雍也第六》）其"好"的也当是品格修养了。

在《论语·学而第一》中有这样一章："君子食无求饱，居无求安，敏于事而慎于言，就有道而正焉，可谓好学也已。"意思是说，君子饮食不求饱足，居住不求安适，做事勤勉，说话谨慎，接近有道德的人来匡正自己，这就可以说是好学的了。这里的"好学"，全部谈的是好好学做人，没有一句谈到学习文化知识。

鲁哀公曾经问孔子，你的弟子中谁最好学？孔子是这样回答的："有颜回者好学，不迁怒，不贰过。不幸短命死矣。今也则亡，未闻好学者也。"（《论语·雍也第六》）孔子认为，他的弟子颜回最好学了，可惜他短命早早死了，现在再没有好学的了，也没有听说有好学的了。对于颜回的"好学"，孔子只用了六个字来说明："不迁怒，不贰过。"就是不把自己的怒气无故发泄到别人身上，不重复犯同样的过错。看来，这里的"好学"，还是从道德层面谈的。

---

[1]〔明〕张居正讲评：《论语别裁》，陕西师范大学出版社 2007 年版，第 6 页。

由此，我们可以看到孔子对于“学”突出了“修身第一”的评价标准。颜回口才不如宰予、子贡，政事不如冉有、季路，文学不如子游、子夏，可是，孔子为什么独称其“好学”呢？钱穆为读者解开了这个谜团：“孔门之学，主要在何以修心，何以为人，此为学的。读者当取此章与‘颜渊、子路各言尔志’章对参。志之所在，即学之所在。若不得孔门之所志与所学，而仅在言辞间求解，则乌足贵矣！”[1]是啊，孔门之学，核心是修身之学，颜回因为在这方面做到了极致，而深得孔子赞赏。

后儒也像孔子那样，高度重视修身之学。所以，在学习《四书》的时候，一般先学《大学》。朱熹在其《大学章句》中这样说：“子程子曰：‘《大学》，孔氏之遗书，而初学入德之门也。’于今可见古人为学次第者，独赖此篇之存，而《论》《孟》次之。学者必由是而学焉，则庶乎其不差矣。”为什么要把《大学》放在《论语》《孟子》之前呢？因为它是“初学入德之门”，“自天子以至于庶人，壹是皆以修身为本”（《大学》），初学者也不能例外。德不修，文学何用？程子认为，《大学》还是“孔氏之遗书”。据有关专家考证，《大学》从开头到“所谓诚其意者”之前，为孔子所说，其后才是曾子所作，是对孔子之经的解说，是传也。

孔子也好，曾子也好，不管谁著《大学》，有一点是肯定的，他们都认为修身是做人的根本，“本立而道生”（《论语·学而第一》）。

教师之德，在其言，更在其行。王阳明说得好：“知者行之始，行者知之成。”（《传习录》）在采访中学正高级教师、山东省语文特级教师高平的时候，我就感到她不但有言之德，更有行之美。

在她担任初三语文教学工作期间，我曾多次推荐她到全国性教育论坛上去做报告，都被她婉言谢绝了。理由很简单，她对学生有一个承诺，这一年，她哪里也不去，只有学生毕业了，才能离开学校。其实，周六、周日并不上课，可心系学生的她，始终信守着诺言。不仅如此，每天傍晚放

[1] 钱穆：《论语新解》，九州出版社 2011 年版，第 130 页。

学之后，她并不回家，而是在办公室“接待”“来访”的学生。他们会提出这样或那样的问题，她一一解答，并恰到好处地给予鼓励或表扬。这种课余时间无偿为学生释疑解惑，以及师生彼此的倾心交流，总会让她内心深处有一份充实的安然与宁静。

这样的品质，并不被很多外人所知，可她的人格光芒悄然照射到了学生的心里。在她已经出版的四本著作里，字里行间也散发着以德修身、以教立业的教育幸福感。

人生在世，名利不是不需要，可比名利更重要的是人格，因为它是亘古长青的。

从高平身上，我们看到了孔子提倡的“据于德”，历经两千五百多年，依然有着巨大的生命力。不只是高平，我所采访的很多教师，都是走在“据于德”之路上的知行合一者。

今天重新审视孔子“据于德”之说，不能不令我们深思。毕竟像高平这样的优秀教师还并非多数。而且，学校的德育也存在一定的问题。尽管所有学校都特别强调道德教育，要求学生德智体美劳全面发展；但是，在课程设置上将道德教育放在了从属甚至是可有可无的位置。教师更多时间教的是课业知识，学生更多时间学的也是课业知识，家长关注的则是孩子考试的分数。于是，不少学生的品德出现问题，也就在所难免了。而学生一旦在道德层面出现问题，就不可能成为对社会有用的人才，甚至有的人学的知识越多，破坏性越大。

三、依于仁

修身不但要“据于德”，也要“依于仁”。

在“仁者爱人”部分，我谈到了“仁”，不过，更多是谈的“爱人”，尤其是“爱之行”，本章中笔者要重点谈“仁”的另一个重要内涵“心之德”（《论语集注》）。

1. 有“德”未必成“仁”

如果说人们可以在“据于德”的路上有所修身的话，那么，在“依于仁”方面则是一个未知数。因为是“心之德”，一般人很难清楚地看到他人内心世界究竟是什么样子。

所以，孔子认为真正步入“仁”之境界者少之又少，即使他的弟子认为已经成为“仁人者”（《史记·孔子世家》），孔子也予以否定。在《论语·公冶长第五》中就有如下一章——

子张问曰：“令尹子文三仕为令尹，无喜色；三已之，无愠色。旧令尹之政，必以告新令尹。何如？”子曰：“忠矣。”曰：“仁矣乎？”曰：“未知，焉得仁？”

“崔子弑齐君，陈文子有马十乘，弃而违之。至于他邦，则曰：‘犹吾大夫崔子也。’违之。之一邦，则又曰：‘犹吾大夫崔子也。’违之。何如？”子曰：“清矣。”曰：“仁矣乎？”曰：“未知，焉得仁？”

这两段内容比较难以理解，为此翻译如下——

子张问孔子说：“令尹子文几次做楚国宰相，没有显出高兴的样子，几次被免职，也没有显出怨恨的样子。（他每一次被免职）一定把自己的一切政事全部告诉接任的新宰相。您看这个人怎么样？”孔子说：“可算得是忠了。”子张问：“算得上仁了吗？”孔子说：“不知道。这怎么能算是仁呢？”

（子张又问）“崔杼杀了他的君主齐庄公，陈文子家有四十匹马，都舍弃不要了，离开了齐国，到了另一个国家，他说，这里的执政者也和我们齐国的大夫崔子差不多，就离开了。到了另一个国家，又说，这里的执政者也和我们的大夫崔子差不多，又离开了。这个人您看怎么样？”孔子说：“可算得上清了。”子张说：“可以说是仁了吗？”孔子说：“那只这一件事堪称清而已，若问其仁，那我不知道呀！哪里知道是仁人呢？”

在子张看来，令尹子文和陈文子很有品格，对于从政，令尹子文是用则行，不用则止，而陈文子则是不与恶人为伍，见恶即离。可是，孔子只称许二人的某些德性优点，并不许其为“仁”。原因在哪里呢？

朱熹这样解说：“其（令尹子文）为人也，喜怒不形，物我无闲，知有其国而不知有其身，其忠盛矣，故子张疑其仁。然其所以三仕三已而告新令尹者，未知其皆出于天理而无人欲之私也，是以夫子但许其忠，而未许其仁也。”“文子洁身去乱，可谓清矣，然未知其心果见义理之当然，而能脱然无所累乎？抑不得已于利害之私，而犹未免于怨悔也。故夫子特许其清，而不许其仁。”（《论语集注》）

是啊，表面看来令尹子文和陈文子有着一般人不具备的品格：忠于职守和清白正直，他们心里是否另有所想，却不得而知。

想想也是，在某个地方遭遇灾情的时候，有的人不远千里前往捐助，又不留姓名悄然离去，如此“善行无辙迹”（《道德经》）者，当有仁者之心。有的人也捐助，却带上相关媒体大加宣传，而且逢人便说自己的“善举”。尽管这种捐助有德之形，可是不是有“心之德”要打上问号，也很难让人相信其有仁者之心。

这并非否定这些捐助者的功绩，而是这种行为不免让人疑虑，其捐助的目的是为了助人，还是为了自扬其名。当然，即使为了扬名的捐助，照样应当称赞，他们比那些腰缠万贯而一毛不拔者，不知要高尚多少倍。可如果用孔子对“仁”的定义，称其为“仁”，则不可矣。

2. 颜回仁心一窥

颜回之所以被孔子称为“其心三月不违仁”（《论语·雍也第六》）的仁者，是有根据的。为了说明这个问题，我们不妨讲一个颜回吃米粥的故事——

有一次，孔子和他的弟子们被围困在陈、蔡一带，连续七天没有食物可吃。弟子们被饿了这么多天，一个个面黄肌瘦。子贡见师兄弟们被饿得实在难以忍受了，就冒险突出重围，用自己身上仅有的财物，到外面换了一点米回来，希望给大家充饥。可是，人数众多，换回的米却是很有限的。颜回和子路找了一口大锅，在一间破屋子里，为大家煮稀粥。一会儿，子路有事离开了，剩颜回一人盯着。恰巧这时子贡从旁边经过，一扭头，正好看到颜回拿着一把小勺往嘴里送粥喝呢。子贡看了心里便有些不高兴，但他并没有走进破屋去质问颜回，而是来到了孔子的房间。子贡向老师行礼后，问孔子："老师，有爱心、有气节的人在遇到困难面临穷苦的环境时，会改变气节吗？"孔子立刻回答："如果在穷困的时候，就改变了气节，那怎么还能算是有爱心、有气节呢？"子贡接着又问："像颜回这样的人，该不会改变他的气节吧？"孔子非常明确地回答："当然不会。"这时，子贡便将颜回偷吃粥的事，告诉了孔子。

孔子听了，并没有显出很惊讶的样子，他说："我相信颜回的人品已经很久了，虽然你这么说，但我还是不能因为这一件事就怀疑他。可能其中有什么缘故吧，你不要讲了，我先问问他。"

于是，孔子便让人把颜回叫来，对他说："前几天，我做了一个梦，梦到了自己的祖先，想必是要保佑我们的吧。你的粥做好之后，我准备先祭祀祖先。"颜回听了，马上恭恭敬敬地对孔子说："老师，这个粥已经不能用来祭祀祖先了。"

孔子问："这是为什么呢？"颜回回答说："我刚才煮粥时，粥的热气散到了屋顶，屋顶被熏后，一小块黑色的尘土掉落到粥里。我就用勺子舀起来，想把它倒掉，但又觉得很可惜，于是便吃了它。吃过的粥再用来祭祀祖先，是不恭敬的啊！"

孔子听后一笑，说："原来是这样，如果是我，那我也一样会吃了它的。"（《孔子家语·在厄》）

孔子是懂颜回者，根本不相信颜回会"偷吃米粥"。可为了将此事问个水落石出，只好有意撒了一个做梦的美丽谎言，让颜回仁者的形象彰显出来。

所以，仁者颜回的英年早逝让孔子痛不欲生。他呼天抢地哀恸："噫！天丧予！天丧予！"（《论语·先进第十一》）意思是："啊！老天爷把我毁了啊！老天爷把我毁了啊！"李泽厚先生说："这不仅是悼颜回，亦感伤于'仁'也。"[1]

3."为仁由己"之道

在孔子的教育思想中，学习的最高境界是"求仁"（《论语·述而第七》）"成仁"（《论语·卫灵公第十五》）。在孔子看来，要想达到"仁"的境界，是不是主要依靠外力呢？不是的。他说："为仁由己，而由人乎哉？"（《论语·颜渊第十二》）也就是说，真想追求仁的话，完全要靠自己，而不是靠别人的帮助。所以，他说："我欲仁，斯仁至矣！"（《论语·述而第七》）意思是说，仁难道离我们很远吗？只要我想得到它，它就来了。对此，朱熹讲得非常到位："仁者，心之德，非在外也。放而不求，故有以为远者；反而求之，则即此而在矣，夫岂远哉？程子曰：'为仁由己，欲之则至，何远之有？'"（《论语集注》）这给我们指出一条走进"仁"的境界的路子，就是要自觉而又持续不断地加强内在修养，以至"止于至善"（《大学》）。

而孝悌，则是成仁的第一步，也是成仁之本。

《论语》的第一篇《学而》第二章，就是谈孝的重要性——

> 有子曰："其为人也孝弟，而好犯上者，鲜矣；不好犯上，而好作乱者，未之有也。君子务本，本立而道生。孝弟也者，其为仁之本与？"

[1] 李泽厚：《论语今读》，中华书局2015年版，第202页。

这一章的大体意思如下——

有子说："做人孝敬父母，尊爱兄长，而喜好触犯上级者，这样的人是很少见的。不喜好触犯上级，而喜好造反的，这种人是从来没有过的。君子在根本上下功夫，根本建立好了，道也就生发出来了。孝敬父母、尊爱兄长，这就是仁道的根本吧！"

对于这一章，钱穆解说道："仁即人群相处之大道，故孟子曰：'仁也者，人也。合而言之，道也。'然人道必本于人心，故孟子又曰：'仁，人心也。'本于此心而有此道。此心修养成德，所指极深极广。由其最先之心言，则是人与人间之一种温情与善意。发于仁心，乃有仁道。而此心实为人性所固有。其先发而可见者为孝弟，故培养仁心当自孝弟始。孝弟之道，则贵能推广而成为通行于人群之大道。有子此章，所指浅近，而实为孔门教学之要义。"[1]

是的，休说成仁之道，就是一般的做人之道，也要以孝悌为本。如果一个人连自己的父母都不孝敬、兄长都不尊爱的话，就更遑论爱人和爱国了！

仁者，心之德也。而无心之德，则不可称之为孝矣。而心之德，就少不了"敬"。在《论语·为政第二》中就有这样一章——

> 子游问孝，子曰："今之孝者，是谓能养。至于犬马，皆能有养，不敬，何以别乎？"

这一章的意思是说——子游问什么是孝，孔子说："如今所谓的孝，只是能赡养父母便足够了。然而，就是狗和马也一样都有人饲养着。没有对父母的一片敬心，那和饲养狗和马又有什么区别呢？"

孔子此言，说到了孝的关键处，对于今天的我们，也有很大的警示意

[1] 钱穆：《论语新解》，九州出版社 2011 年版，第 5 页。

义。有些人认为能够让父母吃得好、穿得好、住得好，就是孝了，平时却很少关心，也不打一个电话问候一下，这难道就是心之孝吗？更有甚者，陪父母没有时间，却天天牵着爱犬，游玩于小区或公园之中，对宠物的爱，显见于言行之中，甚至超过了对父母的爱。呜呼！这样的人休说是仁，连做人最起码的原则也丧失了！

而孔子的弟子，其心敬至孝者，给现代的人们做出了榜样。《鞭打芦花》是闵子骞孝亲的故事，感动了一代又一代人。由于妇孺皆知，于此不再赘述。

大孝之人曾子对父亲伺候之周到，心中之笃敬，也达到了让人叹服不已的程度——“孝于父母，昏定晨省，调寒暖，适轻重，勉之于糜粥之间，行之于衽席之上，而德美重于后世”（《新语·慎微》）。也正是如此之大孝，所以，“孔子以为能通孝道，故授之以业，作《孝经》”（《史记·仲尼弟子列传》）。

曾子的儿子曾元，也像他的父亲一样，是一个极其孝敬父母的人。

在现实中，人们常常抱怨孩子对自己不够孝敬，其实，大家想没想过，自己做到从心里到言行都孝敬父母了吗？如果是的，而且天天如此，月月如此，年年如此，孩子就会看在眼里，记在心里，也会像长辈一样有孝敬之心的。

这对于想要成就一番大事业者更为重要，因为对父母一以贯之的孝敬，会内化成一种仁德品质，并会在日常生活与工作中显现出来，从而让人们不由自主地敬仰你。相反，就很难得到大家的认可，也就行之不远，休说取得大的成就，就是立身于世都会很难。

既然如此，有君子人格的人就应当从孝敬父母做起，始终如一地去践行“仁”。

孔子说：“君子无终食之间违仁，造次必于是，颠沛必于是。”（《论语·里仁第四》）意思是说，君子时时刻刻都不能违背仁，哪怕是一顿饭的时间也不行。就是在最紧迫的时刻，也必须依仁而行；就是在颠沛流离的时候，也一定依仁而行。

在《论语·述而第七》中，孔子如是说：“三人行，必有我师焉。择其善者而从之，其不善者而改之。”意思是说，三个人一起走路，其中必定有人可以做我的老师。我选择他善的品德向他学习，看到他不善的地方就以此为鉴，改掉自己的缺点。

张居正解说得更加详细：“盖人的所为非善则恶，而师也者，所以引人为善，教人去恶者也。今三人虽寡，而观其所行，岂无合于义理而为善者乎？亦岂无悖于义理而为不善者乎？善者我则景仰欣慕，取法其善而从之；不善者我则反观内省，恐己亦有是恶而改之。夫择善而从，则足以长吾之善，是善固我之师也。见不善而改，则足以救我之失。是不善亦我之师也。所以说三人行必有我师焉。”[1]

这是“成仁”之路，甚至也是成圣之道。《孟子·尽心上》有言：“舜之居深山之中，与木石居，与鹿豕游，其所以异于深山之野人者几希。及其闻一善言，见一善行，若决江河，沛然莫之能御也。”《孟子·公孙丑上》亦言：“大舜有大焉：善与人同，舍己从人，乐取于人以为善。”舜者，圣人也。之所以能够成圣，原因当然非止一端，而能够“我欲仁”，便“斯仁至矣”。

在《论语·里仁第四》中还有这样一章——子曰：“见贤思齐焉，见不贤而内自省也。”意思是说，遇见贤人，当思与之看齐，遇见不贤之人，当反省是否有和他一样的错误。

钱穆说：“思齐，思与之平，愿己亦有此贤。内自省，内心自反省，惧己亦有此不贤。此章见与人相处，无论其人贤不贤，于己皆有益。若见贤而忌惮之，见不贤而讥轻之，则惟害己德而已。又此章所指，不仅于同时人为然，读书见古人之贤，亦求与之齐。见其不贤，亦以自省。则触发

[1] 〔明〕张居正讲评：《论语别裁》，陕西师范大学出版社 2007 年版，第 102 页。

更广，长进更易。”[1]

此言甚妙，不只是见其人而“思齐”与“内省”，读到书中人物有贤与不贤者亦当如是。长期如此修行，自能抵达“仁”的境界。

在这方面，曾子是一个典型代表，他有一句妇孺皆知的名言：“吾日三省吾身：为人谋而不忠乎？与朋友交而不信乎？传不习乎？”（《论语·学而第一》）意思是说，我每天多次反省自己：为别人谋事，有没尽心的地方吗？和朋友相交，有不信实的地方吗？对老师传授的君子之道，是不是用心践习落实了呢？

钱穆说得好：“盖曾子所反己自尽者，皆依于仁之事，亦即忠恕之极也。”[2]

在《论语·泰伯第八》中有这样一章：“士不可以不弘毅，任重而道远。仁以为己任，不亦重乎？死而后已，不亦远乎？”意思是说，士不可以不弘大而刚毅，因为他责任重大，道路遥远。把仁作为自己的责任，这不是责任重大吗？奋斗终生，死而后已，这不是路途遥远吗？

对这一章，朱熹在《论语集注》中这样解说：“仁者，人心之全德，而必欲以身体而力行之，可谓重矣。一息尚存，此志不容少懈，可谓远矣。程子曰：‘弘而不毅，则无规矩而难立；毅而不弘，则隘陋而无以居之。’又曰：‘弘大刚毅，然后能胜重任而远到。’”

曾子是孔子弟子中“内圣”（《庄子·天下》）一派的代表人物之一，其言多系修身养性之说，可这一章为什么慷慨陈词，激扬高越？因为当曾子谈到“仁以为己任”时，宏大精神与巨大担当便在心中蓬勃而生，决心终生为之奋斗，死而无憾。事实也确实如此，他不但“托六尺之孤”（《论语·泰伯第八》）承担起培养子思的重任，而且最终自己和子思都成了孔子精神的真正传人，从而让“仁”的思想继续发扬光大。

---

[1] 钱穆：《论语新解》，九州出版社 2011 年版，第 92 页。

[2] 钱穆：《论语新解》，九州出版社 2011 年版，第 7 页。

因为曾子所行皆“依于仁”，这使他不但当世为人所景仰，后世更是被推崇，与孔子、颜回、孟子并称为儒家“四大圣人”。

曾子并不聪明，孔子也说“参也鲁”（《论语·先进第十一》）。如此迟钝之人，却可以传《大学》、作《孝经》，将孔子的思想传承甚至发扬光大。之所以能如此，关键就在于他重视内在修养，终身依“仁”而行。

这给我们很大的启示，任何有成就的人，都不是“生而知之者”（《论语·季氏第十六》），而应当是终身学习者，不但要学习知识，更要修养德行，让自己的生命永远有向上提升的机会。久而久之，由“德”成“仁”，也就有了可能。

四、游于艺

匡亚明说：“春秋末年，凡要参与贵族政治而取得一定地位的人，都得学会礼、乐、射、御、书、数这六项基本功，那就是：熟悉与遵循当时流行的礼、乐，掌握射箭技术，学会赶马车（御），学会写字（书），还要具备一定的计算（数）能力。孔子大概通过自学和向人请教的方式，终于完满而全面地学习和掌握了这六项基本功。”[1] 匡亚明所说的“六项基本功”，即孔子所说的“游于艺”中的“艺”，也就是大家熟知的“六艺”。所谓“游”，即游历、游戏、观赏、娱乐，是掌握六艺后获得的一种游刃有余而又愉悦的审美感受。

1. 六艺略解

为了让读者对六艺能有个大体的认识，在此不妨对其略作解说。

（1）礼、乐

礼即人们常说的周礼，但又不尽然，有些像今天的德育课，可也不完

[1] 匡亚明：《孔子评传》，南京大学出版社 1990 年版，第 29~30 页。

全相同，它更多的是在践行层面。

匡亚明在《孔子评传》中，写到孔子去周学礼有这样一段话："到当时周天子的首都雒邑（故址在今河南省洛阳市王城公园一带）去学习周礼和古文献。这在孔子的学习经历中，是一件很大的事情。从曲阜去雒邑，千里迢迢，行程艰巨。根据当时孔子的贫穷情况，假如没有鲁国贵族的支持，要想实现这一旅程是很困难的。正好鲁国的贵族孟僖子要他的两个儿子孟懿子（何忌）和南宫敬叔师事孔子，向孔子学礼。因此，据传南宫敬叔向鲁君（昭公）建议，请鲁君帮助车马路费，并说他愿意与孔子同往。鲁君就给了孔子一辆车、两匹马和一个跟随的童仆。据传孔子到雒邑曾经'问礼于老聃'，不管孔子在雒邑有没有'问礼于老聃'，也不管去雒邑的确切年月难以断定（包括南宫敬叔是否同行），但孔子确曾到雒邑去学习考察过，而且很有收获，这应是历史事实。"[1]

孔子以恢复周礼为己任，这是众所周知之事。他在三十岁的时候，已经能够以礼立身了。对此，笔者在"大成之路"一章中也有论述。

需要说明的是，孔子教学生学礼，绝非那种教条式的礼，而是重在行上，且烙印着孔氏的风格。弟子们则从孔子那里，学到了礼的知识，更懂得了礼之行的重要性。

比如孔子的弟子曾子，不但学礼，更在平时依礼而行。不过，礼不只停留在鞠躬行礼等形式上，更体现在日常生活及待人接物之中。

曾子接待宾客时，从头到尾都非常谨慎有礼，没有半点怠慢，真正做到了"敬"。所谓"敬"，就是不马虎，不随便，不苟且，不敷衍。有的人对"于己有益"的朋友或客人，可能会卑躬屈膝地善待；而如果是来借钱的，便懒得理他，茶也不上，跷着二郎腿。"随便"是不敬，是"礼之大忌"。言轻必遭辜，行轻必遭辱。讲话不能太过随便，更不能乱讲。有的人好讲低趣味笑话，这叫言轻。也许在讲的时候，自己特别得意，可听

---

[1]　匡亚明：《孔子评传》，南京大学出版社 1990 年版，第 31~32 页。

者从中感到他不是正派的人，因为正派的人不讲这样的话。所以，孔子说：“君子不重，则不威。”这里的“重”不是体重的“重”，而是“敬”的意思。所以，言要重，行要重，重则是端庄也。不马虎，不随便，不苟且，不乱讲，不信口开河。如果你真的敬重你所请来的宾客，应该是非常的真诚，而不是轻浮和轻狂。

曾子的对人有礼，也包括对自己的儿子等晚辈有礼。难道要对自己的儿子行礼吗？这里所说的礼，不是行礼，而是不敷衍。儿子跟自己说话的时候，认真听了吗？对儿子承诺过的事情，自己做到了吗？如果对儿子马马虎虎，随便应付，就是无礼。有的时候，孩子不听大人的话，往往是由于大人对他无礼。当然，对待周围的人和事，就更不能随便、马虎。

曾子在家里面从来不大声呵斥他的牛马。为什么呢？因为他考虑到骂牛骂马的时候可能别人就会多心，这是中国人的文化特征。有些人习惯于指桑骂槐，即使说者不是指桑骂槐，听者也难免有怀疑。比如你很不耐烦地说一盆花：“养你干嘛呢？既不能吃，又不能用，扔了算了！”听起来是骂花，实际上是骂他所讨厌的那个人。所以，凡是会引起别人怀疑、多心的话，就千万不要说。

看来，礼更多彰显在行的层面，而且几乎无处不在。而一个人的礼之言行，又折射出其修养的高下与品格的优劣。

孔子对弟子进行乐的教学，旨在通过以音乐为代表的艺术，让学生从中受到感染和熏陶，在不知不觉中提升审美情趣。不仅如此，乐教还是修身养性感化教育弟子的良方之一，比如《礼记·乐记》中说：“故乐行而伦清，耳目聪明，血气和平，移风易俗，天下皆宁。”其实，当时乐的教化作用是从个人到社会的，“广乐以成其教”（《礼记·乐记》）。《礼记·乐记》中也记载：“乐也者，圣人之所乐也，而可以善民心。其感人深，其移风易俗，故先王著其教焉。”可见乐教在当时社会非常受重视，是君王化民易俗的工具。

根据史料记载，我们得知孔子是一位当之无愧的大音乐家，不但学有所成，而且深得其中之妙。

《论语·述而第七》有这样一章："子与人歌而善，必使反之，而后和之。"意思是说，孔子与别人一同唱歌，倘若别人唱得好，一定会请他重唱一遍，然后自己再和着唱。

在《论语·八佾第三》中有这样一章："子语鲁大师乐，曰：'乐其可知也：始作，翕如也；从之，纯如也，皦如也，绎如也，以成。'"其大体意思是——孔子告诉鲁国的太师官说："乐的演奏之全部进程是可知了。一开始，是这样的兴奋而振作，跟着是这样的纯正而和谐，又是这样的清楚而明亮，又是这样的连绵而流淌，乐便这样完成了。"

太师是专门负责国家音乐的官员，孔子为什么还对他说这些话呢？因为当时鲁国日衰，有些音乐已经缺废，而音乐不但具有审美功能，还可以起到移风易俗的教化作用，所以孔子从卫国回到鲁国之后，"既汲汲于正乐，而其于太师，又谆谆以告戒之如此"[1]。

孔子对于美与德兼而有之的音乐爱之甚深，几乎到了痴迷的状态。在《论语·述而第七》中就有这样一章："子在齐闻《韶》，三月不知肉味，曰：'不图为乐之至于斯也。'"意思是说，孔子在齐国听到了《韶》乐，有很长时间尝不出肉的滋味，他说："想不到《韶》乐的美达到了这样惊人的地步！"

为什么如此让人陶醉其中？因为《韶》是舜王之乐，"尽美矣，又尽善也"（《论语·八佾第三》）。意思是说，这个乐曲的艺术形式美极了，内容也达到了至善的境界。

"帝舜之乐，叫做《大韶》，他作于绍尧致治之后，其声音舞蹈至于九成，固极其盛美而可观矣。然不但尽美，而美之中又极其善焉。盖舜以生知安行之圣人，雍容揖逊而有天下，故心和气和，而天地之和应之。至

[1]〔明〕张居正讲评：《论语别裁》，陕西师范大学出版社 2007 年版，第 40 页。

于格神人，舞鸟兽，其妙有不可形容者，所以说又尽善也。”[1]

而对于不美不善之乐，孔子则不但敬而远之，甚至到了深恶痛绝的地步。他对颜回说，要“放郑声”（《论语·卫灵公第十五》），因为“郑声淫”（《论语·卫灵公第十五》）。要禁绝郑国的乐曲，因为其乐曲浮靡乱人心性。

今天，我们欣赏乐曲时，也应当从美和善两个方面考量。那些格调低下的音乐，即使听起来有些许美感，也不应闻而听之。

孔子的“乐”教，有点类似于今天的音乐教学，却更注重教化意义。即使执礼之时，也常有音乐相伴，所以，那个时代，人们常常将礼乐放在一起。

（2）射、御

射、御是孔子教学中的体育学科。由于射、御为当时打仗时必备的技能，所以，学好射、御两科，也有可能在军事上一展身手。

孔子精通射、御之学，而且水平相当高超，在“有谦乃大”一章中，已做过介绍。

《礼记·射义》记载：“孔子射于矍相之圃，盖观者如堵墙。”意思是有一次孔子在曲阜城西郊区矍相圃举行习射活动时，围观的人很多，简直像密不透风的墙，可见孔子射箭的水平绝非一般。

也许有人认为，孔子是一个弱不禁风的书生，其实不然，他身高“九尺有六寸”（《史记·孔子世家》），力能搏牛，身体特别强健。显然，这与其常年习练射、御不无关系。

（3）书、数

书是书法。数又称术数，是计算、数学的技术。

在书、数方面，孔子的水平也非同一般。据《史记·孔子世家》记载：“及长，尝为季氏史，料量平；尝为司职吏而畜蕃息。由是为司空。”意

[1]〔明〕张居正讲评：《论语别裁》，陕西师范大学出版社 2007 年版，第 41 页。

思是说，孔子长大成人，曾经做过季氏手下的官吏，管理统计准确无误；又曾做过司职的小吏，使牧养的牲畜繁殖增多，由此出任司空。如果不是对书法和数学有所研究，孔子是不可能做得如此之好的。

匡亚明在《孔子评传》中也说："孔子担任仓库管理员（'委吏'）时，账目算得清清楚楚，也可以说明他计算（数）的熟练程度。至于写文书之类的东西（书），孔子当更是拿手了。"[1]

2."游""艺"价值

孔子为什么自学六艺，又教授学生学习六艺呢？一是可以为生存打下基础，孔子小时候如果学不好这六艺，连基本的生存都难以维系。正是由于母亲颜徵在的辛勤劳作和他因六艺之学而有所收入，才让他和母亲以及同父异母的兄长孟皮这一家三口的生计得以解决。

二是六艺之学可以强健身体，愉悦心灵，游弋于其中，身心会有一种很和谐的美感。

三是要想提高学习效率和质量，就应当劳逸结合，所以孔子在教授学生六经时，加之以六艺，让学生的学习变得既丰富又有趣。于是，学习不但有了"藏焉修焉"（《学记》），即"温故而知新"（《论语·为政第二》），而且还有"息焉游焉"（《学记》），即休息和"游于艺"。有的专家认为，六经之学如同今天进入正式课程的学科教学，而六艺则多在课外"游"乐于其中。

这样，既学有所得，又比较快乐。为此，他强调要"游于艺"，而不是"学于艺"。

看来，孔子教授学生学习这些内容的时候，并不是让学生学得了然无趣，而是要他们"游"于其中，即快快乐乐地学。恰如钱穆所说："人之习于艺，如鱼在水，忘其为水，斯有游泳自如之乐。故游于艺，不仅可以

---

[1] 匡亚明：《孔子评传》，南京大学出版社1990年版，第33~34页。

成才，亦所以进德。”[1]

现在中小学生的学习似乎离“游”越来越远了，甚至有的已经变成了一种心力交瘁的苦役，所以，各种教育媒体上批评学生负担之重的报道从来就没有间断过。可是，为什么会造成这么重的负担呢？却很少有人深究。

生命个体的学习本来是探索未知、获取智慧的一个快乐过程，是一种幸福的心灵之旅。孔子说：“人之为学，常苦其难而不悦者，以其学之不熟，而未见意趣也。”[2]这里所说的“意趣”特别重要，就是要“游于艺”，即进入快乐甚至审美的状态。

学习一旦进入到“游于艺”的状态，就不会再将其视为负担，而是变成了一种审美追求，甚至会乐此不疲地去研究。很多年来，我一直在紧张地学习着。有的人说，陶老师，你累不累啊！我说，你看我累吗？我一读书就快乐，我一写作就兴奋，我一讲课就愉悦，怎么会累呢？一个人的累与不累，不在体力消耗多少，而在于内心是快乐还是痛苦。一个忧虑抑郁的人，即使工作清闲，也不会快乐；一个心理阳光和谐的人，即使工作十分紧张，也会快乐无比。而我们所需要的学习状态，恰恰是这样一种“游于艺”的审美状态。

有了审美的况味，我们再读五经的时候，不但不会感到有佶屈聱牙之难，反而会有乐此不疲之美。当天天徜徉于经典诵读天地的时候，教师的教学，就会别具风采。因为通过经典的滋养，能够渐渐构建起具有独特个人风格的话语体系，拥有超越常人的思想与智慧。备起课来，也会更加轻松自如。而越是如此，就越有时间读书。如此良性循环，“备课”就不再是一般意义上的备课，所有的阅读都成了其备课的有力支持。恰如苏霍姆林斯基所说：“每天不间断地读书，跟书籍结下终身的友谊，

[1]　钱穆：《论语新解》，九州出版社 2011 年版，第 158 页。

[2]〔明〕张居正讲评：《论语别裁》，陕西师范大学出版社 2007 年版，第 1 页。

就是一种真正的备课。”[1] 如此幸福的“备课”，收获的不止是学生的喜爱拥戴、教学的轻松高效，还有自我价值实现后的愉悦与幸福。

看来，“志于道，据于德，依于仁，游于艺”既是对孔子整个人生精神境界与学习追求的一种高度浓缩，也是今天教育应当遵循的理想规则，还是我们现代人走向高层境界的必由之道。

[1] B.A.苏霍姆林斯基著，杜殿坤译：《给教师的建议》，教育科学出版社 1984 年版，第 7 页。

第十二章　因材施教

“因材施教”一词并没有在《论语》中出现，是由朱熹所说“孔子教人，各因其材”（《论语集注》）八个字归纳而来的。这一归纳很有意义，因为“因材施教”确是孔子最重要的教学方法。孔子正是采用这种方法，对性格、智力、兴趣、能力和心理等各不相同的弟子们进行了有的放矢的教育，从而使他们都有了很好的发展。

孔子不分贫富贵贱所收的学生，在不少方面有着很大的差异，甚至是千差万别，如果采取现在分年级班级制授课，采取同等进度教学的话，当然不会取得好的效果。而孔子用“因材施教”的教学方法，不但让他们各得其教，其中有些人还成了流芳后世的贤才。

一、智商不同之教

孔子认为，人的智商存在先天之别，有高低敏愚之分。所以他说：“中人以上，可以语上也；中人以下，不可以语上也。”（《论语·雍也第六》）意思是说，中等水平以上的人，可以与他讲上等的学问；中等水平以下的人，便不能与他讲上等的学问了。既然人的智商有高有低，施教就要因人而异。

比如“闻一以知十”（《论语·公冶长第五》）的颜回，不但德性高，智商悟性也高，绝对属于“中人以上”者。孔子对他的教育可以点到为止，甚至有时孔子刚一讲，他就心有灵犀一点通了。所以，孔子不管讲什么，他都是无疑无问，完全领会，以至孔子如此说：“回也非助我者也，于吾言无所不说。”（《论语·先进第十一》）意思是说，颜回不是对我有帮助的人啊，他对我说的话没有不心悦诚服的。

读者千万不要认为孔子是在指责颜回，不然，就失其本然要义了。在这方面，朱熹解说得一清二楚说：“颜子于圣人之言，默识心通，无所疑问。故夫子云然，其辞若有憾焉，其实乃深喜之。”（《论语集注》）李泽厚也说：“诚如朱注，遗憾而又深喜之。王阳明也如是说。”[1]

即使孔子不讲，颜回也是深得孔子之意的。

“在陈绝粮”期间，子路曾经生气地质问孔子：“君子亦有穷乎？”（《论语·卫灵公第十五》）其实，遭遇穷途末路，不止是子路，其他弟子也不太高兴，对此孔子心里也很明白。司马迁在《史记·孔子世家》中，就有这样一句：“孔子知弟子有愠心。”所以，就有了先后对子路、子贡和颜回三人同一问题的提问：“《诗》云：‘匪兕匪虎，率彼旷野。’吾道非邪？吾何为于此？”意思是说，《诗经》中说：“既非犀牛也不是老虎，却在空旷的原野四处奔命。”我们的学说难道有不对的地方吗？为何沦落到了这个地步？

子路是这样回答的：“意者吾未仁邪？人之不我信也。意者吾未知邪？人之不我行也。”孔子曰：“有是乎！由，譬使仁者而必信，安有伯夷、叔齐？使知者而必行，安有王子比干？”

这段话的意思是——子路说：“猜想我们还没有达到仁吧！所以别人不信任我们。猜想我们还没有达到智吧！所以别人不实行我们的学说。”

---

[1] 李泽厚：《论语今读》，中华书局 2015 年版，第 200 页。

孔子说："是这些缘由吗？仲由，我给你打个比方，假如仁者就一定会受到信任，那么怎么还会有伯夷、叔齐？假如智者就一定能成事，那么怎么还会有比干？"

子路退去后，子贡进见，孔子用同样的问题问他。子贡这样回答："夫子之道至大也，故天下莫能容夫子。夫子盖少贬焉？"孔子曰："赐，良农能稼而不能为穑，良工能巧而不能为顺。君子能修其道，纲而纪之，统而理之，而不能为容。今尔不修尔道而求为容。赐，而志不远矣！"

这段话的意思是——子贡说："老师的学说太宏大高远，所以天下没有国家能采纳。老师是否能稍微降低一点标准呢？"孔子说："赐，优秀的农夫善于种植却未必能丰收，优秀的工匠技艺高超未必能合所有人的心意。君子能够修明自己的学说，用纲领来统领经营自己的事业，但不能保证被世道所容，如今你不修明你奉行的学说却去追求被世人收容。赐，你的志向不是太远啊！"

子贡出去后，第三个入门进见的才是颜回。孔子再用问子路和子贡的话问他。颜回的回答则不同于前面两位同学："夫子之道至大，故天下莫能容。虽然，夫子推而行之，不容何病，不容然后见君子！夫道之不修也，是吾丑也。夫道既已大修而不用，是有国者之丑也。不容何病，不容然后见君子！"

这段话的意思是——颜回说："老师的学说极其宏大，所以天下没有国家能够容纳。即使如此，老师推广而实行它，不被容纳怕什么？正是不被容纳，才现出君子本色！如果老师的学说不修明，那是我们的耻辱。而老师的学说已经努力修明，但不被采用，那是当权者的耻辱。不被容纳怕什么？不被容纳才现出君子本色！"

于是，"孔子欣然而笑曰：'有是哉颜氏之子！使尔多财，吾为尔宰'"。意思是说，孔子高兴地笑道："有道理啊，你这个颜家的孩子！假使你拥有很多财产，我去给你当管家。"

面对同一问题，三位学生的回答各不相同，反映出其智力境界的高低。

子路不如“闻一以知二”（《论语·公冶长第五》）的子贡，可子贡比起“闻一以知十”的颜回来，悟性又差了不少。

所以，面对智商不一样的学生，当然要“因材施教”了。

子路的智商不及颜回和子贡，可不如他的愚笨之人也还有不少。子羔“受业孔子，孔子以为愚”（《史记·仲尼弟子列传》）；还有曾子，孔子对他的评价是“参也鲁”（《论语·先进第十一》），也就是说曾参这个人有点笨。

对于智力平平，甚至是愚鲁者，孔子并未拒之门外，而是诲人不倦、循循善诱，针对其特点施教。凡是认真聆听孔子教诲，自己又坚持不懈、努力上进者，大多能取得很大的成就。曾子即属于这一类学生，他最终成为孔子思想的正统传承者。

这给当下的教学以重要的启示，被有的老师称为愚笨的学生，甚至是“差生”者，并非“孺子不可教也”。“因材施教”于他们，唤起其努力向上的内在动力，说不定能让他们成为当下的学优生，甚至是未来的成功者。

二、性格各异之教

学生性格的差异之大与智商相比有过之而无不及。所以，《中庸》开篇就说：“天命之谓性，率性之谓道，修道之谓教。”中国有一句俗话还说：“江山易改，禀性难移。”（冯梦龙《醒世恒言》）可见，性格是一个人长期形成的相对稳定的个人特征，但并非不可改变。正是因为改变一个人的性格很难，才更需要老师对其“因材施教”。这样的例子《论语》中有不少，囿于篇幅，笔者仅以子贡、子路两人为例予以说明，供读者参考。

1. 对子贡“方人”之教

在孔子众多弟子中，子贡头脑灵活，反应敏捷，说起话来口若悬河、头头是道，喜欢对他人评头论足。如《论语·宪问第十四》中记载：“子贡方人。子曰：‘赐也贤乎哉？夫我则不暇。’”意思是说，子贡好议论别人。孔子就对他说：“子贡啊，你已经很好了吗？我是没那么多空闲去评论别人的。”正因为子贡有好说的弱点，所以，在子贡问怎样才能成为君子的时候，孔子这样回答：“先行其言而后从之。”（《论语·为政第二》）意思是说，先履行你所说的，然后再说。朱熹引范氏之言说：“子贡之患，非言之艰而行之艰，故告之以此。”（《论语集注》）

对于子贡言之过多，孔子不止一次地对他进行教育，不但在《论语》中有这方面的内容，在《史记·仲尼弟子列传》中也有类似的记载：“子贡利口巧辞，孔子常黜其辩。”

此外，在《史记·仲尼弟子列传》中还有这样一段记载：“孔子卒，原宪遂亡在草泽中。子贡相卫，而结驷连骑，排藜藿入穷阎，过谢原宪。宪摄敝衣冠见子贡。子贡耻之，曰：‘夫子岂病乎？’原宪曰：‘吾闻之，无财者谓之贫，学道而不能行者谓之病。若宪，贫也，非病也。’子贡惭，不怿而去，终身耻其言之过也。”

这段话的大体意思是这样的——

孔子去世后，原宪就在草泽之地隐居起来。子贡做了卫国的国相。有一天，子贡带着大队车马，排开丛生的杂草，来到这个偏远的地方看望原宪。原宪整理好破旧的衣帽，迎接子贡。子贡见状以之为耻，说：“难道你很困窘吗？”原宪回答说：“我听说，没有财产的叫做‘贫’，学习了大道而不能施行的叫做‘病’。像我这样，是贫，不是病。”子贡感到很羞惭，不高兴地离开了，一生都为这次言语的过失而感到羞耻。

坦率地说，作为一国之相，专门驱车去看望一个穷困潦倒的同学，这已经是一般人很难去做的事了。遗憾的是，子贡好说的老毛病又犯了，所以，被老同学原宪一句话反驳得满面羞惭，且“终身耻其言之过也”。看来，子贡是一个有过知耻且愿意改过的人。这一点，在《论语·子张第十九》中就有记载——“子贡曰：‘君子之过也，如日月之食焉。过也，人皆见之；更也，人皆仰之。’”意思是说，君子的过错好比日食和月食。他犯了过错，人们都看得见；他改正了过错，人们就都仰望着他。

正是孔子的因材施教，让子贡逐渐地少说多行起来，并成为一位很有成就之人。

2. 对子路过勇之教

子路在众弟子中，受孔子批评教育最多，也是向孔子提意见最多的一个。不过，子路是真心敬爱孔子，孔子也是真喜欢子路。

子路果敢直爽，为人勇武，个性极为鲜明。先秦很多著作中对子路的性格都有所记载，如《淮南子·人间训》中记载，人或问孔子："'子路何如人也？'曰：'勇人也，丘弗如也。'"《列子·仲尼》也说："由之勇贤于丘也。"本来，孔子就已经是位有勇的人了，但还觉得不如子路，可见子路勇武到何等程度。正因如此，每当孔子与弟子谈话时，子路总是第一个发言，孔子对子路的批评教育几乎都与其性格中的过于好勇、鲁莽有关。

据《史记·仲尼弟子列传》记载："子路性鄙，好勇力，志伉直，冠雄鸡，佩豭豚，陵暴孔子。孔子设礼稍诱子路，子路后儒服委质，因门人请为弟子。"意思是说，子路性情粗野质朴，好勇斗狠，刚烈直率，头戴雄鸡毛装饰的帽子，佩戴着公猪皮装饰的宝剑，曾经欺凌过孔子。孔子用礼乐慢慢地引导他，后来，子路穿上儒服，带着拜师的礼物，通过孔子学生的引荐，请求做孔子的学生。

这一"下之野人"（《韩诗外传》），不但尚勇，而且常常做事不考虑后果，勇而不当。针对他这一性格，孔子进行了一系列的"因材施教"。

在《论语·阳货第十七》中就有这样一章——

子路曰："君子尚勇乎？"子曰："君子义以为上。君子有勇而无义为乱，小人有勇而无义为盗。"

我们不妨翻译如下——

子路说："君子看重勇吗？"先生说："君子是看重义的。君子有勇没有义就会作乱，小人有勇没有义就会做盗贼。"

据说，这是子路初见孔子时所提的问题。当时子路野性未改，所以孔子特别告诫他，不讲礼义之勇，不但不值得称道，反而有可能作乱而成为强盗。张居正说得好："孔子因子路好勇而无所取裁，故深救其失如此！"[1]从中不仅可以看出孔子的"因材施教"，也可以看出孔子对子路之关爱。

子路尚勇的性格，在孔子教育下，虽然多少有些改变，懂得了一些义以为上的道理，可"本性难改"，有时说话还是很冒失。

在《论语·述而第七》中有这样一章——

> 子谓颜渊曰："用之则行，舍之则藏，惟我与尔有是夫！"
>
> 子路曰："子行三军，则谁与？"
>
> 子曰："暴虎冯河，死而无悔者，吾不与也。必也临事而惧，好谋而成者也。"

这一章的意思是说——

孔子对颜回说："被任用，就干起来；不被任用便敛藏起来，只有我和你能这样吧。"

子路说："你如果率领部队，又和谁在一起呢？"

孔子说："赤手空拳和老虎搏斗，不用船只去渡河，这样死了都不后悔的人，我是不会和他共事的。（我能找来共事的）一定是面临任务便恐惧谨慎，善于谋略而能完成的人哩！"

这一章写得栩栩如生，师徒三人宛若眼前。

孔子对颜回厚爱有加，在子路面前夸奖颜回，说其"用之则行，舍之

---

[1]〔明〕张居正讲评：《论语别裁》，陕西师范大学出版社 2007 年版，第 281 页。

则藏”，只有他和自己具备这种品质。子路听了不太高兴，受粗莽性格加之有点小嫉妒心的驱使，当场质问起老师来，认为他可以在三军打仗之时出生入死，保护老师，这点颜回是绝对做不到的。他的优点颜回是没有的，只有他子路具备。他认为，因为能有这样一个独具的优点而会得老师的表扬，没想到，孔子当即泼了他一头冷水，不但不予肯定，反而认为这种“暴虎冯河，死而无悔”的不计后果的盲目之勇，是“吾不与也”的。

朱熹说：“言此皆以抑其勇而教之……谢氏曰：‘……夫子之言，盖因其失而救之。夫不谋无成，不惧必败，小事尚然，而况于行三军乎？’”（《论语集注》）有勇无谋，休说行于三军，就是日常事也不可能做好。可子路不知道这个道理，所以才有了孔子的批评之言。

或许有人会说，孔子对子路的批评似乎有点过重。大家不要忘了，他面对的是子路，而不是子夏等人，子路知道老师这样说，是爱之深才责之切，尽管语气过重，他不但不会记恨在心，反而会感恩老师。孔子虽然言辞激烈，可懂学生爱学生之心跃然纸上。

由于子路这种行前不考虑后果的勇而近乎鲁莽的性格，所以，在不同的弟子问到同样问题的时候，孔子的回答却也是迥然不同的。

在《论语·先进第十一》中有这样一章——

子路问：“闻斯行诸？”子曰：“有父兄在，如之何其闻斯行之？”冉有问：“闻斯行诸？”子曰：“闻斯行之。”

公西华曰：“由也问闻斯行诸，子曰：‘有父兄在’；求也问闻斯行诸，子曰：‘闻斯行之’。赤也惑，敢问。”子曰：“求也退，故进之；由也兼人，故退之。”

这一章的大体意思如下——

子路问：“知道了就去做吗？”孔子说：“你的父亲、兄长都还健在，怎么可以（不征求他们的意见）一听人说就去做呢？”冉有问：“知道了就去做吗？”孔子说：“知道了就去做。”

公西华问：“子路问知道了就去做吗？您说有父兄活着。冉有问知道了就去做吗？您说知道了就去做。（两个人问题相同，而您的答复相反）我很疑惑。”孔子说：“冉有行为退缩，所以我鼓励他前进。子路好勇过人，所以我要抑制他。”

子路和冉有两人向老师提出同一个问题，孔子的回答却截然相反。之所以如此，正是因为子路和冉有的性格不同使然。子路勇猛得近乎鲁莽，做事很少考虑后果，所以孔子要他好好听听父亲和哥哥是怎么说的，然后再去做。冉有性格退缩，在做某件事的时候，往往思前想后，难以决断，所以孔子鼓励他大胆去做就行。

子路之勇，并非一无是处，关键时候为了老师，即使赴汤蹈火，他也在所不辞。对此，孔子心里非常明白，所以，也会因之而表扬他：“道不行，乘桴浮于海，从我者，其由与！”（《论语·公冶长第五》）意思是说，如果我的主张行不通，我就乘上木筏子到海外去，能跟从我的大概只有仲由吧！

试想一下，大海波涛汹涌，如果乘坐小木筏子行于其上，是会有生命危险的。可只要孔子如此而行，子路定会义无反顾跟着老师一起漂洋过海。这虽然只是假设，却可以看出子路的大勇以及对老师之忠心与至爱。

子路很少听到孔子的表扬，听到如此褒奖，当然是喜不自胜。可孔子话锋一转，又说了如下之言：“由也好勇过我，无所取材。”（《论语·公冶长第五》）意思是说，仲由的好勇超过了我，遗憾的是，除此之外就没有可取之处了。

这无异于又是当头一棒。如果是一般学生，一定会羞愧难当的。不过，子路有个优点即“人告之以有过，则喜”（《孟子·公孙丑上》），所以，对于老师的批评，子路不只是听听而已，而是牢记在心，时时鞭策自己。

其实，子路还有很多优点，甚至是其他弟子不具备的品质。对此，笔者在“事师如父”一章中还有专门的论述。

三、志趣不同之教

人各有志，趣味亦不尽相同，如果扬其所长对他们“因材施教”，就有可能成就一批人才。

孔子开“内圣外王”（《庄子·天下》）之先，既持续不断地修身养性，又积极入仕，试图实现自己的仁政理想。他的弟子中，如他一样“内圣外王”二者得兼者极少，分别达到了“内圣”之学与“外王”之志的则并不为少。

颜渊、有若、曾子、仲弓、闵子骞等，到孔子处求学，不是为了当官，而是心无旁骛地修炼“内圣”之学。

而冉有、子路等人，则很少关注修身问题，而是一直在积极从事入仕的“外王”之行。子张虽然没有像冉有和子路一样步入仕途，可他起初从政的愿望也比较强烈。

对于这些志趣不同的弟子，孔子当然要“因材施教”了。

1. 对追求仁者颜回之教

颜回极其关注个人内在的道德修养，是真正的仁者之士，孔子对他寄予厚望，所以，在教学的时候，就不能是雪中送炭，而是锦上添花了。

《论语·颜渊第十二》第一章——

颜渊问仁。子曰：“克己复礼为仁。一日克己复礼，天下归仁焉。为仁由己，而由人乎哉？”

颜渊曰：“请问其目。”子曰：“非礼勿视，非礼勿听，非礼勿言，非礼勿动。”

颜渊曰：“回虽不敏，请事斯语矣。”

这一章的大体意思如下——

颜回问什么是仁。孔子说："约束自己，使言语行动符合礼就是仁。一旦这样做到了，天下的一切都归于仁了。实践仁德全靠自己，还能凭靠别人吗？"

颜回说："请问个人行动的纲目。"

孔子说："不符合礼的事不看，不符合礼的事不听，不符合礼的事不说，不符合礼的事不做。"

颜回回答："我虽然不聪明，请让我按照这些话去做吧。"

那么，孔子如是之说，是不是说明颜回没能做到"克己复礼"呢？非也。我们不妨看看张居正是如何说的："孔子以是告颜渊，所以勉之者至矣。然要之尧舜相传心法，亦不过如此。盖所谓人心惟危，即是己也；所谓道心惟微，即是礼也；所谓精一执中，即是克复为仁之功，初无二理也。然则欲纯全乎尧舜之仁者，可不服膺于孔子之训哉！"[1]

这话说到了要害处，孔子这里的"因材施教"，是针对颜回极高的禀赋和修为，不是颜回没有做到，而是希望他做得更好，走上"更上一层楼"（王之涣《登鹳雀楼》）的境界。孔子认为颜回是能够完整、全面、准确地掌握和传承自己思想的最好人选，因而对颜回高标准严要求，不管任何时候任何地方，都要做到"非礼勿视，非礼勿听，非礼勿言，非礼勿动"，这样才能符合仁者的形象。

不过，也许还会有人问，仁是"心之德"，礼是"天理之节文"（《论语集注》），一内一外，怎么到了这里就成了一回事了呢？对此，钱穆做出了很好的回答："为仁：犹谓如是乃为仁。仁存于心，礼见之行，必内外心行合一始成道，故《论语》常'仁礼'并言。"[2]

妙哉斯言！

---

[1] 〔明〕张居正讲评：《论语别裁》，陕西师范大学出版社 2007 年版，第 175 页。

[2] 钱穆：《论语新解》，九州出版社 2011 年版，第 282 页。

孔子之礼，不只见之于外，而且是内化于心之后的“节文”（《论语集注》）也。颜回也说自己在老师“博我以文，约我以礼”（《论语·子罕第九》）中欲罢不能。

2. 对不好学者子路之教

颜回如此之好学，的确是“此群弟子所不及也”（《论语集注》），尤其是子路，何止于“不及也”，简直就是一个不好学的典型。不过，孔子并没有放弃对他的教育，于是，就有了如下之言——

> 子曰：“由也，女闻六言六蔽矣乎？”对曰：“未也。”“居，吾语女。好仁不好学，其蔽也愚；好知不好学，其蔽也荡；好信不好学，其蔽也贼；好直不好学，其蔽也绞；好勇不好学，其蔽也乱；好刚不好学，其蔽也狂。”（《论语·阳货第十七》）

这一章的大体意思如下——

孔子说：“仲由！你听说过六种品德和六种弊病吗？”子路回答：“没有。”孔子说：“坐下，我告诉你。爱好仁德却不爱好学问，它的弊病是容易受人愚弄和坑害；爱好聪明智慧却不爱好学问，它的弊病是行为放荡；爱好诚信却不爱好学问，它的弊病是害人害已；爱好直率却不爱好学问，它的弊病是说话尖刻；爱好勇敢却不爱好学问，它的弊病是捣乱闯祸；爱好刚强却不爱好学问，它的弊病是狂妄自大。”

对于这一章，《论语集注》中解说得很有道理：“范氏曰：‘子路勇于为善，其失之者，未能好学以明之也，故告之以此。曰勇、曰刚、曰信、曰直，又皆所以救其偏也。’”

孔子所说的“六言”好吗？当然好，其中有些品质子路也已拥有。可如果不好学，这些优点都有可能变成缺点，甚至出现大的问题。孔子爱子路甚深，以此告之，希望他能变得好学起来。

遗憾的是，子路并非好学之士，而是喜欢从政，做勇而有为之人，即使老师谆谆教诲，也许当时听之有理，可还是没有走上好学之路，不但没有像颜回一样成为仁者，孔子甚至认为他会由于过于勇猛而“不得其死然”（《论语·先进第十一》）。结果让孔子不幸言中，他在卫国宫廷发生内乱时死于非命，尽管死得有点悲壮，意义却并不太大。

如果子路真心听从孔子之言，好学起来，真是前途不可限量也。

3. 对“学干禄”者子张之教

子张是孔子周游列国期间收的弟子，属于孔子晚期的学生。他在《论语》中出现的次数和颜回差不多，但颜回和子张又是孔子弟子中完全不同的两个代表人物，前者一生为仁而学，后者开始为求仕而来，后来方致力于学。

据说子张曾一度做过“驵”（《尸子》），即马市经纪人，能说会道，很有才华，又极具个性。为此，他的某些同学对他很有看法。

子游曰：“吾友张也，为难能也，然而未仁。”（《论语·子张第十九》）意思是说，我的朋友子张是个难得的能人，但不是仁者。

曾子也说：“堂堂乎张也，难与并为仁矣。”（《论语·子张第十九》）意思是说，子张虽然堂皇得高不可攀，却难以和他同行于仁道。

从子游和曾子的话里，可以看到年轻气盛的子张是一个颇有本事且有入仕志向的人。这当然与他们彼此的志趣不同有关，同时，子张在这方面也表现得比较突出，就连孔子也说“师也过”（《论语·先进第十一》），而“过犹不及”（《论语·先进第十一》）也。之所以如此说，不是孔子否定子张，而是希望子张能够扬长避短，少一些张扬，多一点中庸。这样，就会在众弟子中享有较高的威信，其自身也会有更好的发展。

在《大戴礼记·子张问入官》中，就有“子张问入官于孔子”的记载；在《论语》中，也有一些子张向孔子求问如何做官和怎样出名的问题。孔子并不反对入仕做官，但主张做官要以修身为本，不然就会走错路甚至走上邪道。所以，孔子在回答他的问题时，就会对症下药。

在《论语·颜渊第十二》中有一章讲子张问孔子怎样才能“达”，于是，就有了下面这一段师徒的对话——

子曰：“何哉，尔所谓达者？”子张对曰：“在邦必闻，在家必闻。”子曰：“是闻也，非达也。夫达也者，质直而好义，察言而观色，虑以下人。在邦必达，在家必达。夫闻也者，色取仁而行违，居之不疑。在邦必闻，在家必闻。”

这段对话的大体意思如下——孔子说：“你所谓‘达’是什么？”子张回答：“在国君的朝廷里有名望，在大夫的封地里有名声。”孔子说：“这只是虚假的名声，不是‘达’。所谓‘达’，是要品质正直，遵从礼义，善于分析别人的话语，观察别人的表情，经常想着谦恭待人。这样的人，在国君的朝廷和大夫的封地里都可以通达。至于有虚假名声的人，只是外表上装出仁的样子，而行动上违背了仁，自己还坚持以仁人自居。这种人在国君的朝廷里和大夫的封地里确实会有名声。”

对此，《论语集注》作了很好的解说：“尹氏曰：‘子张之学，病在乎不务实。故孔子告之，皆笃实之事，充乎内而发乎外者也。当时门人亲受圣人之教，而差失有如此者，况后世乎？’”

钱穆说得更为严厉：“在邦必闻，在家必闻：此等人专意务外，欺世盗名，其心自以为是，无所愧怍，人亦信之，故在邦必闻，在家必闻。然虚誉虽隆，而实德则病，误己害世，有终其身为闻人而已不知羞，人不知非者，其为不仁益甚矣。”[1]

当今教育界，“在邦必闻，在家必闻”者也并非少数，这类人自称是什么教育专家甚至教育家，而且有人也真的认为其是教育家，于是，吹捧

[1]　钱穆：《论语新解》，九州出版社2011年版，第299页。

者有之，向其学习者有之，拜读其“著作”者亦有之。

其实，真正的仁者，是不会自吹自擂夸耀自己是教育家的，即使别人真的对其敬仰不已，也不会洋洋得意。否则，就不是真正意义上的“达”。

纵观古今中外的教育大家，几乎没有一个像子张那样求“闻”者，而是一心一意求“达”者。

正因为子张是“闻也者，色取仁而行违”，所以，当他问仁于孔子时，就有了下面一段对话——

> 子曰：“能行五者于天下为仁矣。”
>
> “请问之。”
>
> 曰：“恭、宽、信、敏、惠。恭则不侮，宽则得众，信则人任焉，敏则有功，惠则足以使人。”（《论语·阳货第十七》）

这段对话的意思是——

孔子说：“能够在天下实行五种德行，就可以说是仁了。”

子张说：“请问哪五种？”

孔子说：“恭敬、宽厚、信实、勤敏、恩惠。恭敬就不会被人侮辱，宽厚就能得到大家的拥护，信实就会得到人们信任，勤敏就会使工作有效果，对人有恩惠就能指挥动人们。”

显然，孔子对子张问仁的回答不同于那些具有仁德之心的学生，为什么呢？朱熹说：“五者之目，盖因子张所不足而言耳。”（《论语集注》）

也许子张看到其他同学问仁于孔子，他也问仁，孔子则针对他存在的问题而答之。尽管孔子知道他不可能步入仁的境界，可还是告诉他这个道理，希望他尽可能在“心之德”上下功夫，而不只是在出名或为官上追逐。

在《论语·为政第二》中还有这样一章——

子张学干禄。子曰："多闻阙疑，慎言其余，则寡尤；多见阙殆，慎行其余，则寡悔。言寡尤，行寡悔，禄在其中矣。"

这一章的意思是说，子张问得官职、获薪俸的方法。孔子说："多听，保留有怀疑的地方，谨慎地说那些有把握的部分，就会少犯错；多看，不干危险的事情，谨慎地做那些有把握的部分，就不会失误后悔。讲话少过错，行为少后悔，官职薪俸便自然会有了。"

焦循《论语补疏》有言："圣人以事功为重，故不禁人干禄。"此言有一定道理，孔子不但不禁止他的弟子"干禄"，而且希望他们步入仕途。不过，入仕者首先要有道德人格做基础，不然，只是为了"干禄"而"干禄"，孔子是不喜欢的。钱穆说得好："孔子不喜其门弟子汲汲于谋禄仕，其告子张，只在自己学问上求多闻多见，又能阙疑阙殆，再继之以慎行，而达于寡过寡悔，如此则谋职求禄之道即在其中。"[1] 如何做到"寡过寡悔"呢？我想，"心之德"当是关键，舍此，则难乎其难矣。

程子曰："修天爵则人爵至，君子言行能谨，得禄之道也。子张学干禄，故告之以此，使定其心而不为利禄动，若颜闵则无此问矣。或疑如此亦有不得禄者，孔子盖曰耕也馁在其中，惟理可为者为之而已矣。"（《论语集注》）是的，颜回和闵子骞是绝对不会提出这样的问题的，非常年轻又一心想做官和得利禄的子张如此之问，当在理中。

子张起初喜欢从政，所以不止一次向老师请教从政做官之道。如《论语·尧曰第二十》中有这样一章：

子张问于孔子曰："何如斯可以从政矣？"

子曰："尊五美，屏四恶，斯可以从政矣。"

子张曰："何谓五美？"

---

[1] 钱穆：《论语新解》，九州出版社 2011 年版，第 38 页。

子曰：“君子惠而不费，劳而不怨，欲而不贪，泰而不骄，威而不猛。”

子张曰：“何谓惠而不费？”

子曰：“因民之所利而利之，斯不亦惠而不费乎？择可劳而劳之，又谁怨？欲仁而得仁，又焉贪？君子无众寡，无大小，无敢慢，斯不亦泰而不骄乎？君子正其衣冠，尊其瞻视，俨然人望而畏之，斯不亦威而不猛乎？”

子张曰：“何为四恶？”

子曰：“不教而杀谓之虐；不戒视成谓之暴；慢令致期谓之贼；犹之与人也，出纳之吝谓之有司。”

这一段的大体意思是——

子张请教孔子说：“如何做就可以从事政治事务了啊？”

孔子说：“尊重五种美德，摒弃四种不好的习惯，就可以治理政事了啊。”

子张说：“什么叫五美？”

孔子说：“君子给予百姓好处不觉得浪费，役使百姓，百姓不心生怨恨，追求欲望而不贪婪，泰然而不骄横，威严而不凶猛。”

子张说：“什么叫惠而不费？”

孔子说：“顺着老百姓想要得到的利益，而给予老百姓应该得到的好处，这不是惠而不费吗？选择百姓可以做的工作来让百姓做事，又有谁会怨恨？追求仁义而得到仁义允许的利益，又怎说是贪婪呢？君子不分对方人数的多少，不分官位的大小，都不敢怠慢，这不是泰然而不骄横吗？君子整齐其衣冠，端正其目光，严肃、威严的样子使人望而产生敬畏之心，这不是威而不猛吗？”

子张说：“什么叫四种不好的习惯？”

孔子说：“不教育，犯了错误就杀戮，这种行为叫作残虐；不劝诫他，而看着他做成坏事，这种行为叫作凶暴；缓慢下达命令却忽然给予期限要求完成，这种行为叫作贼邪；同样给人东西，却出手吝啬，这种行为叫作小气。”

孔子在此告诉子张做官要以德以仁为本，要“尊五美，屏四恶”，要处处替老百姓着想，不要总想着自己扬名。

《论语》中孔子回答学生问政的问题，从没有回答得如此详细的。这说明，孔子很看重这个年轻有为的弟子，所以才如此不厌其烦，回答得既耐心又详细。可见，尽管子张并未达到仁的境界，但孔子还是对他谆谆教导，希望他能做官为民造福。

不过，我们并不能由此而责怪子张问政之多，康有为就对他给予了高度评价。李泽厚说：“康有为从现代政治眼光出发，着重‘外王’，于是重子张问政等等，认为这才是孔子思想的重心，未必错误。”[1]遗憾的是，子张并没有由此走上从政之路，时也？命也？自身问题？还是其他原因？今天不做考究。不过，尽管他英年早逝，可在后来走上了求学之道后，还是取得了一定的成就，学者高专诚等就对其为学之道予以了较高的评价。

就其志趣而言，子张不同于冉有的专心于仕途，也不同于子路的勇而无谋。所以，子张不但问政，还问仁，颇受孔子器重。

当然，孔子的“因材施教”并不止以上三个方面，比如还有因观念不同而对樊迟的批评，因格局不大而对子夏的教诲等，尤其是《论语》中弟子们“问仁”和“问孝”者很多，孔子因人而答，回答也各不相同。清代尹会一说：“孔门教人莫重于仁孝，其答问仁、问孝各有不同，皆因其材之高下与其所失而告之。故药各中病，非如后世之教，自立宗旨以待来学，所谓不问病症而施药者，药虽良，无益而又害之者多矣。”（《读书笔记》）

可以毫不夸张地说，孔子的“因材施教”不但是中国教育史上的瑰宝，也是世界教育史上弥足珍贵的文化遗产。

同时，为了更好地对“有教无类”招收而来的学生有效施教，孔子所

[1] 李泽厚：《论语今读》，中华书局 2015 年版，第 14 页。

采取的教学方法也不止“因材施教”一种，还有启发诱导法、学思结合法、温故知新法、自由讨论法、相互切磋法、点到为止法等，内容极其丰富。

今天，不管从西方“舶来”多少种教学方法，几乎都可以从孔子的教学方法中寻到源头。所以，我们不是排斥向西方学习，而是更主张向孔子学习，更希望不要混淆源流、妄自菲薄。那样的话，孔子地下有知，也一定不胜感慨，而作为学习孔子思想的我们，也会引以为耻的。

第十三章　学而不厌

“天不生仲尼，万古如长夜。”（《唐子西文录》）是的，孔子用自己的一生建构起一座恢宏的精神庙宇，映照着中华民族源源不断的文化长河。然而孔子并非出身于书香世家，与其同时代的教或学者也并不少，为什么只有他成为中华文化的“集大成也者”（《孟子·万章下》）？原因自然非止一端，可其终身“学而不厌”（《论语·述而第七》），当是一个十分重要的原因。

在好学方面，孔子不但为后世留下了极富启示意义的经典言录，而且其终生乐此不疲行走在好学之路上的精神，也引领着千千万万“学而时习之”（《论语·学而第一》）的人们，走出了一条通向明天的辉煌之路。

一、孔子“学而不厌”之言

“学而时习之，不亦说乎？”《论语》开篇即谈学，而且学有所得，异常愉悦。孔子在晚年时的自我总结中又说自己“吾十有五而志于学”（《论语·为政第二》）。可见，立志于学、好学乐学，是孔子人生不断进步、精神升华的要素之一。

1. 自道好学

对于孔子的至谦品格，笔者在“有谦乃大”一章中专门进行了论述，可就是这位如此谦虚的仁者圣者，多次直言不讳地谈起了自己的“好学”。其中的深义，待笔者慢慢道来。

孔子说：“十室之邑，必有忠信如丘者焉，不如丘之好学也。”（《论语·公冶长第五》）他认为，即使只有十户人家的村落，也一定有像他那样讲求忠信的人，只是不如他那样好学罢了。

孔子此说，至少有两个含义：一是表层之义，即他特别好学，同邑之人无人能及，这是对自己好学的肯定与评价。二是深层意蕴，勉励弟子终生好学，以有所成，因为“玉不琢，不成器；人不学，不知道”（《学记》）：玉石不经雕琢，就不能变成精美的玉器；人不经过学习，就不会明白做人之道。终生好学，不但可以成就做人之道，甚至有可能成仁成圣。恰如朱熹所说：“夫子生知而未尝不好学，故言此以勉人。言美质易得，至道难闻，学之至则可以为圣人，不学则不免为乡人而已。可不勉哉？”（《论语集注》）

孔子不是不谦虚，他这是以自己为例，勉励大家走上好学之道。

现实亦如是，几个忠信和智商相差无几的人，有的一生矢志不移地学习，有的则多在吃喝玩乐中度日。几年、十几年，尤其是几十年之后，就有了天壤之别——前者意气风发，终成大家；后者消沉颓废，在“学如逆水行舟，不进则退”（《增广贤文》）中一事无成。

在《论语·述而第七》中先后有两章谈到孔子的“学而不厌，诲人不倦”，这两章虽然都显示了孔子谦虚的品格，但此处笔者重点对其好学之义进行解说。

先让我们看排在前面的一章——

子曰："默而识之，学而不厌，诲人不倦，何有于我哉？"

这一章的意思是——

孔子说："默默地记住，学习而从不厌烦，教人也从不疲倦。除此之外，我就没有什么可以称道的了。"

李炳南很得其中要义，他如是说："此说求学修道之法。首将所学默记于心中。其次须知，学无止境，故须学不厌足。如此则非记问之学，故可以诲人。但非一诲而成，故须不倦。孔子是圣人，教人亦望其能成圣人，未至于成，则不能倦。默学诲三者，何有于我哉？"[1]

如果有哪个教师能像孔子这样学习和教学，休说可以步入名师殿堂，专家甚至教育家的方阵中也能有其一席之地。可是，又有多少教师终生如是呢？所以，休说圣者难寻，名师亦成稀有者也。

让我们再看排在后面的一章——

子曰："若圣与仁，则吾岂敢？抑为之不厌，诲人不倦，则可谓云尔已矣。"公西华曰："正唯弟子不能学也。"

这一章的大体意思是——

孔子说："如果说圣与仁，那我可不敢当。我不过只是努力而不厌地学，不倦地教，如此而已。"公西华说："正是在这一点上，我们弟子做不到啊！"

对于此章解说，《孟子·公孙丑上》里有如下的记载："昔者子贡问于孔子曰：'夫子圣矣乎？'孔子曰：'圣则吾不能，我学不厌而教不倦也。'子贡曰：'学不厌，智也；教不倦，仁也。仁且智，夫子既圣矣。'"

---

[1] 李炳南：《论语讲要》，长江文艺出版社 2019 年版，第 104 页。

由此可见，“学而不厌，诲人不倦”何其重要！岂止公西华诸弟子做不到，此后两千多年来，绝大多数的教师也都没有做到。为什么做不到？一是没有孔子“有教无类”的圣者的使命感，二是没有孔子始终如一、坚持不懈的韧性。孔子从其办学之日起，就担起了将贫贱家庭子弟教育成人成才的重任，为此，他矢志不移地奋斗了终生。而正是其“学而不厌”，才让他拥有了“诲人不倦”的能力，并在弟子和后人中树立起了一个学习的丰碑。

同在《论语·述而第七》这一篇里，还有孔子自道其好学的一章：“我非生而知之者，好古，敏以求之者也。”他说自己并非天资聪颖，更不是一生下来就有知识的（现在之所以能有这么多的知识），只是因为喜欢古代文献，勤于学习得来的。

孔子说这句话，可能是因为有人称颂他天资绝顶聪明，甚至是“生而知之者”，不然怎会有这么广博而高深的学问呢？孔子于是告诉问者，自己不是生来聪明，而是“好古，敏以求之”才有如今这个样子的。钱穆说得好：“好学必好古。若世无古今，人生限在百年中，亦将无学可言。”[1]

如果说这一章有“学而不厌”要义的话，还给我们指出了抵达高层境界之路。

今天的教师，不但要学习现代知识，也应当“好古，敏以求之”。不过，这里所说的“古”，一定是真正意义上的古代经典，除了孔子当时所教的六经之外，还有诸子百家等其他中国经典，以及外国的经典文化。因为这些经典，文辞极美，内容丰沛，又有思想高格，终生敏而求之，虽成不了大师，也一定会成就斐然，让生命绽放出绚丽的光彩。

2. 经典言录

《论语》中，孔子及其弟子关于好学的言录，承袭了其一贯的风格，

[1] 钱穆：《论语新解》，九州出版社 2011 年版，第 170 页。

言简意丰，有着跨越时空的永恒价值。

孔子曰：“生而知之者，上也；学而知之者，次也；困而学之，又其次也；困而不学，民斯为下矣。”（《论语·季氏第十六》）意思是说，生下来就知道的人，是上等人；经过学习以后才知道的人，是次一等的人；遇到困惑再去学习的人，是又次一等的人；遇到困惑还不学习的人，是最下等的人。

所谓“生而知之者”世间罕有，孔子如此之至圣，也说“我非生而知之者”也。不过，孔子所说的其他三种人，不但当时有，现在有，将来还会有。

孔子之意，并不在评鉴人的智力高下，而是勉励人们好学。朱熹《论语集注》中有这样一段话：“杨氏曰：‘生知学知以至困学，虽其质不同，然及其知之一也。故君子惟学之为贵。困而不学，然后为下。’”

现实中，智商高的人有大成就者有之，智商一般甚至低的人成就斐然者也并不在少数。只要好学，就能学有所得，以所学补智商不高之短。因为文化是可以“化”人的，尤其是经典文化，它会让愚者开窍，提升生命品质。曾子虽“鲁”（《论语·先进第十一》），但终生好学，最终成为儒家文化的一代宗师。何况更多的人并不“鲁”，如果终生好学，则有可能成就更大的事业。

孔子说：“学如不及，犹恐失之。”（《论语·泰伯第八》）意思是说，学习好像追逐什么似的生怕赶不上，赶上了又生怕丢掉了。

“学如不及”，折射出孔子求学的迫切心情；“犹恐失之”，则是担心学后而忘却。孔子好学的情貌宛在眼前，令人感动而又敬仰。

子夏有一句话，对于进一步理解孔子之言，也许有些帮助。

子夏曰：“日知其所亡，月无忘其所能，可谓好学也已矣。”（《论语·子张第十九》）意思是说，每天（通过学习）知道一些新知识，每月（通过复习）不忘记学过的旧知识，这可以叫作爱好学习的了。

皇侃《论语义疏》说：“此即是温故而知新也。日知其所亡，是知新也。月无忘所能，是温故也。”[1]

这又让我们想起了孔子之言：“温故而知新，可以为师矣。”（《论语·为政第二》）意思是说，温习过去所学者，进而有新的体悟，这样便可以做老师了。

真乃大道相通！中国第一部教育学论著《学记》认为，“君子之于学也”，应当“藏焉，修焉”。

陈祥道这样解说：“藏焉以蕴其所已知……修焉以习其所未知。”他认为这溯源于子夏的“日知其所亡，月无忘其所能”。而张载说此溯源于孔子的“温故而知新”。

孔子不但“吾道一以贯之”（《论语·里仁第四》），好学亦如是，不仅如此，还给我们指出了如何才能学得好，那就是“温故而知新”。如此，就可以为师了。孔子正是在持续不断的“温故而知新”中，所知愈来愈多，所教越来越好的。

学习如此重要，学起来就不能三天打鱼两天晒网，而应当持之以恒，从不懈怠。不然，即使学了很多，也有可能因为中道而止前功尽弃。

在《论语·子罕第九》中就有这样一章：“子曰：‘譬如为山，未成一篑，止，吾止也。譬如平地，虽覆一篑，进，吾往也。’”我们不妨翻译如下——孔子说：“譬如造山，只差一筐土，如果中断，我也就停止了。譬如堆土成山，虽然只倒下一筐土，如果继续，我也就干下来了。”

孔子此言，源于《尚书·旅獒》所说的“为山九仞，功亏一篑”，不过，又有新的启示，旨在告诉人们：是进是止，是成是败，不在其他，而全在我也。学习，当持之以恒，终生而为，才不至于“功亏一篑”，而能最终取得巨大的成功。

那么，如此之学，是不是太累和痛苦呢？不是的，孔子说：“知之者不如好之者，好之者不如乐之者。”（《论语·雍也第六》）意思是说，

[1] 李炳南：《论语讲要》，长江文艺出版社 2019 年版，第 325 页。

懂得它的人，不如爱好它的人；爱好它的人，不如以它为乐的人。

是的，如果说“知”在认知层面、“好”在道德层面的话，“乐”则走进了审美的境界。孔子之好学，不只努力，而且快乐。可见当一个人学习进入忘我的审美境界时，学习就不再是被动的、枯燥乏味的事情，而是快乐的源泉。

比如读书，怎样才能升华到审美的境界呢？

开始阅读的时候，有的教师也许会说工作太忙，无暇读书；或者认为阅读古代经典太难，没有兴趣。可是，当坚持阅读相当一段时间后，就会形成习惯，如同吃饭睡觉一样自然。而继续走过一段较长的阅读之路后，便再也不愿割舍。这些年来，我就有这种感受。每天将近一个小时的经典诵读，让我在天天聆听智者的教诲时，有一种其乐无穷的感觉；而每天两个多小时世界文学名著的阅读或听读，常常让我忘记日月之运行，时光之流逝，有一种“登山则情满于山，观海则意溢于海”（刘勰《文心雕龙·神思》）的妙不可言的愉悦感。于是，我体会到了孔子此言的奥妙。

这里还有一个问题需要明确，学习的目的到底是什么呢？如果目的不明或不纯，即使好学，也会走上歧路。

让我们看看孔子是怎么说的。

子曰：“古之学者为己，今之学者为人。”（《论语·宪问第十四》）意思是说，古代的人学习是为了提高自身的修养，现在的人学习是为了向别人炫耀自己。

对于此句，古今大家意见不尽相同，而我则欣赏荀子之见：“君子之学也，以美其身；小人之学也，以为禽犊。”（《荀子·劝学》）意思是说，君子学习是为了使自己的身心完美，小人学习则是为了卖弄和干禄。程子的理解也是同样的：“为己，欲得之于己也。为人，欲见知于人也。”（朱熹《四书集注》）可见只有以提高自身修养和提升学问道德为目的，才会心无旁骛，专心向学，产生内在的、自觉的学习动力，不被浅近的、外在的东西所迷惑，学有所成后，心中悦之；学而未成，继续求之，而不会去理会别人对自己的看法评价，这样才能真正做到“学而不厌”并使学习成为终身的爱好。“为人”而学者则不然，浅尝辄止，却喜欢在人前炫耀；人格未必高尚，却摆出一副道貌岸然的样子。这样的人，不只孔子那个时代有，现在也没有绝迹，甚至更多。学习孔子的经典言录，也许能让这类人猛醒，促其反省与悔悟。如学而不改，不但“斯为下矣”（《论语·季氏第十六》），其企图“为人”而出名的目的也不可能实现。

二、孔子“学而不厌”之行

如今，学生能否考入名牌大学，固然需要多种因素，可是从小学、初中到高中就读于名校，已经成了一个极其重要的途径。因为名校多有名师，“名师出高徒”，其学生也就比一般学校的学生有了更大考入名牌大学的可能性。

孔子休说没有进入鲁国之名校，就是一般官府的学校也没能进去，可他取得的成就之大，两千五百多年来，几乎无人能与之比肩。那么，其中的奥妙何在呢?

《韩诗外传·卷六》记载：“孔子曰：‘可与言终日而不倦者，其惟学乎。其身体不足观也，勇力不足惮也，族姓不足称也，宗祖不足道也，而可以闻于四方而昭于诸侯者，其惟学乎！’”真是精辟至极，它一语道破了孔子之所以成为文化集大成者的奥秘所在。

我们不妨再看看《论语·子张第十九》其中一章是如何说的——

卫公孙朝问于子贡曰：“仲尼焉学？”子贡曰：“文武之道未坠于地，在人。贤者识其大者，不贤者识其小者，莫不有文武之道焉。夫子焉不学？而亦何常师之有？”

这一章的大体意思是，卫国的公孙朝问子贡：“孔子的学问是从哪学来的？”子贡回答说：“周文王和周武王的道，并没有失传，而是散布到了人间。贤能的人则可以了解它的大部分，不贤的人只能抓住一些微小的细节。文武之道是无处不在的。我的老师在哪里都能学到，为什么偏要由一个老师专门传授呢？”

朱熹如是说：“文武之道，谓文王、武王之谟训功烈，与凡周之礼乐文章皆是也。在人，言人有能记之者。”（《论语集注》）

这其中有两层意思：一是周文王和周武王虽然过世了，可“文武之道”并没有随之消亡，比如周文王所作的《周易》，还成了孔子教学的六经之一。二是“文武之道未坠于地，在人”，“文武之道”至今仍在世间由某些人传播着。既然如此，以传承“文武之道”为己任的孔子，就可以向这些人学了。“焉不学”者，是说何所不学之意：可以从保留下的经典文本中学，也可以向当时某些传承“文武之道”的人学。所以，并没有一个或几个固定的老师。

1. 拜访名师

既然“文武之道未坠于地，在人”，那么，未必进入官府学校，也不一定有固定的名师授课，只要有一种“学而不厌”的精神，就可以向所知的名师学习。历史所记载的“问礼老聃，访乐苌弘，问官郯子，学琴师襄”（刘宝楠《论语正义》）等，就反映了孔子的求学之道。

不管是正史，还是民间传说，都有不少这方面的故事。笔者从中取其二例，让我们看看孔子是如何向名师学习的。

（1）“问官郯子”

在《左传·昭公十七年》和《孔子家语·辩物》中，都记载了孔子“问官郯子”的故事。

鲁昭公十七年，郯国的郯子来朝见鲁昭公。在一次宴会上，鲁国大夫昭子问起了少昊时以鸟名官的缘由。

郯子随即答道：“他是我的祖先，我当然知道。从前黄帝氏以云纪事，故以云字命名百官。炎帝氏以火纪事，故以火字命名百官。共工氏以水纪事，故以水字命名百官。太皞氏以龙纪事，故以龙字命名百官。高祖少昊挚即位的时候，凤鸟现瑞，故以鸟纪事，百官都用鸟来命名。凤鸟氏，掌管天文历法；玄鸟氏，掌管春分、秋分；伯赵氏，掌管夏至、冬至；青鸟氏，掌管立春、立夏；丹鸟氏，掌管立秋、立冬。祝鸠氏，即司徒；鴡鸠氏，即司马；鸤鸠氏，即司空；爽鸠氏，即司寇；鹘鸠氏，即司事。这五鸠，是鸠聚百姓的……”

孔子听说此事，便马上去拜见郯子，向他学习，还向他请教少昊时代的职官制度。

孔子时年二十七岁，所学知识已经相当丰富，在鲁国也有了一定的名气。而郯国只是鲁国东南方的附庸小国，郯子也根本无法和孔子相提并论。可是，孔子不但是一个“知之为知之，不知为不知”（《论语·为政第二》）者，还是一个不知即学者。什么地位高下、名气大小，在孔子看来，都不能作为不知而拒绝学习的理由。

今天重温孔子“问官郯子”的故事，不只是让我们对孔子的好学精神再次生起敬仰之情，也在启发我们，不管听到哪个人所说的自己不知的学问，都要不问尊卑，前去学习。

（2）“学琴师襄”

孔子深爱并精通音乐，有着超乎常人的艺术水平，这与其极其认真的学艺态度有着重要的关系。流传甚广的“学琴师襄”的故事，就是一个典型的例子。

《史记·孔子世家》有如下的记载——

孔子学鼓琴师襄子，十日不进。师襄子曰：“可以益矣。”孔子曰：“丘已习其曲矣，未得其数也。”有间，曰：“已习其数，可以益矣。”孔子曰：“丘未得其志也。”有间，曰：“已习其志，可以益矣。”孔子曰：“丘未得其为人也。”有间，有所穆然深思焉，有所怡然高望而远志焉。曰：“丘得其为人，黯然而黑，几然而长，眼如望羊，如王四国，非文王其谁能为此也！”师襄子辟席再拜，曰：“师盖云《文王操》也。”

这段话的大体意思如下——

孔子向师襄子学习弹琴，学了十天仍没有增加新曲子。师襄子说：“可以学些新曲了。”孔子说：“我已经熟习曲子，但还没有熟练地掌握演奏的技巧。”过了些时候，师襄子说：“你已经掌握演奏的技巧，可以学些新曲了。”孔子说：“我还没有领会其中的志趣。”过了一段时间，师襄子说：“你已经领会其中的志趣，可以学些新曲了。”孔子说：“我还没有体会出乐曲的作者是什么样的人。”过了一段时间，孔子默然沉思，高瞻远望而显出志向远大的样子，说：“我知道乐曲的作者是什么样的人了，他皮肤黝黑，身材高大，目光明亮深邃，如同统治着四方的诸侯，除了周文王还有谁能撰作这首乐曲呢！”师襄子离开坐席对孔子拜了又拜，说：“原来我老师教我这首曲子时说过，此曲正是叫《文王操》啊！”

好学到如此的程度，让人惊叹不已。看来，孔子不但感受到了《文王操》的乐曲之美，还体悟到了《文王操》的深层思想精髓。非孔子，如此好学，又有谁呢？

2. “韦编三绝”

“文武之道未坠于地”者，不但有掌握“文武之道”的人，还有以文本形态保留下的六经等经典。孔子是如何学习和研究六经的？我们也许可以从孔子学《易》窥见一斑。在《论语·述而第七》中有孔子“五十以学《易》，可以无大过矣”之言，而在《史记·孔子世家》中还有“孔子晚而喜《易》”“读《易》，韦编三绝”之说。

春秋时期的书，主要是以竹子为材料制造的，把竹子破成一根根竹签，称为竹简，用火烘干后在上面写字。一根竹简上写字，多则几十个字，少则八九个字。一部书要用许多竹简，通过结实的绳子之类的东西按次序编连起来才最后成书。通常，用丝线编连的叫“丝编”，用麻绳编连的叫“绳编”，用熟牛皮绳编连的叫“韦编”。比起丝线和麻绳来，熟牛皮绳要耐磨得多，像《易》这样贵重的书，当然要用熟牛皮绳编连起来。

孔子“晚而喜《易》”，反反复复研读《易经》，又附注了许多内容，翻开来又卷回去地阅读了无数遍。结果，这样读来读去，把串连竹简的牛皮绳子都磨断了好多次，不得不一次又一次地换上新的再继续研读。即使在周游列国颠沛流离的十四年间，孔子也投入了大量的精力学习研究《易经》，用义理对其进行加工整理和诠释，为《易》赋予了全新的伦理思想和哲学思想，使其充实为一部反映天道变化、专讲修己达人的义理之书。

一说到《易经》，有不少人望而生畏，因为其内容太过艰深，没有高深的学问和极强的耐性，很难对其进行深入研究。所以，休说“韦编三绝”，就是能系统地读上一两遍的教师也为数极少。

在刚退休的一两年间，我受人之邀，办起了一份刊物。其间，曾一度和我的同事每天抽出一定的时间诵读《周易》，还背诵了其中不少章节，坚持了不到两年时间，就不再诵读了。因为真想将其读通读透以至说出个子丑寅卯来，绝对是需要下很大很大的功夫的。算来不再诵读《周易》已有十年之久了，原先所背诵的内容，也大多记不起来了。想想孔子之学，真是惭愧不已。

现在偶尔想起此事，还会生起再学《周易》的想法，可一直未能行动起来。尤其是近年来，奔走于全国各地采访与讲课，以及大量的写作任务，占去了我不少时间。而且，对于《论语》之爱，二十多年如一日，此外再想很好地研究《周易》，的确是有些力不从心。不过，看看孔子，他不忙吗？可他还是能沉下心来，如此研究《易经》。我为什么不可以放弃一些其他并不特别重要的工作，而将更多的时间投入到更有意义的学习之中呢？虽然以后不确定能全心研究《周易》，但孔子好学的精神，深深地烙印在了我的心里。我决心继续更加深入地对《论语》《学记》等经典进行研究，此外，或许还会开辟一个新的学习和研究的领域。

三、弟子好学品质

孔子不但自己好学，在其教学实践中，也一直教导他的弟子要好学，不少弟子后来果然成为让人敬仰的好学博学之人。

1.“欲罢不能”的颜回

颜回是在孔子“博我以文，约我以礼”之中“欲罢不能”（《论语·子罕第九》）的终身努力学习者。尽管他谦虚地说自己“虽欲从之，末由也已”（《论语·子罕第九》），但依然获得了巨大的成就。

孔子这样评价颜回：“语之而不惰者，其回也与！”（《论语·子罕第九》）意思是说，听了我的话，而不松懈怠惰的，大概是颜回吧！《论语集注》如是说：“范氏曰：‘颜子闻夫子之言，而心解力行，造次颠沛未尝违之。如万物得时雨之润，发荣滋长，何有于惰，此群弟子所不及也。’”

颜回逝世后，孔子非常感慨地说：“惜乎！吾见其进也，未见其止也。”（《论语·子罕第九》）意思是说，可惜呀！我只见他不断进步，从来没有看见他停止过啊！如此“学而不厌”之人，不幸早逝，休说孔子深感可惜，今天的我们，也都为之感到万分惋惜！

朱熹也说：“颜子既死而孔子惜之，言其方进而未已也。”（《论语集注》）

这再次让我们想起孔子所称赞的颜回的“好学”之言，他不但在修身之学上如是，在学文之道上也如是。

2. 勤奋好学的曾子

曾子也是孔门弟子中好学的一个典型。曾子生性并不聪明，然而正是这样一个鲁钝的学生，居然成为传播儒家思想最为重要的代表人物，可以传《大学》、作《孝经》，以至有了上承孔子、下启思孟的功绩，成为中国历史上儒家五大“圣人”之一。

曾参之所以成就卓著，当然离不开孔子的悉心教育，但更重要的是曾参自己勤奋好学、“学而不厌”。

曾参虽然性格内向，看上去愚笨木讷，但思维非常缜密，会对老师的教导细细琢磨，认真领会。正因如此，颜回不幸去世后，孔子便将学派传承的最大希望寄托在了曾参身上。正如朱熹《孟子集注》中引程颐之语所说的：“孔子言参也鲁，然颜子没后，终得圣人之道者，曾子也。”曾子勤奋好学，只要老师在身边、有空，他就有疑必问，并且以问带学，问学并重，用他自己的话就是“请因所闻而学”（《孔子家语·王言解》）。

在《孔子家语·王言解》中记载了曾子与孔子一番很长的对话，不妨从中选取部分内容，看看孔子如何“诲人不倦”和曾子如何“学而不厌”的——

孔子闲居，曾参侍。孔子曰：“参乎，今之君子，唯士与大夫之言可闻也。至于君子之言者，希也。于乎！吾以王言之，其不出户牖而化天下。”

曾子起，下席而对曰：“敢问何谓王之言？”孔子不应。曾子曰：“侍夫子之闲也难对，是以敢问。”孔子又不应，曾子肃然而惧，抠衣而退，负席而立。

有顷，孔子叹息，顾谓曾子曰：“参，汝可语明王之道与？”曾子曰：“非敢以为足也，请因所闻而学焉。”

子曰：“居，吾语汝！夫道者，所以明德也。德者，所以尊道也。是以非德道不尊，非道德不明。虽有国之良马，不以其道服乘之，不可以道里。虽有博地众民，不以其道治之，不可以致霸王。是故，昔者明王内修七教，外行三至。七教修，然后可以守；三至行，然后可以征。明王之道，其守也，则必折冲千里之外；其征也，则必还师衽席之上。故曰内修七教而上不劳，外行三至而财不费。此之谓明王之道也。”

这部分的大体意思是——

孔子闲居在家，曾参在旁边陪侍。孔子说：“曾参，当今身居高位的人，只能听到士和大夫的处理一般政务的言论，至于那些治国安民的道理，就很少听到了。唉，我若把成就王业的道理讲出来，他们足不出户就可以化成天下了。”

曾参站起来，走下坐席问孔子：“请问先生，什么是王者之言呢？”孔子不回答。曾参又说：“正赶上先生您有空闲，我对此难以理解，所以才向您请教。”孔子还是不回答。曾参感到很惶恐，提起衣襟退下去，站在旁边。

过了一会儿，孔子叹了一口气，回头对曾参说：“曾参啊，大概可以对你谈谈古代明君治国之道吧！”曾参回答说：“我不敢说自己有了足够的学识能听懂您谈治国的道理，只是想通过听您的谈论来学习。”

孔子说：“坐下来，我告诉你。所谓道，是用来彰显德行的。德，是用来尊崇道义的。所以没有德，道就不能被尊崇；没有道，德也无法发扬光大。即使有一国之中最好的骏马，如果不用正确的方法驾驭它，它就不可能在道路上奔跑。一个国家即使有广阔的土地和众多的人口，如果不用正确的方法治理，也不可能成就王霸之业。因此，古代圣明的国君在内修行‘七教’，对外实行‘三至’。‘七教’修成，可以守卫国家；‘三至’的目标实现，可以对外征讨。圣明国君的治国之道，如果用以守卫国家，一定能击败千里之外的敌人；如果用以对外征伐，也一定能得胜还朝。因此说，在内实行‘七教’，国君就不会劳顿；对外实行‘三至’，就不至于劳民伤财。这就是古代明王的治国之道。”

从这段对话中，我们可以看到曾子学习态度的认真与恭顺，孔子见识的高远与宏阔，还可以感受到孔子对曾子的殷切期望，以及曾子从老师那里所学到的修身明君的道理。

《礼记·曾子问》用大量篇幅记载了曾子近乎无所不问的提问，其数量多达几十次，创下了孔门弟子提问数量之最。他一直“学而不厌”地向孔子学习着，心领而神会。

韩愈说：“吾常以为孔子之道，大而能博，门弟子不能遍观而尽识也，故学焉而皆得其性之所近。其后离散分处诸侯之国，又各以所能授弟子，原远而末益分。……孟轲师子思，子思之学，盖出曾子。”（《送王秀才序》）

韩愈对曾子评价如此之高，并非过誉。直到现在，还有很多人在研究曾子的为人和为学之道。

我的家乡山东省济宁市嘉祥县，就是曾子的故乡。我也许比曾子还要鲁钝，却不及曾子“学而不厌”的精神。不过，向曾子学习一直是我的心愿，几十年来，我也一直行走在这条学习之路上，不求成什么大家，只希望在持续不断的学习中，更好地升华境界、安顿心灵，以不辱没嘉祥先贤曾子的名声。

四、后人“学而不厌”的佳话

孔子逝去了，可他“学而不厌”的精神被后世有识之士所继承，并演绎出一个又一个好学者的佳话。

1. 黄霸狱中拜师求学

汉宣帝时期，黄霸和夏侯胜都是当时的名臣，有一次，两人因为得罪了当时的权贵而被抓进监狱。夏侯胜十分有学问，精通儒家经典，黄霸想，现在这样被关押着无所事事，不如向夏侯胜学习《尚书》。于是他请求拜夏侯胜为师，夏侯胜叹了一口气说：“我们现在是囚犯，说不定什么时候就被杀了，还学什么呀？”

黄霸摇摇头说：“先生错了，古人说得好：‘朝闻道，夕死可矣！’

现在学也不晚啊！”夏侯胜被他的好学精神打动了，便决定教他。两人在监狱里兴致勃勃地谈经论书。后来，时来运转，夏侯胜被任命为太子的老师，黄霸从太守一直做到了丞相。他们一直坚持学习，为官清廉，深得百姓的爱戴。

“朝闻道，夕死可矣”（《论语·里仁第四》）是孔子之言。正是受孔子好学精神的感召，黄霸才有了狱中向夏侯胜学习《尚书》的志向。也正是二人狱中的学与教，才让黄霸增益才能，后来做了很多有益于百姓的好事。夏侯胜之教，也有助于他对《尚书》研究得更加深透，不然，也未必能成为太子的老师。

这让我想起“文化大革命”中一些学富五车的知识分子，他们被迫劳动改造甚至被羁押于监狱之中，但他们并没有垂头丧气，更没有自杀而死，而是一直坚持不懈地学习着。“文化大革命”结束后，他们的所学便有了用武之地，他们很快如大鹏展翅一样，取得了惊人的成就。

2. 闻一多结婚日“醉”书

闻一多酷爱读书，一读就“醉”。据说，在他新婚之日，洞房里张灯结彩，热闹非凡。一大早亲朋好友都来登门贺喜，迎亲的花轿马上快到家了，人们竟然发现找不到新郎了。大家急得东寻西找，最终在书房里发现了他。他手里捧着一本书正看得入迷，怪不得人家说他不能看书，一看就要“醉”。

今日如此“醉”书者，不说是凤毛麟角，恐怕也很难听闻了。而要想达到他那学者诗人的境界，也就难乎其难了。

现在，终身学习已经成为一个时髦的词语，但确能做到者并不太多。而孔子就是通过自学而成大器的，既是终身学习者，也是终身教育者。孔子的启蒙老师是其年轻的母亲颜徵在，之后是向所有可以学习的人学习。孔子永远都是我们终身学习的光辉典范。

第十四章　事师如父

自古以来，尊师就是一种传统美德，也是社会公众话题，尤其在一年一度的教师节期间，谈论得更多，一些感人的尊师典型也屡见于报刊。

不过，如果回首两千五百年前的春秋时代，去领略孔子弟子尊师的景象，则会多少有点让人感叹今不如昔。孔子及其弟子所锻造的师生深情，以及由此闪耀出来的人性的光辉，会让我们情不自禁地升腾起一种“高山仰止”（《诗经·小雅·车辇》）的崇敬感。

斯人虽已去，千载有余情。

今天，就让我们穿越时空，回到春秋战国时代，去看看孔子的弟子们尊师的感人场景；同时，也从全国众多学子中，去寻觅一个当今尊师的动人故事。

先秦时期，父亲过世，儿子要为之守孝三年，以表达至深之孝。

孔子逝世之后，他的弟子们也像失去了父亲一般，一起为老师守孝。对此，《史记·孔子世家》曾专门记载——

孔子葬鲁城北泗上，弟子皆服三年。三年心丧毕，相诀而去，则哭，各复尽哀；或复留。唯子赣（贡）庐于冢上，凡六年，然后去。弟子及鲁人往从冢而家者百有余室，因命曰孔里。

为了便于读者理解，不妨将其翻译如下——

孔子死后葬在鲁城北面的泗水岸边，弟子们都在心里为他服丧三年。三年心丧完毕，大家道别离去时，都相对而哭，又各尽其哀；有的就又留了下来。只有子贡在墓旁搭了一间小房子住下，共守墓六年，然后才离去。弟子及鲁国人，相率前往墓旁居住的多达一百多家，因而就把这里命名为“孔里”。

古人云：“一日为师，终身为父。”可像孔子去世之后，学生为之守孝三年者，几千年来尚无他例。

这不但成了中国历史上的一个奇迹，也成了世界历史上一段绝无仅有的尊师佳话。

在为孔子服“心丧”三年期间，除了一般弟子，其他在朝为官者、日常为商者，也敬守孔子墓前未曾离开，哀悼缅怀先师。

即使被孔子骂作“朽木不可雕也”（《论语·公冶长第五》）的宰予，在陈蔡绝粮的艰难时刻，也一直不离左右地紧紧跟随老师。孔子逝世后，他也一直维护老师的形象，甚至说：“以予观于夫子，贤于尧舜远矣。”（《孟子·公孙丑上》）意思是说，老师孔子比尧舜都要贤达得多呢！

孔子要众弟子们“鸣鼓而攻之”（《论语·先进第十一》）的冉有，对孔子也是一直感恩于心的。在周游列国期间，季康子要冉有回国，他得到孔子支持后回到鲁国。此后，在鲁国和齐国的一场战争中他取得大的战功时并不自居，而是将功劳归于孔子。《史记·孔子世家》中有这样的记载——

其明年，冉有为季氏将师，与齐战于郎，克之。季康子曰：“子之于军旅，学之乎？性之乎？”冉有曰：“学之于孔子。”季康子曰：“孔子何如人哉？”对曰：“用之有名；播之百姓，质诸鬼神而无憾。求之至于此道，虽累千社，夫子不利也。”

这一段的意思是——

第二年（前 484），冉有为季氏统率军队，在郎地同齐国作战，打败了齐国的军队。季康子对冉有说："您的军事才能是学来的呢，还是天生的呢？"冉有回答说："我是从孔子那里学来的。"季康子又问："孔子是怎样的一个人呢？"冉有回答说："任用他要符合名分，他的学说不论是传布到百姓中，还是对质于鬼神前，都是没有愧憾的。我对于军事，虽然有功而累计封到二千五百户人家，而孔子对此却丝毫不会动心的。"

而孔子之所以能够结束十四年的周游列国生涯，被季氏迎回鲁国也是因为冉有的斡旋。

当然，宰予和冉有也与其他弟子一样，在孔里为孔子守孝三载。

由此看来，尊师敬师以至事师如父，是孔子弟子们共有的品行。在这里，不可能将所有弟子尊师的故事一一道来，笔者选取三个弟子加以介绍，从中一窥并感受弟子们是如何事师如父的。

一、亦步亦趋的颜渊

在孔子所有弟子中，颜回最得老师器重，也最听老师教诲，他们之间虽然不是父子，却远比父子还亲。

可惜颜回不幸"短命"，死在孔子之前，不然，他也会像子贡一样为孔子守孝六年，且伤心痛哭不已的。

也许有人会问，颜回和孔子之间感情至深，为什么在他死后，孔子还不让弟子们厚葬他呢？

在《论语·先进第十一》中确有这样一章："颜渊死，门人欲厚葬之，子曰：'不可。'门人厚葬之，子曰：'回也视予犹父也，予不得视犹子也。非我也，夫二三子也。'"

意思是说，颜渊死了，孔子的学生们想要隆重地安葬他，孔子说："不能这样做！”学生们仍然隆重地安葬了他。

孔子说：“颜回把我当父亲一样看待，我却（因于礼的规定）不能把他当亲生儿子一样看待。（现在失了礼）这不是我的过错，是那些学生们干的呀。”

是不是孔子后来不喜欢颜回了呢？不是的，不予厚葬，和喜欢不喜欢没有内在的联系。对此，朱熹作了这样的解说：“丧具称家之有无，贫而厚葬，不循理也。故夫子止之。”（《论语集注》）钱穆也说：“丧具当称家之有无，家贫厚葬，非礼。所谓厚，亦指逾其家之财力言。”[1]一向重礼的孔子，认为对待钟爱的弟子颜回，也不应违礼而行。同时，他的儿子孔鲤去世的时候，也是依礼而行，没有厚葬。再说，孔子主张“丧，与其易也，宁戚”（《论语·八佾第三》），意思是说，就丧事而言，与其仪式上治办周备，不如内心里真正哀伤悲戚。

孔子一直把颜回当成儿子看待，甚至看得比儿子还重，所以，在颜回去世的时候，才痛不欲生地哭喊：“天丧予！天丧予！”（《论语·先进第十一》）

《论语·先进第十一》中还有一章：“颜渊死，子哭之恸。从者曰：‘子恸矣！’曰：‘有恸乎？非夫人之为恸而谁为？’”意思是说，颜渊死了，孔子哭得极其悲痛。跟随孔子的人说：“您悲痛过度了！”孔子说：“是太悲伤了吗？我不为这样的人悲伤，又为谁呢？”

可见，孔子悲痛至极，已达到了不自知的程度。其子孔鲤之死，他亦未如此之痛也。这种痛是痛到了心里，不是用所谓厚葬就能表达的。

因为孔子之于颜回，就像父亲对于儿子；颜回之于孔子，也像儿子对于父亲。后人曾这样评价说：“颜回之于孔子也，犹曾参之事父也。古之贤者与，其尊师若此，故师尽智竭道以教。”（《吕氏春秋·孟夏纪·劝学》）确实如此，颜回一生跟随孔子，忠心耿耿，侍奉左右，几乎形影不

[1] 钱穆：《论语新解》，九州出版社 2011 年版，第 263 页。

离，孔子也因此对他倾注了全部心血。

在《庄子·田子方》中，颜回曾对孔子说："夫子步亦步，夫子趋亦趋，夫子驰亦驰。"意思是说，先生行走我也行走，先生快步我也快步，先生奔跑我也奔跑。这不正像儿子忠实地跟着崇敬的父亲一样吗？

不止于此，颜回对孔子敬仰之至，甚至崇拜得五体投地，在《论语·子罕第九》中有这样一章——

> 颜渊喟然叹曰："仰之弥高，钻之弥坚。瞻之在前，忽焉在后。夫子循循然善诱人，博我以文，约我以礼，欲罢不能。既竭吾才，如有所立卓尔。虽欲从之，末由也已。"

这一章的大体意思是——

颜渊深深感叹道："（对于老师的学问与道德）我抬头仰望，越望越觉得高；我努力钻研，越钻研越觉得不可穷尽。看着它在前面，忽然又在后面。老师善于一步一步引导我，用广博的文化知识丰富我，用各种礼节来约束我，使我想停止学习都不可能。充分发掘了我的才智，好像能够高高地站立起来了。但要想继续跟着前行，又感到不知如何走了。"

由此可见，这一对师生之所以情同父子，不仅因为彼此之爱，还有彼此间的懂得。颜回是深深体认懂得并折服于老师的思想，是从内心深处生发出对老师高尚人格的无限崇敬。

《康有为政论集》有言："师道既尊，学风自善。"意思是如果大家都遵从师道，学风自然就会好起来。现在，如果老师多多学习孔子的育人之道，德才极佳，学生也会像尊爱长辈一样尊爱老师的。

二、直言敢谏的子路

子路也是先孔子而逝，可他像颜回那样对老师唯命是从，俨然一个孝子。在孔子弟子中，子路给老师提意见最多，他有时还会反驳老师甚至言词过火，让孔子下不来台；而孔子对他也时常批评甚至责骂。像子路这样的弟子，还能称得上尊师吗？他如果不是先孔子而去，会和大家一起来为孔子守丧吗？

我的回答是肯定的，子路是一位顶天立地的男子汉，是一位正人君子，对于老师的逝世，他不但会像子贡那样守孝六年，而且还会像父母逝世那样痛不欲生。

1. 批评之中见深情

孔子批评和斥责子路，正像一个爱之至深的父亲对儿子不留情面大批一通；而子路反驳和指责老师的时候，也和一个被宠惯了的孩子顶撞父亲没什么两样。

我出生在农村，小时候，一户人家兄弟众多并不鲜见。而在这种有多个儿子的家庭，那个敢于顶撞父亲者，多是父亲的最爱，不然，既不敢，也不许。而正因如此，父亲说起这个儿子来，也理直气壮，有时说些很不中听的话，儿子也全不介意。这是父子之间达成的一种特殊的情感默契。甚至从某些对峙中，还可看出父亲对其更深的感情来。

比如在《论语·雍也第六》中有这样一章——

> 子见南子，子路不说。夫子矢之曰："予所否者，天厌之！天厌之！"

这一章的大体意思是——

孔子去见南子，子路不高兴。孔子发誓说："如果我做了什么不正当的事，让上天谴责我吧！让上天谴责我吧！"

孔子去拜会南子，子路为什么不高兴呢？因为子路跟随老师多年，在他心中，孔子是崇高、伟大、圣洁的，是美好道德的化身，而南子是淫乱的国君夫人。子路认为，孔子去见南子，不但有辱老师形象，就连弟子们也会觉得脸上无光。当时，其他弟子也许和子路有相同的想法，却没有一个人对此说个“不”字，更不可能像子路那样当面向孔子甩脸子。这充分说明，子路和孔子关系非同一般，孔子明白子路这样做正说明他忠心耿耿、尊师爱师，而子路也知道老师不会因此对他大动肝火、记恨在心。其实，孔子本人也不想去见南子，只是因为当时寄居卫国，南子又深得卫国国君卫灵公宠爱，为了应付，迫不得已才去的。这也说明了孔子并不死板，而是有着高度的灵活性。

在《论语·子路第十三》中也有一章和卫国有关系——

子路曰：“卫君待子而为政，子将奚先？”子曰：“必也正名乎！”子路曰：“有是哉，子之迂也！奚其正？”子曰：“野哉，由也！……”

这一章的大体意思如下——

子路（对孔子）说：“卫国国君要您去治理国家，您打算先从哪些事情做起呢？”孔子说：“首先必须正名分。”子路说：“有这样做的吗？您也太迂腐了！这名怎么正呢？”孔子说：“仲由，你真粗野啊！……”

每读这一章，我都会情不自禁地笑起来，师生二人，竟然如此毫不相让地口出“粗言”，对峙起来。

可是，对峙归对峙，两人并没有由此而关系破裂，孔子也没有因为子路说其迂腐而生气动怒甚至将其驱逐出门，而是随后向他详细述说了之所以“正名”的原因。非爱之深，何能如此？

孔子对子路，也并非一味地批评，对其优点也是该表扬就表扬——

子曰：“衣敝缊袍，与衣狐貉者立而不耻者，其由也与！‘不忮不求，何用不臧？’”子路终身诵之。子曰：“是道也，何足以臧？”（《论语·子罕第九》）

这一章的大体意思如下——

孔子说："穿着破旧不堪的棉袍子，与穿着狐貉皮袍的人站在一起，而不认为是可耻的，大概只有仲由吧。（《诗经》上）说：'不嫉妒，不贪求，这样的人怎么会不好呢？'"子路听后，终生都在念诵这句诗。孔子又说："只做到这样，又怎么能够说很好了呢？"

子路平时很少受到老师的表扬，当然感到荣幸之至又高兴不已，不然，就不可能"终身诵之"了。没想到孔子看他有点自鸣得意，担心他骄傲，就又告诫他"是道也，何足以臧"。从中可以看出，子路对孔子的话何其重视，又从中折射出他对老师何其崇敬！同时，孔子对子路之爱，也跃然纸上。

2. 重大决策显胆识

在某些重大问题的决策上，子路甚至可以左右和改变孔子的决定。

在《论语·阳货第十七》的第五章和第七章，就记载了这方面的事情。第五章原文如下——

公山弗扰以费畔，召，子欲往。子路不说，曰："末之也已，何必公山氏之之也？"子曰："夫召我者，而岂徒哉？如有用我者，吾其为东周乎！"

这一章的大体意思如下——

公山弗扰占据费邑反叛，来召孔子，孔子准备前去。子路不高兴，说："没有地方去就算了，为什么一定要去公山弗扰那里，自毁身份呢？"孔子辩解说："他来召我，难道只是一句空话吗？那是要让我去干一番事业的，不要小看费邑这个地方，如果有人用我，说不定我能复兴一个东周呢！"

第七章原文如下——

佛肸召，子欲往。子路曰：“昔者由也闻诸夫子曰：‘亲于其身为不善者，君子不入也。’佛肸以中牟畔，子之往也，如之何？”子曰：“然，有是言也。不曰坚乎，磨而不磷；不曰白乎，涅而不缁。吾岂匏瓜也哉？焉能系而不食？”

这一章的大体意思如下——

佛肸召孔子，孔子打算前往。子路说：“从前我听先生说过：‘亲自做坏事的人那里，君子是不去的。’现在佛肸据中牟反叛，您却要去，这如何解释呢？”孔子说：“是的，我有说过这样的话。可你是否听说过，坚硬的东西磨也磨不坏，洁白的东西染也染不黑？我难道是个苦味的葫芦吗？只挂在那里而不希望有人来采食吗？”

每每看到这两章，都会让我们对子路升起一种难以言表的敬仰之情，子路不但是有胆有识的直言敢谏者，而且在关键时刻，更显出了其“吾爱吾师，吾更爱真理”（亚里士多德）的精神。

假如没有子路的阻拦，孔子去了这两个地方，不但不可能实现恢复东周的愿望，而且很有可能以失败告终，甚至连性命都未必能保住。

孔子是一位积极入仕者，偶尔也会“饥不择食”，忘记了自己所说的“危邦不入，乱邦不居”（《论语·泰伯第八》）：绝对不能进入政局不稳的国家，也不居住在动乱的国家，更不能在那里为政。公山弗扰和佛肸要孔子前去的地方，既“危”又“乱”，“入”而“居”之，危险甚至是灭顶之灾就有可能很快降临于孔子和他的弟子身上。

对于这一点，不但子路心中明白，其他弟子也心知肚明。可是，他们没有子路的胆量，担心惹恼了孔子，所以，故作不知而不言。

不过，即使有的弟子说了，孔子也未必听得进去。而子路则不然，一则他是孔门第一期学生，只小孔子 9 岁，在其众弟子中是年长者，资历比较深；二是他有特殊的诚信指数，“子路无宿诺”（《论语·颜渊第十二》），对老师和朋友忠贞不贰；三是他在“堕三都”的时候，出生入死，立过大功；四是他在弟子中所说的话虽不能说是一言九鼎，可也很有分量；五是孔子知道这个弟子不管如何说，即使与其背道而驰，也绝对是一心为了自己好，正像一位父亲如果做了错误的决定，最爱他的儿子一旦知晓，定当立即提出反对意见。

尽管《论语》中只字未提孔子由此对子路的感谢之情，但是我们可以推想，孔子心里也一定认为子路在关键时刻起到了决定性的作用。

总之，孔子身为老师，没有以势压人的家长作风，更没有高高在上的颐指气使；子路身为弟子，既对老师的教诲虚心接受，对学问德行孜孜以求，更对老师有疑必问，说起老师的“错误”来也毫不留情。

这让我不由得想起了唐太宗李世民和魏徵的关系，尽管魏徵经常不顾场合向李世民提出批评，以致让李世民恨不得将其杀了。可是，当李世民冷静下来思考后，又觉得魏徵的直言敢谏，恰恰是对唐朝帝国和他这位皇帝的大敬、大尊和大爱。于是，唐太宗的从善如流和魏徵的直言敢谏，不但铸造了唐帝国的辉煌，也让他们名垂千古。

从这个角度看，所谓的尊师如父者，子路毫无疑义是当之无愧的。

所以，子路在世的时候，孔子因其勇猛过度，担心其“不得其死然”（《论语·先进第十一》）。当不幸言中之后，孔子更是悲痛至极。在《春秋公羊传·哀公十四年》中就有这样的记载：“颜渊死，子曰：‘噫！天丧予。’子路死，子曰：‘噫！天祝予。’”孔子为颜回之死而悲痛，而因子路之死痛心地呼叫说是上天要绝我了。由此观之，孔子对颜回与子路有着同样的爱，如果说，以“文”见长的颜回被孔子视为最理想的衣钵传人，那么以“武”见长的子路则被视为最忠心耿耿的人，而两人对孔子之尊虽表现迥异，实质一也。

三、守孝六年的子贡

在为官为商方面一路畅达的子贡，在尊师方面，表现得也尤为突出，在孔子死后，他为孔子守心孝六年，被后世誉为“中华尊师孝道楷模第一人”。

子贡三十岁左右时，已经闻名遐迩，他的声誉在孔子弟子中已经是第一名了，而且在整部《论语》中，子贡（赐）的名字出现了57次之多，而颜回（颜渊）的名字只出现了32次。由此也可以看出，当时编纂《论语》的孔子的弟子们对子贡的重视与崇敬。

1. 极力维护孔子的形象和声誉

子贡是众弟子中赞颂孔子次数最多、程度最高的。如果说颜回在孔子在世时对老师便予以高度评价的话，那么，在孔子逝世之后，则没有一个人像子贡那样给予孔子更高评价了。

在《论语·子张第十九》中就有三章，讲孔子逝世后，子贡对孔子的评价。我们先看这一章——

> 叔孙武叔语大夫于朝曰：“子贡贤于仲尼。”子服景伯以告子贡。子贡曰：“譬之宫墙，赐之墙也及肩，窥见室家之好；夫子之墙数仞，不得其门而入，不见宗庙之美、百官之富。得其门者或寡矣，夫子之云，不亦宜乎！”

这一章的大体意思是——叔孙武叔在朝廷上对大夫们说：“子贡比仲尼更贤能。”子服景伯把这一番话告诉了子贡。子贡说：“拿宫墙的高低来打比方吧，我子贡的宫墙不过到肩膀这么高，宫墙里的室家之好都能够看得见；而老师孔子的宫墙达几丈之高，如果找不到它的门进入的话，根本看不到宗庙之美、百官之富。但是找到门的人是很少的。像叔孙氏说出这样的话来，不也是很自然吗？”

每读这一章，我总是感慨不已。因为现实生活中，如果某个人在老师过世之后，被人在重要场合称赞自己贤于其师，这个人往往会心生欢喜，甚至由此骄傲起来。可是，子贡不但认为自己真的超不过老师，还“罕譬而喻”（《学记》）地道出了他与老师的天地之别，由此维护了孔子的形象，提升了老师的威望，也由此留下了尊师敬师的千古美谈。

子贡说话很有艺术，不用抽象的说教，而是用精彩的比喻，将自己的才学和孔子的才学用“墙”的高低做对比，把自己院墙里的建筑称之为“室家”，把孔子宫墙内的建筑称之为“宗庙”“百官”。“室家”不过是私人生活场所，而“宗庙”是供奉先人圣灵和举行祭奠典礼的地方，“百官”则是天子国君治理百姓的官府所在，这哪能同日而语啊！

同时，从子贡之言中，我们不仅可以感受到他对孔子非同一般的推崇，还感受到了他的智慧。在称颂老师的时候，他并没有让叔孙武叔因其言而感到难堪，而是说“不亦宜乎”，认为是理所当然之事。

让我们再看下一章——

叔孙武叔毁仲尼，子贡曰：“无以为也！仲尼不可毁也。他人之贤者，丘陵也，犹可逾也；仲尼，日月也，无得而逾焉。人虽欲自绝，其何伤于日月乎？多见其不知量也！”

这一章的大体意思是——叔孙武叔诽谤仲尼。子贡说：“你不要这样做，仲尼是毁谤不了的！别人的贤德好比丘陵，还可超越过去，仲尼的贤德好比太阳和月亮，是无法超越的。虽然有人要自绝于日月，然而对日月又有什么损害呢？只是表明他不自量力而已。”

这一章的内容与上一章既有相近之处，也有明显的不同。上一章只是叔孙武叔在朝廷之上对大夫们说了“子贡贤于仲尼”，由子服景伯转告给子贡。这里，叔孙武叔对子贡极其佩服，认为他超过了孔子，并没有说孔子的坏话。可这一章则不同，叔孙武叔开始“毁”孔子，即诽谤起孔子来了。所以，子贡就没有了客气，针锋相对地说“其不知量也”。同时，子贡将孔子推到了如“日月”之高，这已经远远超过了尊师如父的程度，而是把孔子推到了无人可及的圣人境界。

让我们再看第三章——

陈子禽谓子贡曰："子为恭也，仲尼岂贤于子乎？"子贡曰："君子一言以为知，一言以为不知，言不可不慎也。夫子之不可及也，犹天之不可阶而升也。夫子之得邦家者，所谓立之斯立，道之斯行，绥之斯来，动之斯和。其生也荣，其死也哀，如之何其可及也？"

这一章的大体意思是——陈子禽对子贡说："您太谦虚了，孔子怎么能比您强呢？"子贡说："大凡君子，一句话就可以表现他的智慧，一句话也可以表现他的愚蠢，所以，说话不可以不慎重。夫子的高不可及，正像天是不能顺着梯子爬上去的一样。夫子如果得到封国而为诸侯，或者得到采邑而为卿大夫，就会像人们说的那样，教百姓立于礼，百姓就会立于礼；引导百姓，百姓就会跟着走；安抚百姓，百姓就会归顺；动员百姓，百姓就会齐心协力。夫子活着是十分荣耀的，夫子死了是极其可惜的。我怎么能赶得上他呢？"

在这一章里，子贡再次将孔子提升到与"天"一样的地位，无法"阶而升也"，休说子贡，任何人也不可能。他随后又充分说明了理由，让我们再次看出子贡的智慧和说话的艺术。他意在说明，孔子完全可以成就更大的事业，只是当时诸侯割据，他们不知实施仁政的要义，而没有起用孔子。如果让孔子为政，就会为百姓做出巨大的贡献。其实，孔子在世时，齐国、楚国，包括后来鲁国，都曾准备起用他，只是由于各国的某些大臣担心其势力太大而从中作梗，才让他空有治国大略，而没能像大鹏展翅一样施展才华。对于并无恶意的陈子禽所说的话，子贡认为愚不可及，却并不直言其愚蠢，而是说"一言以为知，一言以为不知"，从而让陈子禽听后自我醒悟。子贡的智慧和语言艺术，堪称妙绝。

子贡不但在鲁国对老师高度赞誉，在其他国家也如此。

《韩诗外传·卷八》记载子贡答齐景公："子贡曰：'臣终身戴天，不知天之高也；终身践地，不知地之厚也。若臣之事仲尼，譬犹渴操壶杓，就江海而饮之，腹满而去，又安知江海之深乎？'景公曰：'先生之誉，得无太甚乎？'子贡曰：'臣赐何敢甚言，尚虑不及耳！臣誉仲尼，譬犹两手捧土而附泰山，其无益亦明矣；使臣不誉仲尼，譬犹两手把泰山，无损亦明矣。'"

孔子逝世之后，子贡所言有着很重的分量，对于维护孔子的形象，提升孔子的知名度、美誉度，都起到了不可替代的作用。

据《史记·货殖列传》记载："子赣（贡）既学于仲尼，退而仕于卫，废著鬻财于曹、鲁之间，七十子之徒，赐最为饶益。原宪不厌糟糠，匿于穷巷。子贡结驷连骑，束帛之币以聘享诸侯，所至，国君无不分庭与之抗礼。夫使孔子名布扬于天下者，子贡先后之也。此所谓得势而益彰者乎？"意思是说，子贡曾在孔子那里学习，离开后到卫国做官，又利用买贱卖贵的方法在曹国和鲁国之间经商，孔门七十多个高徒之中，端木赐最为富有。孔子的另一位高徒原宪穷得连糟糠都吃不饱，隐居在简陋的小巷子里。而子贡乘坐四马并辔齐头牵引的车子，携带束帛厚礼去访问、馈赠诸侯，所到之处，国君与他只行宾主之礼，不行君臣之礼。孔子之名得以传扬天下的原因是由于有子贡在人前人后辅助他。这就是所谓得到形势之助而使名声更加显著吧！

子贡在从政、外交、经商等方面展现出了卓越的才华，在众弟子中无人可比。也正因如此，他在当时的鲁国乃至各诸侯国之中，都享有很高的威望。

孔子逝世，国君鲁哀公为之写了一篇悼词："旻天不吊，不憖遗一老。俾屏余一人以在位，茕茕余在疚。呜呼哀哉！尼父，无自律！"（《左传·哀公十六年》）意思是说，老天爷不仁慈，不肯留下这位老人，使他扔下我，孤零零一人在位，我孤独而又伤痛。啊，多么痛！尼父啊，没有人可以作为我学习的楷模了！

其情之哀，追思之痛，让人动容。可是，子贡并不满意鲁哀公所说，他又一次表现出了超人的勇气和正义，他说：“君其不没于鲁乎！夫子之言曰：‘礼失则昏，名失则愆。失志为昏，失所为愆。’生不能用，死而诔之，非礼也。称‘余一人’，非名也。”（《史记·孔子世家》）子贡此言的意思是说：鲁君他难道不能终老在鲁国吗？老师的话说：“法丧失就会昏乱，名分丧失就会产生过失。丧失了意志就会昏乱，失去所宜就会出现过错。”老师活着的时候不任用他，死了作祭文哀悼他，这是不合礼的。以诸侯身份称“余一人”，是不合名分的啊！

读至此，谁不与子贡一样会为孔子生虽伟大而不能见用而扼腕叹息，而对鲁哀公之悼词再作审视呢？

子贡身居鲁国，对国君说出如此不敬甚至斥责之话，不仅反映了他对老师的深深怀念和无限崇敬，也显示了他超人的智慧和胆识。

而因为子贡有超越常人的地位、财富和威望，所以即使他这样说了，国君也只能退而自省。

是啊，如果孔子在世之时，鲁国国君重用孔子，让孔子大展宏图，实现仁政理想，就有可能让鲁国由弱变强，使其恢复东周的梦想成真，以至春秋战国的历史都将会改写。诚如是，对于天下百姓以及中华民族，该是何其幸也！

遗憾的是，鲁国国君和掌握国家大权的季氏没有起用孔子，而孔子的逝世，也让鲁国由弱变小，由小变无。

每读《论语》《史记·孔子世家》《史记·仲尼弟子列传》等，都会对子贡升腾起一份敬意，他何止是尊师如父，而是尊师超过了父亲。

2. 子贡尊师至深探寻

子贡对于孔子的敬爱、怀念、崇敬和感恩为什么会如此之深呢？

我认为首先要有一个前提，就是“心之德”（《论语集注》），核心就是深植于其心中的感恩之心。

同时，我觉得至少还有三个原因。

其一，是对孔子为人、学识和道德修养的彻彻底底的崇拜。

子贡十八岁时游于鲁国，闻知孔子在阙里授徒，心生景仰，就带着礼物谒见孔子，拜师受业。不过对于孔子，他是只闻其名，未见其人，对于孔子的崇高人格与广博学识，并没有更多的了解。所以初拜孔子为师时，这位才华横溢的弟子认为自己的水平远远高出一般同学，而且认为孔子也未必如人们所说的那么伟大。因此，在相当长的一段时间里，他并没有认为孔子比自己高出多少。《论衡·讲瑞》中就有这方面的记载："子贡事孔子，一年，自谓过孔子；二年，自谓与孔子同；三年，自知不及孔子。当一年、二年之时，未知孔子圣也，三年之后，然乃知之。"正是在这个过程中，子贡慢慢感受到了孔子的伟大，而他对孔子的景仰之情，也"愈演愈烈"了。

子贡对老师的景仰崇拜之情，在《史记·仲尼弟子列传》等史书中多有记载，在《论语·学而第一》中也有这样一章——

子禽问于子贡曰："夫子至于是邦也，必闻其政。求之与，抑与之与？"子贡曰："夫子温、良、恭、俭、让以得之。夫子之求之也，其诸异乎人之求之与？"

这一章的大体意思如下——

子禽问子贡说："老师到了一个国家，总是有国君来问国家政事。这是他自己要求的呢，还是人家国君主动要求他过问的呢？"子贡说："这是老师以他的温和、善良、恭敬、俭朴、谦让得到的。他所求得的方式，或许不同于别人吧！"

对此，钱穆这样解说："五者就其表露在外之态度，可以想见其蕴蓄在心之德养。孔子因此德养，光辉接人，能不言而饮人以和，故所至获人敬信，乃自以其政就而问之。”[1]

此言很有道理，不过，还有另外之义，即子贡之言不但解答了子禽之疑，在彰显孔子圣人气象的同时，也让我们看到了子贡对老师的特殊尊敬与爱戴。

其二，在重大问题上子贡不辱师命。

子贡思维敏捷，口才极佳。孔子深知子贡之才，也知晓他“方人”（《论语·宪问第十四》）的弱点，所以对子贡教诲有加，不时巧妙地对他进行点化，让他知过能改。

如果子贡没能成为孔子的学生，而是在一般老师处求学，也许可以成为一个辩士，但未必能够成为叱咤风云，先后佩过两个国家相印的重臣。

在孔子的众弟子中，子贡是最有实践能力的，他从商可以“亿则屡中”（《论语·先进第十一》），是一个典型的儒商，不但“家累千金”（《史记·仲尼弟子列传》），而又“常相鲁卫”（《史记·仲尼弟子列传》）。在鲁国遭遇危亡之际，孔子也是让其出使，解决了问题。《史记·仲尼弟子列传》中有这样一段记载——

> 田常欲作乱于齐，惮高、国、鲍、晏，故移其兵欲以伐鲁。孔子闻之，谓门弟子曰：“夫鲁，坟墓所处，父母之国，国危如此，二三子何为莫出？”
>
> 子路请出，孔子止之。子张、子石请行，孔子弗许。子贡请行，孔子许之。

当时齐强鲁弱，齐国起兵攻打鲁国，鲁国必败无疑，甚至有灭国之灾。孔子虽然身在国外，也是不希望父母之邦灭亡的。所以，他希望弟子中有人能转危为安、化险为夷。勇冠三军的子路以及子张、子石“请行”，孔

[1]　钱穆：《论语新解》，九州出版社 2011 年版，第 12 页。

子都不同意；而子贡请行，孔子立即“许之”。看来，孔子知道子贡堪当此任。

事实上，子贡也真的不辱师命——“故子贡一出，存鲁，乱齐，破吴，强晋而霸越。子贡一使，使势相破，十年之中，五国各有变。”（《史记·仲尼弟子列传》）

越国感恩于他，决定“送子贡金百镒，剑一，良矛二”（《史记·仲尼弟子列传》），他却“不受，遂行”（《史记·仲尼弟子列传》）。由此观之，子贡不但功莫大焉，而且人格很高尚。

再一件事发生于孔子困于陈蔡之间，《史记·孔子世家》这样记载——

> 孔子迁于蔡三岁，吴伐陈。楚救陈，军于城父。闻孔子在陈蔡之间，楚使人聘孔子。孔子将往拜礼，陈、蔡大夫谋曰：“孔子贤者，所刺讥皆中诸侯之疾。今者久留陈、蔡之间，诸大夫所设行皆非仲尼之意。今楚，大国也，来聘孔子。孔子用于楚，则陈、蔡用事大夫危矣。”于是乃相与发徒役围孔子于野。不得行，绝粮。从者病，莫能兴。

为了便于读者理解，不妨翻译如下——

孔子迁居到蔡国三年，吴国攻打陈国。楚国救援陈国，军队驻扎在城父。听说孔子住在陈国和蔡国的边境上，楚国便派人去聘请孔子。孔子正要前往拜见接受聘礼，陈国、蔡国的大夫商议说：“孔子是位有才德的贤人，他所指责讽刺的都切中诸侯的弊病。如今长时间停留在我们陈国和蔡国之间，大夫们的施政等作为都不合仲尼之意。如今的楚国，是个大国，却来聘请孔子。如果孔子在楚国被重用，那么我们陈、蔡两国掌权的大夫们就危险了。”于是他们双方就派了一些服劳役的人把孔子围困在野外。孔子和他的弟子无法行动，粮食也断绝了。跟从的弟子饿病了，站都站不起来。

这个时候，孔子及其弟子的生命处在危险之中。可是，如何解决这个难题呢？还是让我们看看司马迁是怎么说的：“于是使子贡至楚。楚昭王兴师迎孔子，然后得免。”（《史记·孔子世家》）意思是说，于是孔子派子贡到楚国去。楚昭王派军队来迎接孔子，才解除了这场灾祸。

关键时刻，正是子贡，冲出重围，搬来救兵，从而化险为夷。

如此险境，如果让颜回去行吗？让勇冠三军的子路去行吗？都不行，事实上，其他弟子也无一能担当如此重任。

由此，我们可以看出孔子对子贡的特殊信任，而作为学生，当老师对自己特别信任的时候，也会对老师有着更多爱戴。

笔者推想，司马迁也一定非常喜欢子贡，不然，就不会在记载孔子众弟子的总共6700来字的《仲尼弟子列传》中，写子贡的内容就占了2200多字。在读《论语今读》的时候，我感到李泽厚先生也对子贡爱之有加。而我亦是如此。

但我同时想到另一个问题，设若没有孔子这位伟大的老师的教导，子贡凭借超常之才，也许会骄傲自大，不但可能会口出狂妄之言，做事也未必能够如此得到人们的信任，更难说先后成为两个国家之相。

其三，子贡已经成为孔子晚年的精神寄托。

孔子去世前夕，颜回和子路已先后逝去，重病在身的孔子，首先想到的是子贡，他多么想见到自己钟爱的弟子子贡啊！

此前，子贡因事去了南方，一回到鲁国，就立即去拜见老师。这一场师生相见的场景，动人心扉、感人至深，堪称绝唱。《史记·孔子世家》中曾有如下记载——

> 孔子病，子贡请见。孔子方负杖逍遥于门，曰：“赐，汝来何其晚也？”孔子因叹，歌曰：“太山坏乎！梁柱摧乎！哲人萎乎！”因以涕下。谓子贡曰：“天下无道久矣，莫能宗予。夏人殡于东阶，周人于西阶，殷人两柱间。昨暮予梦坐奠两柱之间，予始殷人也。”后七日卒。

这一段的译文如下——

孔子生病了，子贡来看望他。孔子正拄着拐杖在大门口悠闲地散步，说：“赐，你为什么来得这样迟啊？”孔子叹息了一声，随即唱道：“泰山要倒了！梁柱要断了！哲人要死了！”边唱边流下了眼泪。又对子贡说：“天下失去常道已经很久了，没有人能奉行我的主张。夏人死了停棺在东厢的台阶，周人死了停棺在西厢的台阶，殷人死了停棺在堂屋的两柱之间。昨晚我梦见自己坐在两柱之间受人祭奠，我原本就是殷商人啊。”七天之后孔子溘然长逝。

孔子由夜梦知来日不多，所以感叹于子贡之迟来，不能师徒长聚而谈。同时，孔子向子贡嘱托身后之事，非深爱且又极其相信子贡，是不可能托付如此大事的。

据说，子贡按老师的嘱托，出资厚葬了孔子。

由此观之，在所有弟子中，孔子只与子贡有着这样一份死生契阔。

正是由于以上三个原因，才有了子贡的六年守孝，以及终生以师为父，这不仅仅是一种礼节，更是一种精神，感动了当时之士，也感动了后世之人。

四、尊师形异而质同

也许有的读者会问，颜回、子路和子贡三人在尊师方面是不是有一定的高下之别，孔子对他们三人的喜爱是不是有所不同呢？

其实，尽管人们都说孔子最喜欢颜回，颜回最爱老师，但孔子对颜回、子路和子贡之爱，并没有多少差别，只是表现形式不一样罢了。而他们三人对老师的爱，也很难分出伯仲。

孔子把他们三人既当作学生，也看成儿子；他们也把孔子既视作恩师，又当成父亲。

在孔子眼里，颜回是一个诸事听话、品格高尚的孩子，对孔子的所有教诲，他都绝不违背。有哪个父亲不喜欢这样的儿子呢？

子路恰好相反，他爱师如父，却是一个不太听话的孩子，何止于不听话，他还往往因太过冒失而惹出是非来让孔子操心。有的时候，他还会顶撞孔子，甚至反对孔子的决定。可是，孔子非常明白这个儿子之所以如此，一是性格使然，二是爱父情深。所以，他打心眼里喜欢这个儿子，尽管有时也会批评几句，可在这些批评甚至责骂中，掩饰不住对子路的喜爱之情。

子贡又是另外一个类型。他聪慧过人，能力超强，也正因如此，个别时候会稍露自满情绪，对于这么优秀的儿子，孔子当然就要给予即时的教导了，不过，并不像对子路那样不留情面，更没有责骂。

子贡虽没有像颜回那样对孔子亦步亦趋，可从内心深处认为孔子是一位最伟大的父亲，不但有智慧，而且有品格，所以，在无限敬爱之中，又多了几分崇拜。但凡孔子遇到重大问题，其他弟子无法解决，甚至孔子自己都无能为力的时候，就会想到子贡，只要让子贡出山，定会马到成功。这份特殊的信任与子贡的才干有关，也与子贡对于孔子交办之事极其认真不无关系。

颜回、子路和子贡的尊师如父，与孔子待他们的亲如子嗣，一起构成了异常和谐的“父子”关系。他们的师生故事千古流芳，他们的师生情谊感人至极！

五、尊师爱生的启示

孔子和颜回、子路、子贡师徒四人的关系，让我不由得想到了目前的师生关系。

现在的学生，虽然无法和颜回、子路、子贡相提并论，可与他们三人在品格、禀赋、才华等方面相似的则随处可见。我们的教师，是不是只喜欢颜回那样乖巧听话的学生，而不喜欢子路那样常给班级添麻烦、给老师提意见甚至顶撞老师的学生呢？会不会为了个人利益，而让子贡那样的学生去办自己办不到的私事呢？

老师们常谈尊师这个话题，可是，要想让学生尊师，首先自己要像父母一样爱学生。如果不是真心关爱学生，不管老师说得多么天花乱坠，学生都会通过他们的火眼金睛把真假看得一清二楚。《中庸》说得好："诚者，天之道也。诚之者，人之道也。"教师爱学生，没有心诚，其他都无从谈起。这就像《大学》所说的："意诚而后心正，心正而后身修，身修而后家齐，家齐而后国治，国治而后天下平。"当教师，尤其是班主任，第一位的是"意诚"，没有"意诚"，其他都无从谈起。

孔子爱他的弟子，意诚在心，言行在外。所以，不管其对学生表扬还是批评，学生都会心怀感激。

几十年来，我在全国各地采访了很多名师。有趣的是，几乎所有的名师，其教育思想是可以从孔子那里找到渊源和师承的，比如"仁者爱人""有教无类""因材施教""学而不厌""诲人不倦"等。从这个角度看，孔子的教育思想在今天的中国大地上依然有着经久不息的生命力。

这也让我们思考一个问题，当老师希望学生尊师的时候，自己是不是具备了高尚的人格和丰沛的学识？我所采访的真正意义上的名师，都是德才兼备者。开始的时候，他们未必能一下子在学生的心里树起一块精神的丰碑，可久而久之，其道德文章就会渐渐地让学生敬而仰之。当学生有了对老师"虽不能至，心向往之"之情的时候，也就不可能不尊师了。所以，还是尽量少考虑学生是不是尊敬自己，而应先考虑自己有没有让学生尊敬的资本。如果没有，就在自身上下功夫；如果有了，不但不能自满，还要像孔子那样"学而不厌"。诚如是，今天的校园还会演绎出尊师如父或尊师如母的动人故事。

河北衡水中学的信金焕老师，就和她的学生共同演奏了一曲师爱生、生尊师的美妙乐章。

2012 年高考，信金焕担任班主任的 410 班，以平均 659 分的高分亮剑衡中，不但人人升入了理想的大学，其中 11 人升入清华大学、2 人升入北京大学。

如果说这是创造了一个高考神话的话，那么，学生称其为“信妈”的尊师如母的故事，则摇曳出了别样的风采。

一般来说，都是老师为学生写颁奖词，可学生们为她写下了如下的感人的颁奖词：“抑扬顿挫，掷地有声，三峡星河，四海兄弟。当71双眼睛从数字的海洋中抬起，在你的课堂里，我们忘记符号，我们否定公式，我们不再感叹自然规律的可逆性——我们认识自己。那是你一笔一画写在黑板上的方块字里的建安风骨，那是我们一字一句叫在心中的信妈妈里的花间柔情。……您给一群追求理性的年轻人以深厚的文化底蕴，我为成功而生，不为失败而活；向善，向上，向心，您给一群刚刚踏上征途的年轻人以明确的方向。语文老师，是一个理科班灵魂的塑造者；班主任，是一个班级前进的引路人。当这二者完美融合，在三尺讲台上的书卷之内，在跑操队伍旁的脚步之中，您打造了410的刀锋！”

“刀锋”的“打造”与“灵魂”的“塑造”所生成的壮美，构造了属于410班独有的精神气场。即使他们走出“衡中”，远走他方，这种精神依然飞扬。

如果说学生的颁奖词是对“信妈”的一首赞美诗的话，那么，他们的“奖教金”就成了近乎前无古人的美谈。

高二时，学生们每天将班级里发生的事情记录撰写成文。一年时间，18万字的日志便结集成册。2012年11月，以《那些花儿》为书名，由河北科技出版社出版，因为反响甚佳和发行量较大，得到了不少稿酬。

在他们上大学二年级的时候，410班班长刘克嘉和国际生物奥赛金牌获得者董傲，代表全班同学，将5万元的稿酬作为“奖教金”专程送到衡水中学，用以报答为孩子们付出心血的信老师，并为所有教师奉上一份特殊的厚礼。

这一届学生即将大学毕业的时候，信老师又在衡水中学410班原来的教室里，为他们上了一堂特殊的班会课。为此，大家还给这次聚会起了一个名字——“青春不散场”。

这场聚会由同学们自己设计，一共来了40多名学生。不能前来者，也一一录制了视频，并逐一播放。

播完视频之后，大家共唱班歌。全体同学应着《倔强》的旋律起立，动情地高声唱了起来。

开始的时候，还有同学在欢笑，不一会儿，大家没有了笑声，不时擦拭着情不自禁流出的泪水。而信老师更是泪流满面，可每一滴流淌出来的泪水，都在她的心里荡漾出无限的美好与幸福。

是的，全国那么多的班主任，又能有几个班主任还能让学生在毕业四年之后从四面八方赶来再听老师开班会？没有不是亲情又胜似亲情的感情纽带，绝对不可能有着如此感人至深而又圣洁美好的感情之水持续沛然不断地流淌！

信老师的精神密码，已经深深植入410班每个学生的心里，而且会在他们成长的道路上，继续滋养着他们的精神世界。

第十五章　《论语》编纂

孔子是一位伟大的思想家和教育家，可是，由于其“述而不作”（《论语·述而第七》），即只阐述而不创作，所以，他自己没有以文本的形式著书立说。那么，孔子为什么“述而不作”呢？

张居正做了很好的解说：“昔孔子删诗书，定礼乐，赞周易，修春秋，传先王之道，以教万世。然犹不敢以作者之圣自居，乃谦逊说道：‘大凡天下之事，有前人已为，而后人传之者，谓之述；有前人未为，而自我创始者，谓之作。作非圣人不能，而述则贤者可及也；我今虽有所修为，只是传述先王之旧，或考之方册，而重加发明；或闻之故老而更为裁定，实未尝重新创造而有所作也。盖天地间的道理，哪一件不是古人说过的？就中讲求，自有无穷的妙处。我则深信而笃好之，惟日孜孜，不能自已，故但见其可述，而无容于复作也。然此岂我之独见哉？”[1]

朱熹也认为，孔子“盖集群圣之大成而折衷之。其事虽述，而功则倍于作矣”（《论语集注》）。

---

[1]〔明〕张居正讲评：《论语别裁》，陕西师范大学出版社2007年版，第91页。

此大家之说甚合吾意。孔子之所以说自己“述而不作”，一方面是自谦，另一方面是为了使“先王之旧”能够流传。孔子在长期的教学工作中，发现“周室微而礼乐废，诗书缺”（《史记·孔子世家》），一是有感于“文王既没，文不在兹”（《论语·子罕第九》）的社会责任感，二是出于教学与传承的需要，深深感到编订教材的重要，于是在晚年对夏、商、周三代以来的典籍进行了全面、系统的梳理和修订。他对古代文献的“删”“定”“修”实际上比“作”更有价值与意义。

反观当今一些教育专家，提出了一个又一个的教育新名词，有的还自鸣得意地认为是自己的研究与创造。其实，稍微有点中国古代传统文化功底者，就会发现早在《论语》《学记》《大学》《中庸》《孟子》《荀子》等经典文本之中就有类似说法了，而且说得比这些专家要凝练高明得多。

即使从西方“舶来”的某些教育学说，也有不少早在中国古代经典里言说过了。

比如中国第一部教育学论著《学记》，有不少教育专家根本没研究过，可它有着极其重要的意义。日本学者谷口武在《学记论考·序说》中说：“《学记》是中国最早的一部教育经典著作，在我国古代学术界也是备受推崇的名著。当我们浏览到山崎闇斋、山鹿素行、细井平洲、贝原益轩及其他我国杰出的教育家的教育学说和教育实践的遗著时，随处都能看出有关《学记》的章句及生动而蓬勃的精神。对日本教育史所发生的影响，是极为罕见的。可是，自明治维新以来，欧美教育思想学说源源不断的输入，从新进人士的眼光看来，对中国的古典名著，几乎变为敬而远之了。但是古典的光辉著作，其本身是具有永远性的存在，即使由于时代潮流的推移，也丝毫不至于磨灭，而是永葆万古长青的精神的。《学记》的思想，在我们面前，仍然指示着昭著的真理大道。特别是对我自己来说，举凡有关追求教育精神的真相、探索师道之本源，在教育征程上都是命脉攸关的。因此，《学记》这一篇，诚为我无限喜悦的一大圣地了。”

每读谷口武这篇序言，我都不免生出无限的感慨。是的，“欧美教育思想学说源源不断的输入，从新进人士的眼光看来，对中国的古典名著，几乎变为敬而远之了。”有些教育专家言必称欧美，而对《学记》浑然不知。其实，现在不少时髦的教育名言，是从《学记》经典语句中摇身一变，成了某些教育专家发现的“新大陆”。于是，他们就撰写论文，出版著作，扬名于世。

这岂不是一个巨大的悲哀？

经典就是经典，不管时世如何变迁，风云如何变幻，可经典的光芒依然闪耀。所以，孔子在研读《诗经》《尚书》《易经》等经典文本的时候，一定会有一种与圣人神交已久妙不可言的感觉。而将这些中国古老的智慧，传授给他的弟子，让弟子接续传统文化，从而让这些文化生生不息，在孔子看来，其意义远比自己著书立说重要得多。

正是因为孔子对经典学之甚深，研究甚透，加之他丰富的人生阅历与非凡智慧，所以说出话来，才有了一般人无法企及的高度与深度。有些语句虽寥寥数字，意蕴却极其悠长，让人回味无穷，以至成了中国人安身立命的座右铭。

将孔子之“述”，转换成文字，编纂成书，就有了非凡的意义与价值。

现在我们案头就有了记载孔子与弟子及其时人言行的《论语》。那么，它最初又是如何诞生的呢？

一、守孝三年，首次编纂《论语》

众弟子们在孔里三年守心孝期间，沉浸在无尽的哀思中，同时启动了《论语》的编纂工作。

1. 弟子思慕辑师之言

众弟子天天相聚在一起，自然而然会想起孔子在世时的情景，而老师所说的经典之言，也会再次在他们脑海里浮现出来。可老师已经不在了，如何让其思想留存下来，并广泛传播出去，就成了他们共同思考的问题。

孔子在世时没人用文字专门记载他的言行，极个别学生可能记下了孔子的某次某句谈话，如“子张问行”时孔子的回答，就被“子张书诸绅”（《论语·卫灵公第十五》）。不过像子张这样当场把孔子的话写下来的，毕竟少之又少。

弟子们仿效孔子，也“述而不作”行吗？显然不行。孔子的思想如果只是口口相传下去，就会随着世代变迁时光流逝而逐渐化多为少，甚至化少为无。所以，必须以文字的形式记录下来，形成书册的文本形态，才能让弟子们继续学习，并千秋万代传承下去。

于是，就有了三年守孝期间众弟子编纂《论语》的行动。

对此，史学家班固这样说：“《论语》者，孔子应答弟子时人及弟子相与言而接闻于夫子之语也。当时弟子各有所记。夫子既卒，门人相与辑而论纂，故谓之《论语》。”（《汉书·艺文志》）

皇侃也说：“《论语》者，是孔子没后，七十弟子之门徒，共所撰录也……然此书之体，适会多途，皆夫子平生应机作教，事无常准，或与时君抗厉，或共弟子抑扬，或自显示物，或混迹齐凡，问同答异，言近意深，《诗》《书》互错综，典诰相纷纭，义既不定于一方，名故难求乎诸类，因题《论语》两字，以为此书之名也。”（《论语义疏叙》）

大家知道，孔子不像苏格拉底和柏拉图一样，属于思辨哲学家，他更重感悟，所谈多言简意丰，而且多是与弟子及时人的对话，弟子们回忆起来，会相对容易，也会很动感情。所以，在诵读《论语》时，我们会感到绝大多数内容都给人以现场感，栩栩如生，如在眼前，比如“莫春者，春服既成，冠者五六人，童子六七人，浴乎沂，风乎舞雩，咏而归”（《论语·先进第十一》）等，就给人以电影画面感。《庄子·渔父》篇也曾经描绘过孔子和弟子们读书时的动人场景：“孔子游乎缁帷之林，休坐乎杏坛之上。弟子读书，孔子弦歌鼓琴。”所以，《论语》比先秦时期其他诸子的文章都显得鲜活而灵动。当时的那些场景和言语，如果不是弟子们一起回忆，并整理记录下来，我们后人无论如何想象复原都不可能如此鲜活生动。

2. 仲弓牵头编纂《论语》

也许有人会问，在这三年整理编纂《论语》期间，总要有一个牵头人吧？

有专家学者对此进行了专门的研究，发表了很有价值的论文；当然，不同的意见也并不少见。魏晋儒学大师傅玄说："昔仲尼既没，仲弓之徒追论夫子言，谓之《论语》。"（《辨命论》注引《傅子》）我比较认同傅玄的说法，即当时是由仲弓牵头，众弟子全部参与了《论语》的编纂工作。

仲弓姓冉名雍，仲弓是他的字。他为什么堪当如此大任呢？

在孔里守孝且有一定影响的弟子中，冉有和仲弓同岁，但他的声望和口碑不如仲弓。子贡虽有声望，却小仲弓两岁，而且没有从孔子逝世的悲痛中走出来。其他较有影响的弟子们，年龄都小了不少。比如大力支持仲弓做牵头人的子游和子夏，分别小仲弓 16 岁和 15 岁，而子张小 19 岁，曾子小 17 岁，有若小 14 岁，公西华小 13 岁。从年龄上看，作为编纂《论语》的牵头人，仲弓有着明显的优势。

同时，仲弓德才兼备，又有从政的能力。他不但在师兄弟中口碑极佳，孔子对他的评价也特别高："雍也可使南面。"（《论语·雍也第六》）意思是说，冉雍这个人可以做重臣。

而称"南面"者，还不是一般的官职。朱熹这样说："南面者，人君听治之位。言仲弓宽洪简重，有人君之度也。"（《论语集注》）

这样看来，孔子此言意义非同一般。在整部《论语》中，孔子给予如此评价者，仅仲弓一人。

对此，何良俊说："荀子以子弓与仲尼并称，而尊之甚至。子弓或者即仲弓欤，盖孔子于诸人中，独许仲弓以南面，知不同于群弟子矣。"（《四友斋丛说》）

那么，子弓是不是仲弓呢？钱穆对此进行了认真的研究，用确凿的证

据说明子弓就是仲弓。（见其著《先秦诸子系年》）

由此看来，仲弓成为在孔里守孝三年期间整理编纂《论语》的最佳牵头人选。事实上，他也不负众望，比较出色地完成了任务。

说明仲弓作为牵头人的例证，我们还可以从《论语》编纂的内容与形式方面发现某些端倪。

颜回在众弟子中排行老大无可争议，那么仲弓处于什么位置呢？

让我们看看《论语·颜渊第十二》篇，第一章是“颜渊问仁”及孔子的回答，随后的第二章则是“仲弓问仁”——

> 子曰：“出门如见大宾，使民如承大祭。己所不欲，勿施于人。在邦无怨，在家无怨。”仲弓曰：“雍虽不敏，请事斯语矣。”

这一章的大体意思如下——

孔子说：“出门办事如同去接待贵宾，役使百姓如同去进行重大的祭祀（都要认真严肃）。自己不喜欢的，不要强加于别人。在诸侯那里没人怨恨（自己），在卿大夫那里也没人怨恨（自己）。”仲弓说：“我虽然愚笨，也要照先生的话去做。”

孔子在回答“仲弓问仁”时，强调了仲弓作为“南面”之人需要注意的问题，这从另一个方面说明了孔子认为仲弓具备从政为官的素质。同时，这两章的最后之言“回虽不敏，请事斯语矣”“雍虽不敏，请事斯语矣”只有一字之差，而这一字就是“回”与“雍”，即颜回和仲弓的名字。

我认为，这里面有一个潜台词，颜回是因人格高尚而成为孔门第一大弟子的，那么仲弓则紧随颜回之后，即第二位也。当时颜回已逝，仲弓就位居第一了。颜回得到了孔子的“真传”，仲弓也如是。

我想，这是仲弓之意，也许还有子游、子夏等其他重视仲弓的编纂者的意见。

另外，就是人们常说的四科十哲，即《论语·先进第十一》中的一章：

“德行：颜渊，闵子骞，冉伯牛，仲弓。言语：宰我，子贡。政事：冉有，季路。文学：子游，子夏。”意思是说，德行好的学生有：颜渊，闵子骞，冉伯牛，仲弓。善于辞令的学生有：宰我，子贡。擅长政事的学生有：冉有，季路。通晓文献知识的学生有：子游，子夏。

不过，对于这一章究竟是孔子所言，还是他人所写，却是仁者见仁，智者见智。李泽厚先生为了说明这是孔子所言，还将前面的一章“子曰：‘从我于陈蔡者，皆不及门也’”与此并为一章。尽管我特别喜欢他所著的《论语今读》，却不能苟同于他的这一看法。因为通观《论语》全文，所有孔子说到其弟子的时候，都是直呼其名，而不称其字，因为称字是尊称，老师不可能以字称其弟子。所以，孔子说到颜渊的时候，都叫“回也”，说到子贡的时候，都叫“赐也”，说到子路的时候，都叫“由也”，在此不必一一列举。可是，这里这十个人都是以字相称啊！这就充分说明，此言并非出自孔子。

同时，整部《论语》之中，有关德行科的冉伯牛的内容只有一章，是在他得了麻风病后孔子去看他，孔子说了一句很是感慨的话：“亡之，命矣夫！斯人也而有斯疾也！斯人也而有斯疾也！”（《论语·雍也第六》）其他再也没有关于冉伯牛的记载了。

这其中还有一点很有意思，十哲之中，冉姓竟有三人：冉伯牛，冉有，而仲弓则是冉雍也。

尽管如此，还不能由此推论仲弓牵头编纂《论语》时存有私心。因为他对自己的同姓近人了解更多，就尽可能地让他们进入四科十哲之中，不但名副其实，而且深感自豪。

不过，也许有人会问，曾子和子张为什么没有进入其中呢？

有人也许会说曾子、子张年龄太小，但这种推论不能成立，因为子游、子夏比曾子只大一两岁，比子张也只大三四岁，而且，他们四人都是孔子第三批招收的弟子。

但是，在这次《论语》编纂中，子游、子夏正是协助仲弓的核心成员。

除了他们两人，其他进入十哲者，皆年长于曾子和子张，而且均系孔子一、二期所招的学生。

也许曾子未能入选是因为“鲁”（《论语·先进第十一》）而少言，当时还没有引起大家的注意；而子张未能入选则是因其才高气傲，更多的编纂者对其有点看不惯所致吧。

由此看来，不止是十哲，还有更多之“哲”。大家有兴趣的话，可以去翻阅《史记》等典籍，就会发现，正是因为有孔子这样伟大的老师，才让这么多弟子从平凡走向不凡之路。

不管怎样，第一次编纂《论语》有着巨大的意义，不然，不但孔子大名很难亘古不朽，其哲学思想和教育思想也多不为后人所知了。

二、曾子门徒定稿《论语》

众弟子在孔里守孝三年期间所编纂的《论语》，是不是今天我们看到的《论语》呢?

不是的。

柳宗元在《柳河东集·论语辩》中说：“孔子弟子，曾参最少，少孔子四十六岁。曾子老而死。是书记曾子之死，则去孔子也远矣。曾子之死，孔子弟子略无存者矣。吾意曾子弟子之为之也。何哉？且是书载弟子必以字，独曾子、有子不然。由是言之，弟子之号之也。……今所记独曾子最后死，余是以知之。盖乐正子春、子思之徒与为之尔。或曰：孔子弟子尝杂记其言，然而卒成其书者，曾氏之徒也。”

柳宗元所言《论语》最终定稿者乃曾子的门徒的推论有理有据。看来，仲弓牵头所编纂的《论语》并非定稿，而是初稿。我也赞成柳宗元的这种说法。不然，就不可能有称曾参为曾子之说，甚至连有若称有子也未必能有。

康有为如是说：“论语二十篇，记孔门师弟之言行，而曾子后学辑之。郑玄以为仲弓、子游、子夏等撰定，则不然。夷考其书，称诸弟子或字或名，惟曾子称子，且特叙曾子启手足事，盖出于曾子门人弟子后学所纂辑也。夫仲弓、游、夏皆年长于曾子，而曾子最长寿，年九十余，安有仲弓、游、夏所辑，而子曾子，且代曾门记其启手足耶？”（《论语注·序》）

康有为从《论语》内容上考察，质疑郑玄的说法，说得有理有据，让人信服。

《论语·泰伯第八》第三章就有如下的记载——

曾子有疾，召门弟子曰：“启予足！启予手！《诗》云：‘战战兢兢，如临深渊，如履薄冰。’而今而后，吾知免夫，小子！”

这一章的大体意思是——

曾子病重，把他的学生们召集来，说道：“掀开被子来看看我的脚，看看我的手！《诗经》说：‘小心谨慎啊，好像面临无底的深渊，犹如行走在薄冰之上。’从今以后，我才知道自己是可以免于祸害刑戮了，弟子们！”

紧随这一章之后，还记载了“曾子有疾，孟敬子问之”一章内容。

即使如有关专家所说，其后还有人对《论语》进行了一定的改编，但就其主体内容而言，在曾子门徒那里已经完成了。

不过，康有为所说“盖出于曾子门人弟子后学所纂辑也”的话，也有值得商榷之处。

他忽略了孔子弟子三年守孝期间的第一次《论语》编纂，如果只是“曾子门人弟子后学所纂辑”，这些除子思外几乎都没有见过孔子的人，难道只凭想象纂辑？《论语·乡党第十》详细地记载了孔子的容色言语、衣食住行，包括孔子日常生活的细节，都记得清清楚楚：“食不厌精，脍不厌细。食饐而餲，鱼馁而肉败，不食；色恶，不食；臭恶，不食；失饪，不食；不时，不食；割不正，不食；不得其酱，不食。肉虽多，不使胜食气。唯酒无量，不及乱。沽酒市脯，不食。不撤姜食，不多食。”显然，曾子的弟子们是无法了解得这么详尽的。如果只是从曾子那里听来，则无须他们纂辑，曾子一人足矣。而在其他各篇之中，也都记载了孔子的音容笑貌、言谈举止等。如果只是曾子门徒所编纂，即使有神思天外的想象力，也不可能写得如此栩栩如生。

另外，《论语》全书但凡写到曾参处均称“子”并记其临终之事，这些毫无疑问是其弟子所为。可并不能由此就说曾子在世时没有编纂《论语》。因为在孔里守孝三年期间，尽管众弟子认真地编纂《论语》，可很难做到尽善尽美。一是时间和地点问题，二是编纂者各有其所长也有其所短，此后对《论语》做进一步完善，让孔子的思想更好地进行传播，还是相当有必要的。

肩负着培育孔子的孙子子思重任的曾子，既要完成“托六尺之孤”和“寄百里之命”（《论语·泰伯第八》）的任务，还有着对儒家思想承前启后的担当。所以，尽管最终定稿的是曾子的弟子，可曾子在世的时候，不可能不指导弟子们对《论语》做进一步的完善，在此过程中也融进了曾子的意见及其重要思想。他逝世之后，他的弟子又将其临终之言编进了《论语》，而且增加了其他内容，不过，所增者应多与曾子有关，因为他们对孔子其他弟子的言行，除了从仲弓牵头编纂的《论语》中加以了解，所知就甚少了，更遑论亲闻孔子及其他弟子之言了。

子思著《中庸》，且系孟子的老师，是位了不起的大思想家，而且继承了曾子的修身思想。作为曾子的弟子，他和他的同学最有资格编纂《论语》，事实上也编得非常好。

通过以上所述可以看出，《论语》的成书，不是一次完成的，而是经历了一个较长的过程，由几代弟子合力完成。

三、《论语》成书他说辨析

对于《论语》的成书过程及相关问题，除了上面笔者所谈的观点，有关专家还有另外的说法。

1. 有若牵头第二次编纂《论语》

有人认为，在《论语》初稿形成于三年守孝期间和终稿形成于曾子弟子之间，有若还曾牵头编纂过一次《论语》。

此说自有其根据。

在《论语》中，除了称孔子为“子”，还称谁“子”呢？称“子”最多的是曾子，第二是有子，而颜回与闵子骞各有一次。一次太过偶然，不足道哉。那有若为什么被称为“子”呢？

据《史记·仲尼弟子列传》记载：“孔子既没，弟子思慕，有若状似孔子，弟子相与共立为师，师之如夫子时也。”意思是说，孔子逝世以后，弟子们都很怀念他，有若长得很像孔子，于是弟子们共同拥戴他当老师，就像当年侍奉孔子一样对待他。尽管以后大家发现有若不及孔子之贤，一起站起来对他说：“有子避之，此非子之座也！”意思是说：“先生，你起来吧，这个位置不是你坐的啊！”可是，有若毕竟做过一段时间孔子直系弟子的“老师”，保留“子”的称呼也就在情理之中了。

不仅如此，有若既有能力，又胆识过人。据《左传·哀公八年》记载，鲁哀公八年，吴国入侵鲁国，鲁大夫微虎决定夜袭吴王的住所，在“私属徒七百人”中挑选三百名勇士，有若便名列其中。尽管这场战斗由于其他原因没有打响，却可以看出有若之勇。

同时，有若对孔子的思想情有独钟，学习极其认真。为了防止读书时犯困，他专门准备了一堆火，一有困意，便用火来“焠掌”（《荀子·解蔽》）。这种刻苦学习的精神，很得孔子“学而不厌”（《论语·述而第七》）精神的真传。

另外，尽管有若所言在《论语》中只有四章，可是，其重要性绝对不可小觑。

在《论语》中，他所说的“孝弟也者……”排在了第一篇的第二章。

另有两章，也在此篇之中，而且有着极其重要的意义。不妨选其中的一章——

有子曰："礼之用，和为贵。先王之道，斯为美，小大由之。有所不行，知和而和，不以礼节之，亦不可行也。"

这一章的大体意思如下——

有子说："礼的运用，贵在能和谐。古代君主治理国家，最可贵的地方就在这里，小事大事都按这个原则去做。如遇到行不通的，仍一味地追求和谐，却不用礼去节制它，也就行不通了。"

对于这一章，钱穆给予了非常高的评价："本章大义，言礼必和顺于人心，当使人由之而皆安，既非情所不堪，亦非力所难勉，斯为可贵。若强立一礼，终不能和，又何得行？故礼非严束以强人，必于礼得和。此最孔门言礼之精义，学者不可不深求。"[1]

钱穆之言甚佳，有利于我们理解这一章的深义。

不过，我觉得还有隐藏了的意义，那就是其中还有"中庸"之美，因为"允执其中"（《论语·尧曰第二十》）。"和"妙则妙矣，如果过了，则"亦不可行也"（《论语·学而第一》），因为凡事都是"过犹不及"（《论语·先进第十一》）。

在对鲁哀公"年饥，用不足，如之何"（《论语·颜渊第十二》）的回复中，还体现了有若的民本思想。对此，在"仁者爱人"一章中已作论述，于此不再论及。

正是因为这些原因，有若在孔子逝世之后，被弟子们推上师者之位，自然也就有了一定的道理。当然，他没有孔子那样的境界和学识，最终还是被迫从老师之位退了下来。可是，这已经相当了不起了，除他之外，没

[1] 钱穆：《论语新解》，九州出版社 2011 年版，第 15 页。

有任何人当过孔子直系弟子的老师，即自己同学的老师。即使只当了几天，也足以荣耀终生了。

正因如此，有人认为他在当老师时期，又牵头编纂了《论语》，而且寻觅到了一些相应的依据。

这也许有一定的可能性。但是，他当老师的时间很短，刚刚坐上老师的位置，就迫不及待地编纂《论语》，可能性不是太大。即使确有这次编纂，修订的内容也不会太多，不可能系统地对《论语》进行再次编纂。

2.《论语》编纂不太理想？

有人认为，曾子及其门徒最终编定的《论语》有很多不尽人意之处，甚至有人认为他们肆意篡改了《论语》，以至于让《论语》变了味道。

如此而言，就是怀疑曾子及其门徒人品有问题了。

其实，曾子为人质朴、谦逊忠厚、诚信不欺，主张修身为本，其学识品格绝对不亚于冉伯牛。才华横溢的子贡曾说：“满而不盈，实而如虚，过之如不及，先王难之。博无不学，其貌恭，其德敦；其言于人也，无所不信；其骄大人也，常以浩浩，是以眉寿，是曾参之行也。”（《孔子家语·弟子行》）子贡从为人、学问、道德、言行等方面对曾参给予了高度评价。

如果曾子及其门徒行为不端，肆意篡改《论语》的话，曾子之名应当列入四科十哲之中，对于曾子不太喜欢的子张之言，也会删除不少。在弟子们推举有若为老师的时候，曾子是唯一表示反对的人，可有子所说的“其为人也孝弟”（《论语·学而第一》）一章依旧排在《论语·学而第一》的第二章，而曾子所言的“吾日三省吾身”（《论语·学而第一》），也只排到了第四章。

曾子作《大学》，谈修身之道。通篇读来，人们能够感到他对诚意、正心乃至修身之重视。而且，不要认为曾子唯唯诺诺，他在追求仁道的路上，也奏出了不同凡响的豪迈之音：“晋楚之富，不可及也。彼以其富，我以吾仁；彼以其爵，我以吾义。吾何慊乎哉？”（《孟子·公孙丑下》）

所以，怀疑曾子品格有问题，我认为欠妥。

再退一步讲，即使曾子有些别的想法，其门徒子思也不会没有原则。子思是曾子的弟子，可也是孔子的孙子，他不但要对老师曾子负责，更要对祖父负责。子思所作的《中庸》，除了谈中庸之道，也继承了曾子所说的“诚其意”（《大学》），所以，就有了“诚者，天之道也。诚之者，人之道也”（《中庸》）和“至诚如神”（《中庸》）等言录。这样一位既守诚又有思想者，定当考虑更好地传播孔子思想，而不会随意篡改《论语》。

事实上，曾子及其门徒在编纂《论语》时，没有对前人所编纂的《论语》伤筋动骨，即使不是特别认可的言录，也依然保留了下来。这与他们的品格有关，也与孔子的教诲有关，弟子们都像孔子所说的那样“和而不同”（《论语·子路第十三》），齐心协力编纂好《论语》，不会因此而损坏孔子形象，也不能因此而失去自己的人格。

关于《论语》的成书，杂说纷呈，在此不一一列举。

那么，到底该相信哪家的说法？

我比较认可李泽厚的看法：“自汉代《张侯论》以来，《论语》和孔子就以这样的面貌流传至今。《论语》本就生存在解释学之中，只是人们未曾自觉罢了。所以，重要的已不在它与孔子的真实关系究竟如何，或孔子的‘真实’面目究竟怎样，而在孔子就以这种面目在中国流传、影响着。所以，即使将来地下有新发现，证明今本《论语》及孔子形象不是本来面目，但也仍然不能夺去今本《论语》及孔子在中国人的文化心理结构中已延续两千多年的重要的‘原型’地位。”[1]

试想，如果没有这样一部《论语》流传于世，我们今天对孔子尽管知其名，可他的光辉思想很难寻觅了。更重要的是，正是通过《论语》，孔子的仁、义、礼、智、信等思想，穿越时空，在中国大地上生生不息，深

[1] 李泽厚：《论语今读·前言》，中华书局 2015 年版，第 15 页。

刻塑造了中国人的文化品格。而且，孔子的思想走出国门，在世界上产生着越来越大的影响。从这个角度讲，《论语》对整个世界文化都做出了巨大的贡献。

孔子的伟大思想，通过《论语》这个文本，经由文人一代又一代地传承下来，渗透到了中国人的文化血脉之中，即使僻野乡村一字不识之人，也概莫能外。

有人也许会问，中国古代经典很多，如果太过忙碌，只学一本的话，学哪一本呢?

我的回答是，《论语》乃最佳的选择!

因为《论语》是立身之本，真正走入其中，其思想的光芒，就会照亮你的生命前程。